★ **CERVEJA EM CASA** ★

Christina Perozzi
Hallie Beaune

CERVEJA EM CASA

RECEITAS E DICAS PARA FABRICAR A SUA PRÓPRIA CERVEJA

Copyright © 2012, Christina Perozzi e Hallie Beaune
Título Original: *The Naked Brewer*

Editor	Daniel Guazzelli
tradução	Marcos Malvezi
preparação de texto	Augusto Iriarte e Pedro Barros / Tikinet
revisão	Hamilton Fernandes e Nara Lasevicius / Tikinet
capa e projeto gráfico	Aline Maya / Tikinet
diagramação	Carlos Eduado Chiba / Tikinet

P425c   Perozzi, Christina

Cerveja em casa / Christina Perozzi; Hallie Beaune. – São Paulo: Tapioca, 2014.–
320 p.

ISBN 978-85-67362-01-4

1. Cerveja. 2. Fabricação de cerveja. 3. Cerveja artesanal. I.Título. II. Beaune, Hallie.

CDD 663.4

2019
Todos os direitos desta edição reservados à
Pioneira Editorial Ltda.
Rua Fortaleza, 143 - CEP: 06529-240
Santana de Parnaíba - Brasil
vendas@pioneiraeditorial.com.br

Para Matthew e Kirill
Os homens por trás das garotas, por trás das cervejas.
Seu amor e apoio tornaram este livro possível.

➤➤➤ AGRADECIMENTOS ◀◀◀

Christina e Hallie gostaria de agradecer a todos os cervejeiros, especialistas em cerveja, amantes da cerveja, cervejeiros caseiros e consumidores que contribuíram para este livro: Rob Tod, Patrick Rue, Victor Novak, Greg Koch, Sam Calagione, Brian Thompson, Jonathan Porter, Kevin Watson, Mark Hegedus, Angela Jasus, Eric Kremer, Joe Corona, Kevin Day, Ting Su, Steve Raub, Lisa Morrison, Cyrena Nouzille, Steve Grossman, Jonathan Porter, Meg Gill, Skipp Shelly, Rich Rush, Tom Kelley e a Associação de Cervejeiros.

Gostaríamos ainda de agradecer a nossos amigos beberrões, que nos ajudaram em Los Angeles, nossa cidade natal. Embora tenha sido considerada uma terra improdutiva, a arte de fazer cerveja finalmente encontrou uma posição forte e inovadora aqui. Agradeço a Cedd Moses, Skyler Reeves, Scotty Mitchell, Lauren Wong, Stephen Dorame e todo o pessoal da Nightlife 213, Karen Kurzbuch, Felicity "Fee" Doyle, Alea Bell, Josh Lurie e Sean Inman do Food GPS, os Yeastside Brewers, Jane e Russell Adams, Johnnie "Escocês" Mundell, Tomm Carroll, Ryan Sweeney, Maury Morgan, Jenn Garbee, Dave Stickel, Jason Bernstein e Mila e Martin Daraz.

Um muito obrigado especial a:

Greg Beron e todo mundo da Cidade de Culver e do Eagle Rock Homebrewing Supply.

e

Sean O'Malley e todo o pessoal do O'Malley Productions.

Um agradecimento muito especial a:

Erin Tarasi – sua inteligência, senso de humor, habilidade culinária e atenção aos detalhes são uma perversa combinação.

★ 7 ★

Chantel Fiedler – sua inclinação e talento com todas essas coisas de cerveja e sua fantástica habilidade de pesquisa foram de imensa ajuda.

Mark Jilg (Craftsman Brewing Company) – você sempre tem sido uma inspiração, um mentor, de grande ajuda para nós por toda essa aventura com cerveja. Obrigado por sua instrução tão intensa ao longo de nossa jornada cervejeira.

Jeremy Raub (Eagle Rock Brewery) – Somos imensamente agradecidas por ter verificado nossas receitas e pelas incontáveis vezes que você e sua cervejaria (e sua cerveja) nos ajudaram.

Joel Elliott (Strand Brewing Company) – Preparar cerveja com você foi uma verdadeira aula! Obrigado por conferir nossas receitas e nos encorajar a preparar cerveja pensando fora da caixa!

Christina gostaria de agradecer especialmente a: meus pais incrivelmente hippies, Bill e Claudia, e meus superirmãos que me apoiaram muito, Dan Perozzi e Danté Cox. Meus queridos amigos, "a panelinha", que sempre me acompanharam de bom grado para uma cervejinha em *pubs*. E Kirill, que corajosamente aturou meu vício por cerveja, além de outras façanhas, e ainda me apoia. E novamente gratidão sem tamanho a Hallie!

Hallie gostaria especialmente de agradecer a: meu marido, que ama cerveja; meus amados pais, Catherine and Roy; minhas irmãs Christine, Holly e Wendy, que sempre topam tomar uma cerveja comigo; os queridos Karter e Kennedy; minhas avós, Eleanor and Betty, que lembram quando todo mundo costumava fazer cerveja em casa; Mike, Carol, Marlisse e Lexi, maravilhosas adições à minha família; Stacey, Rachael e Erin, meu trio de amigas de longa data, que sempre me apoiam; todos os meus queridos amigos, vocês sabem quem são; Thunder, que sempre me fez companhia enquanto preparava cerveja; e, é claro, Christina!

Por último, mas não menos importante, gostaríamos de agradecer novamente a nossa agente literária, Michelle Brower, e a todo o pessoal da Folio Literary Management. Um agradecimento especial a nossa editora, Maria Gagliano, e também a nossa assessora de imprensa, Heather Conner, duas excelentes beberronas. Agradecemos também a todo o pessoal da Perigee e do grupo Penguin.

Cerveja é uma maravilha.

★ 8 ★

SUMÁRIO

INTRODUÇÃO **11**
Você não precisa ser um profissional, você precisa apenas relaxar 11
Nossa primeira aventura com cerveja caseira 13
Como usar este livro 16

1. CURSO DE RECICLAGEM **21**
Você não seria nada sem mim: malte 22
Não somos apáticos, somos amargos: lúpulos.. 25
Onde a ação acontece: levedura 28
Água, você já ouviu falar dela.. 31
Toda cerveja é ale ou lager 32
Qual é o seu tipo? Estilos de cerveja 33

2. TORNE-SE O CERVEJEIRO **35**
Fazendo cerveja no mundo real 35
Por que quantidades pequenas 36
Então, como faz? 37
Como envasar (para você poder beber sua cerveja) 45
Estatísticas da cerveja: APV, IBU, OG, FG, L, SRM 47
Seu *kit* para fabricação caseira.. 50
Vocabulário cervejeiro.. 55

3. JUNHO **61**
Pale Inglesa de Verão 62
Hopped-Up Pale da Costa Oeste 67
Black Smoke Pale 71
Sopa de ervilha e presunto com black smoke pale 76

4. JULHO **79**
Hefeweizen Tradicional Bávara 80
Poor Man's Provence Lavender Wit.. 85
Sisters of Summer Tripel.. 90
Baby Arugula Summer Salad (salada de rúcula) com peras fatiadas
e queijo de cabra em vinagre com mel e Hefeweizen 96

5. AGOSTO **99**
Kölsch de Verão Escaldante 100
Blonde com Mel e Camomila 106
Lemon Verbena Basil Wheat.. 111
Frango marinado com cerveja Lemon Verbena Basil.. 116

6. SETEMBRO **117**
Just One Hop Simcoe Indian Pale Ale.. 119
Just One Hop Cascade Indian Pale Ale.. 123
East India Pale Ale 128
Curry de legumes com East India Pale Ale 135

7. OUTUBRO — 137

Der Nackte Brauer Festbier — 138
Imperial Blood Red — 143
Controversial Pumpkin Ale — 147
Controversial Pumpkin Cheesecake com crosta de grão reutilizado — 153

8. NOVEMBRO — 155

Brown Ale com Noz-Pecã — 156
Pale Belga com Cranberry — 162
Sage Chestnut ESB — 166
Recheio de Sage Chestnut ESB — 172

9. DEZEMBRO — 175

Porter Temperada de Inverno — 176
Dubbel com Figo e Cravo — 182
Alpine Juniper Braggot — 187
Chutney de Dubbel com Figo e Cravo — 193

10. JANEIRO — 195

Weisse de Berlim — 196
Zee Russian Imperial Stout — 201
Scandalous Hard Apple Cider — 206
Affogato com Zee Russian Imperial Stout — 210

11. FEVEREIRO — 211

Stupid Cupid's Bittersweet Chocolate Stout — 212
Crescent City Café au Lait Stout — 218
Scotch Whisky Wee Heavy do Noivo — 223
Carne de porco refogada com Crescent City Café au Lait Stout — 229

12. MARÇO — 231

Dry Irish Stout — 232
IPA Tropical ao Estilo Belga — 237
Bière de Mars — 242
Cookies de aveia e Dry Irish Stout — 247

13. ABRIL — 249

Saison Classique avec Miele — 250
Rosemary Laurel Savory Saison — 255
Dark and Stormy Witbier — 260
Molusco no vapor com Classique Saison avec Miele — 265

14. MAIO — 267

Brandied Apricot Cream Ale — 270
Decadent Dunkelzweizen — 275
Fruity Faux Lambic — 279
Pato assado com molho de Sour Cherry Lambic — 285

APÊNDICES — 287

I. Glossário — 287
II. Referências para o cervejeiro artesanal — 295
III. Tabela de lúpulos — 299
IV. Tabela de maltes — 301
V. Tabela de leveduras — 303
Índice remissivo — 307

INTRODUÇÃO

Você não precisa ser um profissional, você precisa apenas relaxar

O fantasma que paira sobre a ideia de produzir cerveja em casa é que você precisa de uma sala inteira para a atividade. Muita gente pensa em adotar esse *hobby*, mas logo conclui que é necessário ter um porão cavernoso. Embora fosse *espetacular* ter um porão assim, a maioria das pessoas já encara bastante dificuldade para acomodar seus pertences em casas modestas ou apartamentos minúsculos. São pouquíssimas aquelas que possuem uma garagem grande ou um cômodo extra para uma minicervejaria. Não mentiremos: você *precisará* comprar alguns equipamentos para se dar bem e facilitar o trabalho de produção caseira de cerveja. E, talvez, precise liberar uma prateleira para o garrafão. Mas relaxe: não será necessário alterar todo seu estilo de vida. Você já abriu espaço para aquela máquina de fazer pão – que nunca usa – e para aquela fruteira com haste para banana que sua mãe comprou, não é mesmo? É muito melhor achar um lugarzinho para um equipamento que lhe permitirá fazer sua própria cerveja!

E já vamos deixar bem claro: para começar a atividade de produzir cerveja em casa, você não precisa ter conhecimento avançado sobre cerveja, jeito de machão, barriga grande de tanto beber, barba, suspensórios e bigode, nem fissura por lúpulos. Você *pode* ter tudo isso, sem dúvida, mas não *precisa*. Basta gostar de cerveja. Feita por você. Ah, se gostar de cozinhar, melhor ainda.

Não somos chefs de cozinha, mas adoramos cozinhar. No começo, usávamos as dicas que aprendemos com nossas mães, geralmente vendo-as reproduzir receitas de família daquela boa cozinha do Centro-Oeste americano. Quando, na idade adulta, nossa personalidade culinária brotou, passamos a ler livros de culinária e *blogs* picantes de comida e começamos a fazer receitas mais difíceis. A princípio, uma receita com quinze passos parecia muito trabalhosa, mas, à medida que aprendemos a diferença entre cebolas suadas e sautê – ou seja, coisas básicas –, as receitas mais elaboradas ganharam perspectiva e passaram a ser relativamente simples.

Fazer cerveja é como cozinhar – você ouve os cervejeiros artesanais fazerem essa comparação o tempo todo –, e mestres-cervejeiros profissionais são como chefs de restaurante. A maior parte do processo consiste em ferver os ingredientes em um recipiente grande e deixá-los em banho-maria. A analogia com a sopa é óbvia. Adicionar os lúpulos é como temperar um prato. Algumas receitas pedem temperos com os quais você já está acostumado, ou então frutas da época. Aprender a cozinhar ou a fazer cerveja em casa é aprender a usar as ferramentas do ofício, definir os ingredientes de uma maneira que faça sentido, começar a seguir receitas com passos simples, para depois atacar pratos mais complicados (talvez até assados) e, por fim, passar a inventar suas próprias receitas. Com essa comparação, esperamos ajudá-lo a entender que fazer cerveja em casa não é a coisa mais fácil do mundo, mas também não é tão difícil. Claro que é difícil se tornar um cervejeiro artesanal premiado, ou até mesmo um cervejeiro profissional; entretanto, criar, no conforto de sua casa, uma cerveja saborosa e que lhe dê orgulho de tomá-la com os amigos não é um feito impossível.

De fato, a parte mais difícil de fazer cerveja artesanal é a espera. Produzir cerveja em casa não é um exercício de gratificação imediata (como abrir e beber uma cerveja) – e, em nossa sociedade, isso pode não ser nada atraente. A maioria das cervejas leva de sete a dez dias para fermentar e virar cerveja de verdade; depois, mais duas semanas para carbonatar. Isso é um saco. Ao cozinhar, você tempera o frango, assa a carne e os cogumelos, e dali a uma hora já pode comer. Você pode aproveitar e saborear sua criação imediatamente, assim como tomar nota de seus erros e acertos. Fazer cerveja em casa requer um pouco mais de paciência. Por isso, em nossa opinião, a parte mais importante dessa atividade é ter um suprimento generoso de cerveja artesanal para beber *enquanto* você faz a sua. Assim, fica mais fácil lidar

INTRODUÇÃO

com qualquer acidente, e a espera dói menos. Uns lanchinhos também não fazem mal... Então, encha a geladeira e comece com uma receita simples. Como disse o guru da cerveja e autor Charlie Papazian em sua obra *Complete Joy of Homebrewing*: "Relaxe, não se preocupe e aproveite sua cerveja caseira" (RDWHAHB, para os usuários do Twitter espalhados por aí).

Nossa primeira aventura com cerveja caseira

Talvez Voltaire estivesse mesmo certo ao afirmar, em seu *Dictionnaire Philosophique*, de 1764, que *"Le mieux est l'ennemi du bien"*, isto é, "O perfeito é inimigo do bom". Não há verdade maior quando se começa a produzir cerveja caseira. Se o seu objetivo for fazer de cara a maior, a mais estranha, a mais esquisita, a mais lupulada, a mais alcoólica, enfim, "a melhor" cerveja do mundo, sua decepção será terrível – como foi a nossa, até aprendermos esta lição importante: a única meta de nossa atividade de fazer cerveja é cultivar nosso amor pela bebida. E as receitas e os métodos contidos neste livro têm o intuito de ajudar qualquer interessado a fazer uma cerveja caseira sólida, saborosa. Aliás, *muito* saborosa. Não... *deliciosa*! Veja o que acontece se você buscar a perfeição logo de cara.

O incidente Porter com Chai

Bem no começo de nossa experiência como cervejeiras, talvez na segunda leva, resolvemos fazer a melhor porter já produzida. Seria uma porter com chai. Passamos muitas horas pesquisando sobre esse estilo de porter e sobre temperos chai. Fomos a uma loja especializada em temperos para criar nossa própria mistura especial, com proporções perfeitas de cardamomo, cravo, canela, funcho e outros temperos "secretos" (bem básicos, na verdade) que encontramos.

Pesquisamos quais maltes seriam suficientemente torrados e frutados para uma porter e, ao mesmo tempo, combinariam com sabores de chai. Estudamos diversas espécies de lúpulo, lemos a respeito de suas propriedades e níveis de ácido alfa, determinamos quando eles deveriam ser adicionados à fervura. Que "gênias" fomos! Aquela porter com chai iria mexer com a cabeça de nossos amigos amantes de cerveja! Viva para nós!

O que podemos dizer? Éramos cervejeiras artesanais iniciantes. Não nos demos conta de que a adição dessas ervas e desses temperos específicos no começo da fervura poderia produzir sabores indesejados amargos, acres, de bile. Não sabíamos que alguns ingredientes podem deixar um resíduo oleoso que flutua e mata a espuma. Não tínhamos experiência com o modo como lúpulos extremamente diferentes se comportam ao serem acrescidos à fervura por 60 minutos ou a apenas 5 minutos do fim. Não coamos o bastante. Não higienizamos o bastante. É possível ainda que tenhamos bebido a cerveja cedo demais. Produzimos, enfim, uma cerveja com cheiro de cocô e gosto de... bem, como descrever? Ah, sim, de *vômito*. "Gênias" que fomos.

Não precisamos dizer que ficamos totalmente desanimadas. Tínhamos dedicado tanto tempo, esforço e energia para criar, muito provavelmente, a pior cerveja da história da fabricação caseira. Deveríamos ter feito uma droga de um chai simples. Nos sentimos um pouco melhores depois de conversar com alguns amigos cervejeiros, os quais garantiram que esse passo maior do que a perna é muito comum. Nós, cervejeiros caseiros que, antes de qualquer coisa, somos *connoisseurs* de cerveja artesanal, sofremos de delírios de grandeza e ambição exagerada; acreditamos que basta um pouco de prática para fazer uma cerveja tão boa quanto a Duvel Golden Ale, ou a Pliny the Elder, ou a Westmalle Tripel, cervejas produzidas em cervejarias profissionais que refinam seus métodos e aperfeiçoam suas receitas há muitos, muitos anos.

Não estamos dizendo que não é possível fazer uma cerveja excelente em casa. Desde o IPC (Incidente da Porter com Chai), nós mesmas criamos algumas deliciosas. O que estamos afirmando é que uma cerveja verdadeiramente boa costuma ser produzida por cervejeiros com anos e anos de experiência e conhecimento. Com nossas receitas, queremos ajudar qualquer um a ser capaz de produzir cervejas muito boas a partir de métodos fáceis – com atalhos sempre que possível – e eficazes em termos de tempo, esforço e preparo. Esperamos que você aprenda as técnicas que nós usamos para minimizar alguns erros muito comuns cometidos por cervejeiros caseiros iniciantes. Embora alguns

INTRODUÇÃO

de nossos métodos sejam considerados controversos pelos puristas, julgue por você mesmo, experimente a cerveja. É tudo uma questão de ficar satisfeito por criar sua própria cerveja saborosa.

Após nos recuperarmos do choque e do embaraço causados pelo IPC, tentamos mais uma vez fazer uma porter com chai. Humildes agora, e muito mais cuidadosas, usamos uma receita sólida, testada, de uns amigos cervejeiros: uma porter de corpo médio, feita com grãos especiais extraídos e coados. Para o chai, simplesmente adicionamos, nos 15 minutos finais da fervura, saquinhos de chá orgânico comprados em uma loja de produtos naturais. Depois de um período de três semanas de fermentação, embarrilamos a cerveja, pusemos sob pressão e deixamos descansar no refrigerador por mais duas semanas. Nosso produto final foi uma porter com chai muito, muito boa. Não era a mistura magnífica que tínhamos imaginado. Era melhor. Porque era deliciosa, era nossa, e fomos nós que fizemos.

Não contamos essa história para desencorajar sua criatividade. Adoramos correr riscos, ver no que vai dar. Mas mesmo os maiores artistas precisam aprender as técnicas antes de dar o melhor de si e abrir as asas da imaginação. Não tenha medo de errar; são os obstáculos no caminho que nos unem a nossos colegas cervejeiros artesanais. Queremos apenas que você adquira um pouco de experiência, domine certas técnicas iniciais e use as receitas e os métodos deste livro, para que possa aprender tanto com nossos erros quanto com nossos acertos. Assim, com base em nossos contratempos inicias, aqui vai uma lista de conselhos antes de você começar:

- Cerveja precisa de tempo. Pense nisso.
- Geralmente, há um jeito mais fácil e melhor de fazer as coisas.
- Não, não há como evitar a higienização.
- Não chore sobre o mosto derramado.
- Soque o pacote de levedura com antecedência!
- Um banho de gelo esfria 2½ galões rapidamente.*

---

* Um galão norte-americano equivale a 3,7 litros. [N. T.]

- Memorize a ordem dos passos de cada processo antes de começar. Pense, *mise-en-place.*
- É difícil erguer cinco galões sozinho. Peça ajuda ou faça quantidades pequenas.
- A fermentação secundária ajuda a produzir cervejas melhores.
- Peça ajuda a outros cervejeiros artesanais e mestres-cervejeiros profissionais.
- Se errar, recompense a si mesmo com uma cerveja comprada e tente de novo outro dia.

Como usar este livro

Nosso livro é organizado por mês. Oferecemos três receitas caseiras por mês que consideramos apropriadas para a respectiva época do ano. Escolhemos as cervejas que gostaríamos que você bebesse *durante* o mês em que estão listadas. Como a cerveja precisa de tempo, talvez você prefira fazê-las um ou dois meses antes do período em que pretende tomá-las, dependendo do tempo de fermentação e fermentação secundária. Sendo assim, se você quer dar uma cerveja para uma pessoa especial no Dia dos Namorados, precisa começar a fazê-la em maio ou abril.* Se não gosta de planejar, esqueça isso e faça sua cerveja quando quiser.

Algumas receitas são apropriadas para determinados meses (por exemplo, a Porter Apimentada de Inverno, em junho). Outras incorporam um ou dois ingredientes de época. Às vezes, escolhemos receitas que combinam com o clima, com a comida e com o espírito do mês (como a Blonde com Camomila e Mel, em fevereiro). Mas, no fundo, não há regras. Abra o livro e siga qualquer receita que o inspirar. Siga suas preferências de gosto e delicie-se.

---

* Nos Estados Unidos, o Dia dos Namorados é em fevereiro. No Brasil, ocorre em 12 de junho. [N. T.]

INTRODUÇÃO

Cada receita informa o estilo de fabricação (somente extrato, extrato com grãos especiais, mistura parcial, somente grão) e o nível de dificuldade, para você saber o que irá enfrentar. Usamos os termos de nosso livro anterior, *The Naked Pint*, para denotar o grau de dificuldade como o entendemos. Eles se referem ao nível em que você se encontra como cervejeiro e, talvez, *connoisseur*. Na ordem do mais fácil para o mais difícil, os níveis são os seguintes: neófito (calouro); secundarista (subindo de nível); devoto (totalmente envolvido); e promíscuo (disposto a tudo). Também oferecemos os seguintes dados para cada cerveja: gravidade original (OG) estimada; gravidade final (FG) estimada; álcool por volume (APV); e Unidades de Amargor Internacionais (IBU).

Não se apavore se sua cerveja não ficar ótima logo de cara. Aliás, não se apavore com coisa alguma na fabricação caseira de cerveja. Não vale a pena. É para ser uma atividade divertida, lembre-se disso. Todos nós perdemos a gravidade final de vez em quando. É uma das coisas mais difíceis na arte de fazer cerveja em casa. Antes de jogar um lote inteiro fora porque você não atingiu o APV certo, pergunte a si mesmo se *gostou* da cerveja, se ela está gostosa, quais sabores quer melhorar ou mudar. Não fique deprimido se sua cerveja tiver um baixo teor alcoólico ou de amargor. Tudo isso irá melhorar com a experiência e com a prática. Pense nesses dados como meras diretrizes básicas para a receita e para o estilo de cerveja.

Escrevemos nossas receitas como se elas pertencessem a um livro de culinária. Todos os passos são expostos e explicados em ordem sequencial. Esperamos que isso facilite o processo de fazer cerveja. Gostaríamos muito que existisse algo assim quando começamos. Uma simples lista de ingredientes, sem os procedimentos passo a passo, assusta um bocado.

Essas receitas produziram cervejas saborosas para nós e nossos amigos, mas é possível que você precise adaptá-las em alguns pontos, conforme seu ambiente e suas preferências de sabor. Cada cervejaria (e cada casa) é diferente; a eficiência varia de sistema para sistema. Assim, conforme for compreendendo melhor os ingredientes, altere as receitas como quiser. Talvez você prefira uma quantidade menor ou maior de um tempero ou uma erva, talvez suas cervejas estejam muito lupuladas ou pouco amargas; seja como for, comece a experimentar e a ajustar as quantidades até seu produto caseiro se tornar especial, de acordo com seu gosto e paladar.

No fim de cada receita, temos as Quebra de Regras e Dicas. São atalhos e sugestões úteis que lhe permitem usar ingredientes diferentes, evitar certas partes mais difíceis ou melhorar o processo de fabricação e fermentação. Eles não servem para os puristas, mas podem ajudá-lo.

Sugerimos deixar a maioria das cervejas em fermentadores secundários após a fermentação primária. Não é algo obrigatório, porém descobrimos que isso melhora de forma significativa o produto artesanal.

Por fim, oferecemos, em cada mês, uma receita de comida que usa uma cerveja caseira como ingrediente. A cerveja não é apenas nossa bebida favorita para acompanhar, mas também nosso ingrediente culinário favorito. Dá para fazer muitas coisas com ela. Em todos os lugares, chefs de cozinha têm incorporado a cerveja nos mais variados pratos, às vezes de forma tradicional, outras de maneira inovadora e incomum. Usar cerveja em uma receita de comida é bacana, mas usar sua própria cerveja caseira em uma receita e depois servi-la para acompanhar a refeição é de fazer cair o queixo de seus companheiros de mesa. Seja como for, você precisa comer alguma coisa depois de tanto trabalho fazendo cerveja, não é?

Está pronto para começar a fazer cerveja agora?

> **Pare! Pule os dois capítulos seguintes!**
>
> Se você já está pronto para fazer cerveja, pule os dois capítulos seguintes. Vá direto para junho e crie uma cerveja caseira deliciosa sem saber os detalhes do processo ou os intricados ingredientes. Apenas compre os seguintes itens em uma loja especializada ou pela internet:
> - 1 recipiente para fabricação de cerveja de 5 galões;
> - 2 baldes plásticos de 5 galões, com tampa (com buraquinhos para o stopper);
> - 1 airlock e um stopper de borracha;
> - 1 coador;
> - 1 colher comprida.

INTRODUÇÃO

Compre também os ingredientes indicados na receita e vá para a cozinha!

Quando começamos a fazer cerveja em casa, tínhamos um bom conhecimento sobre cerveja, mas não sabíamos como fazê-la. Se você tiver todas essas coisas, ótimo; entretanto, às vezes, só queremos começar um projeto e ler as instruções depois. As porcas e os parafusos podem estar um pouco soltos, mas a prateleira está de pé, e é isso o que importa!

Portanto, sinta-se à vontade para escolher sua aventura e começar com uma receita.

Leia os capítulos "Curso de reciclagem" e "Torne-se o cervejeiro" enquanto espera sua cerveja fermentar.

 # CURSO DE RECICLAGEM

Se você quer fabricar cerveja, é melhor saber o que é cerveja e do que ela é feita. Em nosso livro *The Naked Pint*, afirmamos: "Em sua forma mais básica, cerveja é uma bebida alcoólica carbonatada, feita de grãos fermentados. É composta primariamente de quatro ingredientes-chave: malte, lúpulos, água e levedura". Pronto, está tudo aí. Agora, você já sabe mais do que a maioria das pessoas. Durante o processo de fermentação, a levedura come os açúcares do malte, gerando como subprodutos naturais álcool e dióxido de carbono (CO_2). É isso o que torna a cerveja borbulhante e alcoólica em vez de apenas água maltosa e lupulada. A arte de fazer cerveja está no modo como esses ingredientes funcionam e se harmonizam para proporcionar uma experiência prazerosa aos sentidos. Aqui vai uma descrição um pouco mais detalhada dos ingredientes:

- **Malte:** grãos maltados, geralmente cevada, às vezes trigo ou outros; eles proporcionam os açúcares fermentáveis, bem como cor e sabor à cerveja.
- **Lúpulos:** delicados cones florescentes e verdes que crescem em espigas; são os responsáveis por todo o amargor e/ou a secura da cerveja, atuam como conservantes e conferem sabor e aroma.
- **Levedura:** classificadas como fungos, as leveduras são organismos unicelulares que comem o açúcar durante a fermentação e geram álcool e CO_2; também podem contribuir para o sabor e o aroma.
- **Água:** o tipo de água usada na fabricação de cerveja é importante; a água pode conter substâncias químicas ou um excesso de minerais.

Você não precisa saber tudo sobre esses ingredientes para começar a fazer cerveja em casa, mas é útil ter um conhecimento sólido de como eles afetam a cerveja. Do contrário, é como trabalhar com uma venda nos olhos: você pode fazer uma cerveja saborosa, porém não entenderá como e nem por que ela ficou assim. Por isso, vamos nos aprofundar um pouco nos ingredientes.

Você não seria nada sem mim: malte

Na explicação mais simples, maltes são grãos de cereais (geralmente cevada) que passaram pelo processo de maltagem. No decorrer desse processo, o grão é infundido em água para germinar e brotar e depois é secado para que o processo de germinação seja interrompido. Isso faz que o amido existente na semente se torne um açúcar fermentável. Em seguida, o grão passa pelo kilning, * é torrado, defumado, assado e assim por diante, em vários graus e em todos os tons possíveis de dourado e marrom – do mais claro, o malte biscuit bege, até o mais escuro, o black patent. Os sabores proporcionados pelos diversos tipos de malte dependem de muitos fatores: o tempo de torragem; a temperatura do kilning; ou mesmo se os maltes foram torrados *e* passaram pelo processo de kilning. Os maltes são infundidos e/ou fervidos durante o processo para que se extraiam açúcares fermentáveis, sabor e cor dos grãos.

Qual é a contribuição do malte para a cerveja?

- **Cor:** o grão em que o malte é torrado e a combinação de cores dos maltes usados na fabricação da cerveja são os únicos

---

* Kilning: processo em que a cevada é cozida e germinada para impedir o crescimento. [N. T.]

fatores responsáveis por sua cor. Nem a água, nem os lúpulos, nem a levedura (exceto pelo efeito turvo em alguns estilos) têm efeito sobre a cor da cerveja.

- **Álcool e CO$_2$:** a quantidade de malte usada, em conjunto com a quantidade de levedura, é responsável pelo teor alcoólico da cerveja. Dióxido de carbono e álcool são criados como subprodutos quando a levedura come os açúcares do malte.

- **Sabor e aroma:** dependendo do processo de maltagem usado, os grãos maltados podem deixar muitos sabores diferentes. Estes são alguns dos diversos sabores gerados por diferentes maltes: pão, biscuit, torrada, nozes, mel, caramelo, toffee, café, chocolate e cinzas. O lúpulo e a levedura costumam dominar na categoria aroma, mas, às vezes, você irá sentir um cheiro torrado ou de café vindo do malte.

- **Dulçor e sensação na boca:** muitas pessoas descrevem as cervejas doces como "maltosas". Esse gosto provém dos açúcares residuais e do teor alcoólico adicional que permanecem na cerveja em razão de uma quantidade particularmente grande de malte, resultando em um dulçor proeminente, viscosidade, calor e plenitude da cerveja. Talvez aquelas mesmas pessoas também sintam a ausência de secura ou amargor, provocada pela baixa quantidade de lúpulos na cerveja, e não necessariamente por um excesso de malte.

> **Uma palavra importante: *mosto***
>
> "Mosto" é um termo que você precisa conhecer ao falar de cerveja. O mosto é o líquido que resta após a brassagem. Basicamente, é a cerveja antes de ser fermentada. É um líquido doce e de gosto estranho, porém, quando você se tornar um cervejeiro caseiro tarimbado, adorará provar o mosto e imaginar como será a mudança da cerveja depois da fermentação.

Como usar malte em sua cerveja caseira

Quanto ao malte, a fabricação caseira de cerveja pode ser classificada em quatro tipos: somente extrato; extrato com grãos especiais; mistura parcial; ou somente grão. Observe que nem todo malte (exceto os maltes em flocos) precisa ser moído (ou amassado) antes do uso. A definição desses termos difere entre os cervejeiros caseiros, mas aqui vai a ideia básica por trás de cada estilo de fabricação. (Cada receita deste livro usa um dos métodos listados. Embora todas possam ser adaptadas a partir desses métodos, as nossas trazem o método que nós usamos para fazer a respectiva cerveja.)

- **Somente extrato:** receitas deste tipo usam apenas extrato de malte como fonte de malte e açúcar. O extrato de malte é basicamente um mosto já reduzido e vem na forma de xarope ou pó seco. Nas receitas com somente extrato ou mistura parcial, o extrato de malte é o elemento principal. Ele equivale à brassagem, ou mistura, do malte-base nas receitas com mistura parcial ou somente grãos. Basicamente, é um atalho gostoso e fácil para os cervejeiros caseiros.
- **Extrato com grãos especiais:** trata-se da fabricação a partir de receitas que usam principalmente extrato de malte como malte-base, mas que também levam uma pequena quantidade de maltes especiais infundidos. Basicamente, esses maltes proporcionam sabor e cor ao produto artesanal.
- **Mistura parcial:** em essência, é um meio passo entre a fabricação à base de extrato e a fabricação somente com grãos. Na mistura parcial, você usa um pouco de extrato de malte, um pouco de malte-base e maltes especiais como fonte de açúcar fermentável. O procedimento extra aqui é a brassagem dos grãos, o que significa que, em vez de infundi-los por cerca de 30 minutos, você os deixa em água por mais tempo, geralmente 1 hora, em temperatura constante. Isso permite que o malte se converta do amido em açúcares fermentáveis. Em seguida, o líquido do processo de brassagem é adicionado ao extrato de malte durante a fervura. Esse método é um pouco mais avançado, mas permite um controle maior sobre o sabor e a qualidade da cerveja.
- **Somente grão:** é o que fazem os cervejeiros profissionais em uma cervejaria, usam apenas grãos, nada de extrato. A fabricação à base de grãos exige muito mais tempo, espaço, água e

paciência do que os outros métodos. Por isso, pode ser muito difícil na fabricação caseira. Com grãos, você mistura todo o malte; nenhum extrato é usado.

Não somos apáticos, somos amargos: lúpulos

Oh, *Humulus lupulus* (nome latino do lúpulo), o lobo entre as plantas (tradução do nome latino), como você é importante para a cerveja! Embora sejam apenas os pequenos cones florescentes femininos de uma planta trepadeira, essas coisinhas delicadas, com aparência de pinho, têm um golpe poderoso. Basicamente, são os lúpulos que proporcionam o equilíbrio a uma mistura que, sem eles, seria exageradamente doce, em vez de uma combinação de sabores doces e secos, às vezes até amargos. Muita gente não entende que o lúpulo é totalmente invisível em uma cerveja pronta. Ele é usado durante a fervura, quando suas qualidades são extraídas, e seus cones propriamente ditos são escoados para fora da cerveja. Entretanto, é possível detectá-los ao provar e sentir o cheiro da cerveja. Isso significa que não dá para saber o quanto uma cerveja é amarga só de olhar para ela. Um tempo para você absorver a ideia... Os bebedores neófitos costumam pensar que a cor dá uma ideia do nível de amargor, mas não é verdade. Você precisa cheirar e provar a cerveja, seja ela clara, escura ou âmbar, para ser capaz de descrevê-la como seca ou amarga.

A contribuição dos lúpulos para a cerveja

- **Amargor:** a principal qualidade que os lúpulos proporcionam à cerveja é o amargor. Isso se deve ao que chamamos de alfa ácidos, que existem nas glândulas de resina dos lúpulos. Diferentes tipos de lúpulo possuem diferentes características e variados níveis de ácidos alfa. Alguns são melhores para amargar a cerveja, outros para dar sabor, e outros ainda para conferir aroma; alguns são ótimos para as três coisas. Quanto mais tempo ferver os lúpulos, mais amargor você obterá deles; quanto menos forem fervidos, maior será a contribuição dos lúpulos para o aroma.

- **Sensação de secura:** os lúpulos contêm um composto químico chamado tanino, que contribui para o toque adstringente ou sedoso que percebemos como seco (a verdadeira secura se deve à falta de açúcar *versus* a sensação de secura na boca). O tanino existe em outras fontes alimentares. Está presente, por exemplo, na casca e nos caules das uvas, proporcionando secura ao vinho. Também existe no malte; portanto, os lúpulos não são os únicos fornecedores de secura na cerveja, embora sejam os principais.

- **Aroma e sabor:** o lúpulo proporciona à cerveja aromas desde o suave até "o tapa na cara"; às vezes, certos lúpulos são adicionados só para conferirem aroma. Os lúpulos podem ser picantes, terrígenos, herbáceos ou gramíneos. Quanto ao gosto e cheiro, podem parecer com toranja, pinho, alecrim, fruta cítrica e maconha (não é possível fumar lúpulo, mas ele tem uma relação com a *cannabis*).

- **Conservação:** no início da história da cerveja, os cervejeiros descobriram que os lúpulos possuíam uma qualidade antibacteriana/antimicrobiana que podia servir de conservante para a cerveja. Isso conferia a ela mais estabilidade, permitindo-lhe suportar tempos maiores de armazenamento e distâncias maiores de viagem. Essa descoberta culminou em cervejas agressivamente lupuladas, como a India Pale Ale e a Russian Imperial Stout – mais lúpulos foram acrescidos para que a cerveja não estragasse na viagem da Inglaterra para a Índia, no primeiro caso, e da Inglaterra para a Rússia, no segundo.

Como adicionar lúpulos à sua cerveja caseira

Os lúpulos são juntados à cerveja em diferentes adições durante a fervura do mosto. Algumas cervejas necessitam de apenas uma adição de

CURSO DE RECICLAGEM

lúpulo, outras, de três, quatro, cinco ou mais. Tipicamente, há uma adição de lúpulos no começo da fervura: são os lúpulos de amargor, que proporcionam amargor, equilíbrio e/ou secura à cerveja. Uma segunda adição proporciona amargor e sabor: são os lúpulos de sabor. Outra adição ainda pode ser feita perto do fim ou no fim da fervura: são os lúpulos de aroma.

As combinações de tipos de lúpulos, número de adições e quantidades são infinitas. Uma receita nunca é igual a outra, e é fácil se empolgar com as adições de lúpulos. Nós tentamos nos conter nas receitas deste livro, mas você terá a chance de usar diferentes tipos de lúpulos e uma variedade de combinações.

É possível encontrar lúpulos à venda (na internet e em lojas de suprimentos para cerveja artesanal) nas seguintes formas: peletizados, cones frescos e plugs. Usamos peletizados (com poucas exceções) em nossas receitas porque eles são extremamente eficientes e fáceis de encontrar. Aqui vai uma breve descrição dos diversos tipos:

- **Peletizados:** essas coisinhas parecem comida de gato, mas seu gosto não tem nada a ver. Na verdade, são lúpulos inteiros que foram moídos e comprimidos em uma forma. De modo geral, é a nossa versão preferida de lúpulo para cerveja caseira e também a de muitos cervejeiros profissionais. Eles são extremamente eficazes em distribuir de forma equilibrada o sabor e o amargor.

- **Cones frescos:** são cones de lúpulo secos e frescos. Eles têm uma cara bonita – parecem um buquê verde de flores secas. Algumas cervejarias profissionais, como a Sierra Nevada Brewing Company, em Chico, Califórnia, só usam lúpulos frescos em suas cervejas. Para muitos cervejeiros profissionais, os cones frescos são difíceis de encontrar em grandes quantidades; por isso, usam lúpulos peletizados.

- **Plugs:** são cones de lúpulos inteiros cortados em tiras e comprimidos em plugs. Cada plug pesa cerca de 14 gramas. Geralmente, são usados para adicionar aroma e secura. Costumam ser um pouco mais raros do que as opções anteriores.

- **Envelhecidos:** estes lúpulos são exatamente o que seu nome diz – lúpulos envelhecidos, às vezes por anos. Podem ser encontrados na forma peletizada ou de cone e em qualquer variedade. São usados na cerveja quando se quer obter qualidades secas mas nenhum amargor. Cervejas azedas, como as Lambics, geralmente usam lúpulos envelhecidos.

Onde a ação acontece: levedura

Conhecida na Antiguidade como "Deus é bom", há eras a levedura é considerada um mecanismo mágico que cria fermentação. Salve a levedura! Leveduras são organismos vivos que formam colônias de células únicas, simples. Oficialmente, os cientistas chamam esse organismo de fungo. Leveduras têm fome, leveduras podem ser furiosas! E podem ser preguiçosas e morrer. A quantidade de comida (açúcar) disponível para as leveduras durante a fermentação, a temperatura em que elas se alimentam e sua qualidade criam as condições responsáveis pela quantidade de álcool e CO_2 presentes na cerveja. A levedura de que estamos falando não é igual ao fermento de pão que você guarda no armário da cozinha há dois anos, nem ao levedo que comprou na loja de produtos naturais por causa da vitamina B12. Esta levedura é a *Saccharomyces cerevisiae*, cultivada especialmente para a fermentação de cerveja.

Qual é a contribuição da levedura para a cerveja?

- **Álcool:** obviamente, sem levedura, não haveria fermentação nem álcool. E ficaríamos todos tristes.
- **Ésteres:** são compostos químicos que a levedura emite na cerveja, os quais nosso cérebro percebe como sabores e aromas agradáveis. Há diversas espécies de leveduras, que contribuem com diversos sabores e aromas. Os ésteres imitam muitas coisas. Por exemplo, podem ter gosto de frutas, como pera, morango e cereja escura; também podem ser picantes como cravo e pimenta-branca; podem lembrar flores, como

pétalas de rosa e jasmim; ou podem ter um caráter herbáceo, como sálvia e lavanda.

- **Sensação na boca:** a levedura pode contribuir muito para a sensação de uma cerveja na boca através da carbonatação. No processo de criação do álcool, a levedura cria também CO_2; se a carbonatação for intensa, a cerveja apresentará uma sensação picante na língua e um aspecto muito mais leve e fresco. Além disso, em estilos não filtrados, a levedura permanece suspensa na cerveja, proporcionando uma sensação mais encorpada, redonda e grossa na boca.
- **Estilo:** tipos específicos de levedura geram sabores e aromas que constituem a quintessência de determinados estilos de cerveja. Por exemplo, a levedura de trigo Bavarian contribui com ésteres que conferem as características de banana, cravo e chiclete pelas quais a Hefeweizen é conhecida; já a levedura Saison concede a esse estilo suas qualidades temperadas, apimentadas e cítricas.

Como usar a levedura em sua cerveja caseira

Ao entrar em uma loja de suprimentos para cerveja artesanal pela primeira vez, você pode se surpreender com a aparência da levedura. Examine um frasco típico de levedura, e logo verá que não é o ingrediente mais bonito da cerveja. A levedura lembra lama marrom: meio nojenta, mas divertida. Você sente como se fosse realizar um experimento científico, e, na verdade, é isso mesmo. Estes são os tipos de levedura usados na fabricação de cerveja caseira:

- **Labs, em tubo (levedura líquida):** estes frascos de levedura líquida são produzidos por uma das maiores empresas de levedura. Você precisa refrigerá-los por 3 a 6 horas antes de começar o processo de produção. Em seguida, deve tirá-los do refrigerador e deixá-los voltar à temperatura ambiente. Quando os frascos estiverem prontos para serem inoculados à mistura, agite-os e despeje-os.
- **Wyeast Laboratories, em pacote (levedura líquida):** são embalagens plásticas grandes que contêm em seu interior

levedura líquida e um pacote minúsculo, o qual você deve apertar e quebrar para ativar a levedura e fazê-la trabalhar. Depois que esse pacote é quebrado, a embalagem geralmente incha. (Se não inchar, não se preocupe; isso acontece às vezes.) É preciso refrigerar a embalagem de levedura por até 1 dia ou por pelo menos 3 horas antes de começar a fabricação. Depois, tire-a do refrigerador, abra-a e deixe-a voltar à temperatura ambiente.

- **Levedura seca:** até muito pouco tempo atrás, se fizesse cerveja caseira, você usaria levedura seca. Hoje, mais pessoas preferem utilizar a versão líquida, mas a levedura seca tem suas vantagens. Ela possui um tempo de prateleira mais longo, podendo durar meses; além disso, tem uma contagem de células alta e começa a fermentar mais rápido. O lado ruim é que as espécies de levedura seca não são mantidas em condições estéreis, o que gera risco de contaminação. Você precisa reidratar a levedura seca antes de adicioná-la à cerveja. Para obter os melhores resultados, reidrate o pacote em água a 35 °C a 37,8 °C; depois, adicione um pouco de açúcar para ver se as danadinhas continuam vivas após serem secas e guardadas. (Leia as instruções de reidratação contidas no pacote.)
- **Starter:** muitos cervejeiros recomendam fazer algo chamado de starter para colocar as leveduras para trabalhar antes de jogá-las na cerveja. As leveduras que sugerimos, porém, possuem contagens de células muito altas; por isso, você não precisa fazer o starter. As leveduras prontas para serem usadas e os pacotes de 175 milímetros não precisam de starter, principalmente se forem frescos. Verifique a data de validade na embalagem.

Durante a fermentação, a levedura come os açúcares no mosto e gera álcool e CO_2 como subprodutos. Cada estilo de cerveja e de levedura tem uma temperatura de fermentação ideal. Alguns até funcionam melhor com variação de temperatura durante a fermentação. Por exemplo, as leveduras Saison se saem bem quando a cerveja é aquecida entre 27 °C e 32 °C. Em cada receita, nós fornecemos uma temperatura *ideal* de fermentação. No entanto, a maioria das pessoas não vive em uma situação ideal para a fabricação de cerveja; por isso, sabemos que talvez você não consiga manter essa temperatura. Não esquente muito a cabeça, sua cerveja será saborosa mesmo assim. Agora, se você mora em um local de clima quente ou frio, proteja a cerveja guardando-a em um lugar frio ou quente.

Água, você já ouviu falar dela

Como a cerveja é composta principalmente de água, este é um ingrediente importante no processo de fabricação. Dito isso, nós hesitamos em falar da química da água e sua estrutura, pois o cervejeiro iniciante (sabemos disso por experiência própria) pode empacar na química e nas tabelas e nos níveis de pH e nas partes por milhão e no sulfato de cálcio e na composição mineral e perder horas tentando decidir se adiciona ou não gipsita ou outras coisas para ajustar a água de mil maneiras até alcançar a cerveja perfeita. Sabemos – por experiência – que é possível fazer uma cerveja deliciosa sem conhecer muito sobre a química da água.

É verdade que alguns estilos famosos de cerveja usam fontes locais de água que possuem componentes minerais e níveis de pH diferentes. Isso só significa que certas regiões são mais apropriadas para a fabricação de determinados tipos de cerveja. Entretanto, você não precisa duplicar a água de Dublim para fazer uma ótima stout irlandesa.

Sem dúvida, vale a pena se informar minimamente a respeito da fonte de sua água. No entanto, a menos que esteja acontecendo uma situação do tipo Erin Brockovich, você muito provavelmente pode usar água da torneira para fazer cerveja. Nós usamos. Alguns estilos podem ficar melhores do que outros. Por exemplo (embora seja uma generalização), pilsners nuançadas e outros estilos de cor clara ficam melhores com água de baixo teor alcalino ou água mais mole, enquanto uma robusta Dry Stout irlandesa e outras de cor escura costumam se dar bem com água dura ou de alto teor alcalino. De novo: fazemos os dois estilos em nossas casas, com água da torneira – a boa e velha água municipal de Los Angeles –, e podemos dizer que as cervejas são demais.

Toda cerveja é ale ou lager

Todas as cervejas do mundo pertencem a uma dessas duas categorias: ale e lager. Notamos que a maioria das pessoas, homens e mulheres, não sabe a diferença entre elas e usa os termos a esmo, sem saber o que significam. Por isso, vamos explicar para você (por favor, passe a informação aos amigos).

Como é uma ale?

Ale é uma cerveja cuja levedura fermenta no topo do recipiente fermentador e em temperaturas relativamente altas (15,5 °C a 24 °C), o que resulta em um período de fermentação rápido (7 a 8 dias, ou até menos). As leveduras da ale geralmente produzem sabores um tanto elevados (com exceções). As ales costumam ser muito aromáticas e conter mais açúcar residual, isto é, açúcar que não foi consumido pela levedura no processo de fermentação.

Como é uma lager?

A palavra *lager* vem de um termo alemão que significa "armazenar". A lager é feita com leveduras que fermentam no fundo do fermentador e em temperaturas relativamente baixas (1 °C a 10 °C), o que resulta em um tempo longo de fermentação (semanas a meses). As leveduras da lager geram menos subprodutos do que as da ale e produzem um gosto mais suave e refrescante (de novo, há exceções).

Qual é o seu tipo? Estilos de cerveja

O que é, então, um estilo de cerveja? Bem, basicamente, é um nome dado a uma cerveja com base em seu perfil geral de sabor e/ou sua origem histórica. Em geral, a primeira coisa que você sabe sobre uma cerveja é o estilo, pois ele aparece no rótulo; portanto, é útil entender os atributos dos estilos.

CURSO DE RECICLAGEM

Já dissemos que todas as cervejas são ales ou lagers. Porém estas se subdividem em estilos. Por exemplo, uma pilsner é um estilo de lager; uma doppelbock também; uma porter é um estilo de ale, assim como uma stout e, obviamente, uma india ale. As cervejas são categorizadas com base tanto em tradição histórica quanto em características sensoriais. Os sabores que mais importam a um estilo de cerveja são o tipo e a força do malte, a espécie de levedura, a intensidade do amargor e o tipo e a intensidade dos lúpulos. Já a aromaticidade mais importante inclui a intensidade e tipo de aroma do malte, a intensidade e o tipo de aroma dos lúpulos e o aroma do éster da levedura. A sensação da cerveja na boca, tanto da espessura do líquido quanto da qualidade picante da carbonatação, também é um fator importante para determinar um estilo. As características visuais mais importantes são cor, clareza e a natureza da espuma (por exemplo, a espessura).

Seja uma hefeweizen bávara ou uma imperial stout russa, o nome da cerveja dá uma ideia de seus aromas, de sua força e de seu corpo, de sua fabricação e até de sua história. Há muitas e muitas variações dentro de cada estilo específico, e cada cervejeiro cria sua versão de estilos existentes. Mas, se você conhece o estilo de uma cerveja, sabe o que esperar dela.

★ 33 ★

2

 **TORNE-SE O CERVEJEIRO**

Fazendo cerveja no mundo real

Quando tivemos a ideia de fazer este livro, dissemos: "Vamos escrever um texto para mostrar às pessoas como é fácil fazer cerveja em casa". Mas tem um pequeno problema... não é *tão* fácil fazer cerveja. *Beber* é fácil, mas *fazer* é um processo meio complicado. Claro que não é a coisa mais difícil do mundo, mas, hoje em dia, em que a definição de fácil no mundo culinário é abrir um pacote e esquentar por 2 minutos, a fabricação caseira de cerveja é, de fato, um parto com amor (mas não tão difícil quanto um parto de verdade, diga-se).

A fabricação caseira, ou artesanal, de cerveja requer muita consideração e paciência. É preciso compreender os ingredientes, verificar as temperaturas e observar o tempo de fervura. Também é necessário comprar equipamentos especiais (a menos que você saiba produzir seu próprio vidro). Além disso, você deve limpar e higienizar a maior parte do equipamento. E higienizar não é lá muito divertido. Então, tem bastante coisa envolvida. Entretanto, em nossa jornada como cervejeiras, aprendemos alguns truques do ofício e ouvimos bons conselhos, incluindo atalhos que quebram as regras e dicas que resultaram em produtos caseiros deliciosos e relativamente fáceis de fazer. Esperamos que esses métodos sejam úteis e o ajudem a poupar tempo e/ou lágrimas de angústia.

Em resumo (e é isso que nos inspira como cervejeiras artesanais): *vale totalmente a pena!* Beber uma cerveja feita por você é muito, muito gratificante. É como cultivar os próprios legumes ou assar o próprio pão ou salmourar os próprios pepinos. Leva algum tempo, mas, quando você finalmente toma sua cerveja caseira, seu peito incha de orgulho ao pensar: "Fui eu que fiz!". Ah, e também porque é cerveja, e você adora cerveja. Além disso, o processo de fabricar cerveja eleva a apreciação da bebida a um nível inteiramente novo. Se essa é sua bebida favorita – e as estatísticas indicam que é –, então você aprenderá mais sobre cerveja fazendo cerveja do que aprenderia bebendo todas as cervejas do mundo. Você dará luz à cerveja (parece exagerado?) e se apaixonará por ela de novo.

Por que quantidades pequenas?

As receitas contidas neste livro são para 2½ galões de cerveja, ou seja, aproximadamente 24 garrafas de 350 mililitros. Por que tão pouco? Começamos fazendo 5 galões. É o que a maioria dos cervejeiros iniciantes faz, porque quase todas as receitas disponíveis são para 5 galões. A ideia é a seguinte: já que você vai passar horas produzindo uma coisa e, depois, várias semanas fermentando e condicionando, é melhor fazer o máximo possível dessa coisa. Faz bastante sentido. É ótimo produzir muita cerveja a partir dos ingredientes e do processo. Só que moramos na cidade, em um espaço relativamente pequeno e com uma cozinha minúscula, e não damos festas *todos* os fins de semana. Uma produção de 5 galões dá 48 garrafas de 350 mililitros. Se fizer essa quantidade regularmente, você acabará com um estoque infinito (mesmo bebendo tudo o que conseguir). As garrafas, os barris e os fermentadores começarão a transbordar da geladeira, dos armários e a inundar o porão. Aliás, uma vez, uma de nós não pôde tomar banho porque havia baldes de fermentação na banheira. Começamos a nos perguntar se não éramos acumuladoras compulsivas. Foi quando demos uma diminuída.

E logo percebemos que, além da economia de espaço, havia muitas outras vantagens em fabricar quantidades menores. Primeiro, é muito mais fácil trabalhar com quantidades menores. Uma quantidade menor de líquido ferve mais rápido. Da mesma forma, é mais fácil esfriar uma quantidade pequena de cerveja, procedimento essencial e que deve ser ágil na fabricação caseira. Também não exige muita potência do fogão, o que ajuda bastante, principalmente com bocas elétricas ou torcidas. Outra vantagem é o fato de que uma quantidade menor de cerveja é mais

TORNE-SE O CERVEJEIRO

fácil de carregar, transferir e manusear de um modo geral, especialmente se você estiver trabalhando sozinho. Nós não somos exatamente dois caras gigantes, então trabalhar com um tamanho/peso que possamos erguer é importante.

Outra grande vantagem de fazer pouco é a certeza de que, se errar, você não será obrigado a beber 5 galões de uma porcaria de cerveja. Terá apenas metade disso e poderá beber, jogar fora ou usar para cozinhar sem se sentir tão patético ou inútil. Com uma quantidade pequena, sentimos mais liberdade para experimentar, tentar de novo, sem muito drama. De qualquer forma, se você quer dar uma festa e prefere fazer 5 galões, nossas receitas podem ser duplicadas facilmente. É uma boa ideia verificar as novas quantidades em algum *software* de cerveja, como o BeerSmith ou o BeerTools (ver "Recursos para fabricação caseira", na página 295).

Então, como faz?

Passos básicos

A lista a seguir traz os passos mais básicos da fabricação de cerveja, em ordem de execução e com nossos sinceros sentimentos em relação a cada um:

1. Infusão/brassagem dos grãos (a menos que seja uma receita somente extrato) (legal!)
2. Fervura do mosto (confortante)
3. Adição dos lúpulos (cheiro gostoso)
4. Esfriamento do mosto (meio chato)
5. Higienização (um saco)
6. Inoculação da levedura (divertido!)
7. Espera pela fermentação (um saco)
8. Envase/embarrilamento (divertido e irritante ao mesmo tempo)
9. Espera pelas bolhas (delícia)
10. Beber (euforia total)

Pois bem, é basicamente isso. Como você pode ver, não é fácil, mas também não é difícil. E prometemos que, no fim, você sentirá a mesma euforia que nós sentimos. Agora, uma observação mais profunda sobre cada passo:

1. Infusão/brassagem dos grãos. Você não precisará fazer este passo se estiver trabalhando somente com extratos. Ele diz respeito a receitas que usam: (1) extrato com grãos especiais que são infundidos como chá e depois acrescidos para dar cor e sabor; (2) o método de mistura parcial, em que os grãos são infundidos e mantidos em temperatura controlada por tempo suficiente para que se extraiam sabor, cor e açúcares fermentáveis antes de serem adicionados à fervura com extrato; e (3) somente grãos, nenhum extrato. Este livro tem mais receitas com extrato e grãos especiais, embora traga algumas com mistura parcial e somente grãos. Cada receita inclui instruções específicas.

Infundir os grãos significa pôr os grãos especiais pedidos na receita em um saco de grãos, fechá-lo e colocá-lo em um vasilhame com água pré-aquecida a 71 °C. Você então cobre o vasilhame e deixa os grãos infundidos por 30 a 60 minutos (na maioria das receitas). Em seguida, abre com cuidado o saco e despeja sobre os grãos uma quantidade específica de água aquecida a 77 °C, para obter o máximo dos bons sabores. O ato de despejar água quente é conhecido como sparging. O sparging não é crucial quando há apenas infusão de grãos, pois a maior parte do sabor terá sido extraída durante o tempo de infusão no vasilhame. Mas ele é muito importante quando você trabalha com mistura parcial e somente grãos. O líquido colorido, saboroso que sobra da infusão deve ser acrescido à fervura. Se a receita pedir mistura parcial ou somente grãos, você precisará fazer a brassagem (mistura) de acordo com a temperatura e o tempo indicados. Em receitas com mistura parcial, nas quais a maior parte dos açúcares fermentáveis vem do extrato, ao passo que o sabor, a cor e textura provêm principalmente dos grãos especiais, costumamos fazer a brassagem por 30 minutos. Já em receitas somente grãos, nas quais todos os açúcares fermentáveis vêm dos próprios grãos, realizamos a brassagem por 30 a 90 minutos.

2. Fervura do mosto. É o momento em que o mosto é fervido e os lúpulos são adicionados para que seus sabores sejam extraídos. A fervura também permite que muitas das proteínas (que podem ser prejudiciais à cerveja) se aglutinem e se precipitem para o fundo do recipiente – é o que chamamos de *hot break*. O *hot break* remove as piores proteínas, que poderiam causar instabilidade ou sabores indesejados na cerveja; isso é muito importante em receitas com mistura parcial ou somente grãos. Ferver por 1 hora é menos importante na fabricação de cerveja somente extrato, pois a maioria das proteínas prejudiciais se rompe já no processo de produção do extrato. Ferver o mosto é crucial para alcançar as características do lúpulo; quanto mais tempo você ferver os lúpulos, maior amargor obterá.

3. Adição dos lúpulos. Como já mencionamos, os lúpulos são responsáveis por qualquer amargor e secura de uma cerveja. Eles também conferem equilíbrio, já que a cerveja seria muito doce e enjoativa se não os contivesse. Além disso, os lúpulos podem contribuir com sabor e aroma, dependendo da cerveja. E ainda têm o bônus de serem conservantes naturais. Geralmente, há pelo menos uma adição de lúpulo – ou seja, um momento, no decorrer da fervura, em que os lúpulos são acrescidos –, mas pode haver muitas mais. Então, você pode, por exemplo, adicionar lúpulos no começo da fervura, que dura 60 minutos, então novamente depois de 30 minutos, e mais uma vez depois de 5 minutos. Adições múltiplas afetam o amargor, medidos em Unidades de Amargor Internacionais (IBU, do inglês *International Bitterness Units*), bem como o sabor e o aroma da cerveja. Há diversos tipos de lúpulos, e cada um confere IBU e sabores diferentes à cerveja (ver "Tabela de lúpulos", na página 299).

4. Esfriamento do mosto. Antes de adicionar a levedura, você precisa esfriar o mosto recém-fervido para 21 °C. Esta é uma das partes mais irritantes da fabricação de cerveja caseira. É preciso muita paciência para esfriar uma quantidade grande de líquido. E é por isso, em parte, que gostamos de fazer cerveja em quantidade pequena; é mais fácil esfriar 2½ galões do que 5. Gostamos de encher a pia ou um balde grande (de plástico ou de metal) com água fria, gelo e bolsas de gelo; em seguida, colocamos o recipiente com a mistura nesse banho frio e, com um termômetro flutuante higienizado, verificamos a temperatura até o líquido ficar pronto para a levedura. Se sua pia for muito pequena,

★ 39 ★

você pode investir em um balde grande. Se não quiser um balde grande ocupando espaço (embora ele seja prático como porta-gelo para gelar garrafas e latas de cerveja em uma festa) e se sua pia for muito pequena, use uma banheira. Se você não fizer o banho de gelo e deixar o mosto esfriar à temperatura ambiente, o esfriamento levará muito tempo, aumentando as chances do mosto ser acometido por bactérias, o que pode estragar a cerveja e afetar a levedura.

5. Higienização. Tudo bem, nós admitimos: esta é a parte mais chata de todas. Afinal, quem gosta de limpar e higienizar? Nós não (não fazemos o tipo Amélia). No entanto, higienizar é um dos passos mais importantes no processo de fabricação de cerveja. Se você usar equipamento sujo ou contaminado por bactérias, sua cerveja ficará ruim, infectada, com gostos indesejáveis. Confie em nós: dê muita atenção a este passo. Não há nada pior do que passar por todo o processo de fazer cerveja em casa para depois descobrir que estragou o trabalho inteiro por falta de higiene. Como dissemos, não somos obcecadas por limpeza, *porém* fazemos o que é sugerido, e fazemos da melhor maneira possível. Não esterilizamos como um cirurgião, mas higienizamos tudo para que nossa cerveja seja relativamente segura. Lembre-se: você deve limpar as peças de seu *kit* de fabricação caseira antes de higienizá-las; não pode simplesmente jogar o sanitizante em um balde que contenha cerveja ou resíduo de levedura e esperar o melhor. Portanto, limpe o equipamento antes, enxague o sabão e só então o higienize.

A higienização não consiste apenas em limpar o equipamento. É necessário usar um sanitizante para se livrar das impurezas invisíveis a olho nu. Compre um. Nós usamos iodóforo, um produto à base de iodo. Borrife algumas gotas em água, e ele higienizará seu equipamento. Você pode usar alvejante, desde que o remova cuidadosamente depois, pois pode fazer mal ou estragar a cerveja. É muito importante usar a quantidade apropriada de sanitizante pelo tempo recomendado, tal como instruído na embalagem. Se você não usar o suficiente, ele não matará as bactérias; se usar demais, a quantidade que restará no equipamento poderá afetar sua saúde e sua cerveja. Água fria ou em temperatura ambiente é ideal para higienizar; agitar o produto é aconselhável. Você deve higienizar todos os equipamentos que entrarão em contato com o mosto recém-produzido. Em outras palavras: tudo o que entrar na fervura será higienizado pela água fervente, mas tudo o que tocar o mosto *depois da fervura* deverá ser higienizado por você. É neste momento que as bactérias podem invadir a cerveja e fazer coisas abomináveis.

Eis algumas opções de sanitizantes:

- **Star San:** age em 5 minutos e forma espuma, que supostamente o ajuda a penetrar nas fissuras. Deixa uma pequena película no equipamento, a qual é segura para uso culinário e não afeta o cheiro nem o gosto da cerveja. Como a própria empresa afirma, este produto não afeta o meio ambiente e é biodegradável. Use 28 mililitros em 5 galões de água. Não é preciso enxaguar.

- **Iodóforo:** feito à base de iodo, porém não prejudicial à cerveja. Seu problema é a cor: pode manchar e deixar as coisas com um tom laranja. Tome cuidado. Seu balde plástico pode ficar levemente alaranjado após o uso deste sanitizante. Se entrar em contato com as mãos, passe um pouco de vodca para tirar. O iodóforo não deixa muito resíduo. Dizem que não é preciso enxaguar para remover o resíduo após a higienização, mas dê uma lavadinha com água limpa. Ele deve ficar em contato por 2 a 5 minutos. Use 28 mililitros em 5 galões de água. Você pode usar tiras reagentes para verificar se a quantidade está correta.

- **Água fervente**: não é tão eficaz quanto os dois anteriores e pode derreter ptarte do equipamento (o sifão, por exemplo). Portanto, não jogue água fervente em cima de qualquer coisa. Se não tiver outra coisa, faça a higienização com ela mesmo.

> **Pílulas são boas...**
> PASTILHAS WHIRLFLOC
> Uma pastilha Whirlfloc é aquilo que, no mundo da cerveja, chamamos de "clarificante". O clarificante ajuda a coagular e assentar as proteínas e os beta-glucanos existentes no mosto. Em termos leigos, as pastilhas Whirlfloc ajudam a refinar a cerveja. Adoramos essas pastilhas e as usamos em qualquer cerveja para a qual queremos um produto claro e espumoso. Antes que você fique

chateado por colocar aditivos em sua cerveja caseira, saiba que essas pastilhas de dissolução rápida são uma mistura de musgo-irlandês (carragina), uma espécie de alga vermelha que cresce naturalmente ao longo da costa atlântica da Europa e da América do Norte. A pastilha deve ser adicionada bem no fim da fervura, quando faltam 5 minutos. Segundo o fabricante, se as pastilhas Whirlfloc permanecem na fervura por mais de 10 minutos, os ingredientes ativos se desnaturam e perdem sua função.

PASTILHAS CAMPDEN

As pastilhas Campden são uma espécie de segredo dos cervejeiros e vinicultores. Além de desclorificarem a água, essas pastilhas – que são metabissulfito de potássio ou sódio – matam algumas bactérias e interrompem algumas fermentações. Se você quer ser um cervejeiro artesanal, tenha-as por perto. Nós as usamos para tratar a água quando detectamos sabores e aromas indesejados. Para adicionar pastilhas Campden à água, amasse-as com as costas de uma colher até virarem pó, adicione o pó ao vasilhame com a mistura antes da fervura e mexa até dissolver.

Você encontra esses dois tipos de pastilha em lojas especializadas em cerveja artesanal ou pela internet, e são superbaratos. Por causa da quantidade de cerveja que fazemos e porque somos... bem, frugais, geralmente cortamos uma pastilha e usamos apenas metade, seja a Whirlfloc ou a Campden, em uma produção de 2½ a 3 galões.

6. Inoculação da levedura. Com o mosto esfriado a 21 °C ou menos, você pode transferi-lo: por meio de um coador higienizado, passe-o a um balde plástico; ou, então, por meio do coador higienizado e um funil, passe-o a um garrafão de vidro. Agora, inocule a levedura, o que basicamente significa despejá-la no mosto frio. Tecnicamente, a pessoa que inocula a levedura é o verdadeiro cervejeiro, o criador da cerveja. Por isso, aproveite o momento para se orgulhar: você está dando início ao processo de fermentação! Lembre-se de higienizar o exterior da embalagem de levedura com a solução sanitizante para eliminar qualquer bactéria que possa existir ali. É bom ter em mente duas coisinhas importantes para que a inoculação seja bem-sucedida:

- **Amasse bem:** se estiver usando a levedura da marca Wyeast, você precisará localizar o pacote ativador da levedura que fica dentro da embalagem e amassá-lo (para quebrar mesmo). Faça isso ao menos 3 horas antes de inocular a levedura; também pode ser 1 dia antes de iniciar a fabricação. Provavelmente, a embalagem inchará após o pacote ter sido quebrado. É um bom sinal.
- **Deixe descansar:** é preciso deixar o produto (seja a embalagem da Wyeast ou o tubo da White Labs) atingir a temperatura ambiente, para que não sofra um choque quando for jogado no mosto frio. Se a levedura for direto do refrigerador para o mosto, será afetada pela mudança climática e poderá não trabalhar de maneira eficiente na cerveja. Para ser armazenada por um período mais longo, porém, a levedura precisa ser refrigerada.

> **Que saia o ar: airlock e blow-off**
> Após transferir o mosto esfriado para o recipiente de fermentação, você precisa cobri-lo para que bactérias, moscas e outras coisas não invadam e estraguem sua cerveja. Mas também precisa deixar que saia um pouco de ar, já que o CO_2 é um subproduto natural do processo de fermentação. A solução para isso é um airlock e stopper ou um tubo blow-off. O airlock é um artefato plástico cuja extremidade estreita se encaixa no orifício da tampa de um balde plástico ou stopper de plástico colocado no topo de um garrafão. Ele deve ser preenchido com vodca, ou outra bebida alcoólica semelhante, até a metade (isso protege a cerveja) e fechado com sua tampa plástica, que contém furinhos em cima. Parece complicado, mas não é.
> A outra opção é usar um tubo do tipo blow-off (espécie de "válvula de escape"). Usamos este método quando (1) achamos que haverá uma fermentação enorme que poderá entupir ou estourar o airlock e talvez contaminar a cerveja, ou até estourar o fermentador;

> ou (2) não há espaço suficiente no fermentador, o que pode provocar entupimento ou estouro do airlock, também contaminando a cerveja. É simples fazer um tubo blow-off. Primeiro, compre 91 centímetros de um tubo de vinil de ⅜ polegadas e passe-o pelo orifício da tampa de borracha usada no airlock. A outra extremidade do tubo deve ficar em um balde ou pote com água. Você verá as bolhas de CO_2 no balde ou pote e saberá que não há risco de contaminação nem de se machucar.

7. Espera pela fermentação. A parte mais difícil, sem dúvida, é esperar a fermentação. A cerveja precisa de tempo para a levedura comer o açúcar do malte e criar álcool e CO_2. São necessários pelo menos 5 dias de fermentação, mas recomendamos de 7 a 10 dias. Você precisa ser paciente e deixar a cerveja quieta. Ela deve fermentar fora do alcance do sol, em um local com temperatura relativamente constante. Nós colocamos o recipiente de fermentação em um balde grande, com um pouco de água à temperatura ambiente; a água ajuda a manter a cerveja em temperatura constante. Alguns estilos de cerveja demoram mais do que outros para fermentar. Você saberá que a fermentação começou quando surgirem bolhas no airlock ou através do tubo blow-off. Normalmente, nós sugerimos um segundo período de espera, chamado de "fermentação secundária". Neste ponto, você deve passar a cerveja para outro recipiente a fim de tirá-la da levedura e deixá-la descansar por mais algum tempo. A fermentação secundária geralmente deixa a cerveja melhor, justamente por retirá-la da levedura moribunda, que poderia produzir sabores indesejados. Para suportar a fase da fermentação sem choramingar, você precisará ter muita cerveja por perto para beber.

8. Envase/embarrilamento. Uma vez que a cerveja esteja fermentada, é hora de envasá-la. Neste estágio, ela ganha um pouco mais de carbonatação. Se você prová-la direto do fermentador (faça isso!), notará a cerveja um pouco insípida: é o seu gosto natural. A maioria das cervejas que tomamos em bares ou compramos passou por carbonatação. Isso significa que foi acrescido CO_2 para ficarem gostosas e borbulhantes. Para fazer isso em casa, você precisa adicionar açúcar, em um processo que se chama priming.

9. Espera pelas bolhas. Mais difícil do que esperar a fermentação da cerveja é esperar que a cerveja envasada se carbonate. Geralmente, isso leva de 7 dias a 2 semanas. Se você não aguentar esperar, abra uma para testar. Se ouvir aquele conhecido *fsssst*, estará no caminho certo.

10. Beber. Dispensa comentários.

Como envasar (para você poder beber sua cerveja)

Antes de envasar, é melhor se certificar de que a fermentação está pronta. Se você envasar a cerveja muito cedo, as garrafas podem estourar, ou pode haver um excesso de carbonatação. Com cuidado, pegue uma amostra de sua cerveja e verifique a gravidade específica com o hidrômetro. Após 2 dias, verifique novamente para garantir que os números são os mesmos. Assim, você terá certeza de que a fermentação está completa.

Passo a passo

1. Higienize tudo. E *tudo* significa:
   - As garrafas.
   - As tampinhas das garrafas.
   - O sifão em tubo.
   - O enchedor de garrafas.
   - O balde para engarrafar (balde de fermentação plástico de 3 a 5 galões).
   - O jeito mais fácil de fazer isso é lavar tudo primeiro; depois, encha o balde com água e sanitizante (siga as instruções de quantidade contidas na embalagem). Em seguida, mergulhe cada material na solução sanitizante. Remova-os e coloque-os sobre folhas de papel-toalha.

2. Você também precisará ter à mão:
   - Um tampador/arrulhador manual.
   - Açúcar para o priming (açúcar de milho ou açúcar branco).

3. Coloque as garrafas de cabeça para baixo sobre papel-toalha, ou, melhor ainda, em um escorredor de garrafas (mais uma coisa para comprar), tomando cuidado para não contaminá-las.

4. Para fazer 2½ galões de cerveja, ferva uma xícara de água, tire-a do fogo e adicione 57 gramas de açúcar de milho ou ⅓ de xícara de açúcar branco e deixe a mistura esfriar. Para saber a carbonatação exata para cada estilo de cerveja, use a calculadora de solução de açúcar disponível no *site* TastyBrew (www.tastybrew.com/calculators).

5. Despeje a solução com açúcar no balde para o envase já higienizado. Agora, você precisa transferir a cerveja para o balde: usando o sifão (também higienizado) remova-a do sedimento de levedura indesejável e misture-a com a solução de açúcar. Faça isso com muito, muito cuidado. A cerveja não pode espirrar nem aerar neste ponto. Certifique-se de que o sedimento ficou no fermentador.

6. Com a cerveja transferida para o balde e a solução de açúcar distribuída regularmente nela, é hora de engarrafar. Acople o enchedor à extremidade tubular do sifão, coloque o enchedor em uma garrafa e, com cuidado, coe a cerveja que já passou pelo processo de priming para a garrafa. Para encher a garrafa, pressione o enchedor contra o fundo interno dela, deixando a cerveja fluir. Simplesmente erga o enchedor para interromper o fluxo e passe à garrafa seguinte. Encha as garrafas até quase a borda, deixando um espaço de cerca de 2,5 centímetros.

7. Com as garrafas cheias, usando o tampador manual, ponha as tampinhas do tipo coroa o mais rapidamente possível.

8. Guarde a cerveja na temperatura e pelo tempo especificados na receita (ou em temperatura ambiente).

9. Espere pelas bolhas. Enquanto o resto da levedura come o delicioso açúcar usado no priming e expele bolhas de CO_2, você precisa ser paciente (mais uma vez). Mantenha as garrafas em temperatura ambiente e fora do alcance do sol. Você pode provar a cerveja para saber se tudo

está indo bem, mas precisa esperar pelo menos duas semanas até que ela chegue ao auge. Então, pode refrigerá-la e prosseguir ao passo final.

10. Parabéns! Você fez cerveja! Agora beba! Pegue um bom copo de vidro e anote suas reações à primeira degustação. Observe a cor da cerveja, a retenção de espuma, a OG, a FG, a carbonatação, o APV, o sabor, o caráter do lúpulo, o caráter da levedura e todo tipo de aroma e gosto. É muito importante registrar o que deu certo e o que deu errado. Da próxima vez que fizer a mesma receita, você poderá comparar e contrastar as anotações e, assim, melhorar como cervejeiro artesanal. Compartilhe sua cerveja com seus amigos; nós adoramos o brilho de orgulho no olhar de um cervejeiro artesanal quando ele nos traz suas cervejas para provarmos. Cerveja feita em casa é a bebida mais impressionante que você pode levar a uma festa; por isso, receba sem cerimônia o elogio que tanto merece.

Estatísticas da cerveja: APV, IBU, OG, FG, L, SRM

Você precisa conhecer certas abreviações para fazer cerveja. Elas aparecem na maioria das receitas, inclusive nas nossas. Claro, você pode simplesmente assentir com a cabeça e sorrir quando um colega cervejeiro perguntar se sua cerveja atingiu a OG ou se você está satisfeito com o SRM e o APV, mas é muito melhor saber do que diabos ele está falando.

- **APV (álcool por volume).** Este dado está diretamente relacionado ao quão bêbado você irá ficar. Se tudo o que você bebeu até hoje foram aquelas lagers produzidas em massa, saiba que elas têm entre 3% e 5% de álcool por volume. Já o APV de cervejas artesanais pode variar desde esse com que você está acostumado (3% a 5%) até o de cervejas fortes (de 6% a 20%, cuidado!). Se for beber uma cerveja – ou várias –, informe-se sobre o APV. Acredite em nós quando dizemos que há uma diferença *enorme* entre uma cerveja de 5% e uma de 8%. Uma cerveja com 5% de APV pode deixá-lo "amigável"; uma com 8% pode fazer você dar um beijo de língua em uma árvore. Claro, isso depende de quanto você é resistente à birita. Você aguenta bem uns martínis ou fica passado depois de meio copo de pinot gris? É vital, principalmente para nós mulheres, ficarmos vigilante quanto à quantidade de álcool que consumimos. Conheça seus APVs, e você, seu vizinho e a árvore do quintal dele agradecerão.

- **IBU (Unidades de Amargor Internacionais).** A escala IBU permite medir o amargor de uma cerveja. O número indicado na escala de amargor é o resultado de fórmulas empíricas complicadas que utilizam um espectrofotômetro e extração de solvente. Não entendemos nada disso, e a boa notícia é que você também não precisa entender. O importante aqui é saber que essa escala se baseia em amostras provadas de cervejas e correlaciona o amargor a um valor medido de 1 a 100. Quanto mais alto este número, maior é a concentração de compostos amargos na cerveja. Por exemplo, uma lager produzida em massa pode ter um IBU de 5, enquanto uma Double IPA chega perto de 90 IBU. Algumas cervejarias estão começando a colocar esse número em seus rótulos, mas geralmente ele não é indicado. Se o amargor é algo que o preocupa, pode ser útil saber a escala geral de IBU para cada estilo de cerveja. Entretanto, a escala IBU pode confundir um pouco os iniciantes em cerveja artesanal; por isso, nós o encorajamos a usar o próprio paladar para determinar o amargor. Bebedores mais avançados, bem como os versados em fabricação própria, podem se aprofundar nesses números. Normalmente, você encontra o IBU de uma cerveja no *site* da cervejaria. Para uma escala segundo os estilos de cerveja, consulte o *site* Beer Judge Certification Program (www.bjcp. org/index.php).
- **OG (gravidade original).** Trata-se de uma medição do peso do mosto em comparação ao peso da água. Ela é feita antes da fermentação e ajuda a determinar a força de sua cerveja após a fermentação.
- **FG (gravidade final).** É a mesma medição que a OG, porém feita após a fermentação. Usando a OG e a FG, é possível calcular o álcool por volume da cerveja.

★ 48 ★

- **L (lovibond).** Medição do nível de torragem ou da cor de um malte específico e/ou da cor de uma cerveja. Por exemplo, um malte Caramelo/Cristal pode ter um L de 60, enquanto outro pode ter um L de 120, sendo 120 um nível mais escuro de cor. Isso é importante quando você quer conferir determinada cor à sua cerveja.
- **SRM (método padrão de referência).** Uma medição da cor da cerveja, assim como o Lovibond. É mais nova do que este, porém semelhante. Cada cerveja possui uma diretriz geral de cor; você não precisa segui-la à risca, mas é bom garantir que sua âmbar, por exemplo, não ficará escura demais. O SRM informado nas receitas e obtido em *softwares* de cálculo de receitas o ajudará a encontrar a cor desejada para determinada cerveja.

> **Cálculo de álcool**
>
> Nós já fizemos bastante cerveja sem saber qual era o teor alcoólico, apenas tendo fé e nos contentando com o fato de que haveria álcool em algum lugar. Hoje, porém, somos um tanto obcecadas por saber como as coisas são feitas. Na verdade, você nunca *precisa* fazer isso (pode descobrir o teor alcoólico por meio de dados empíricos, como, por exemplo, seu nível de porre), mas, para saber exatamente quanto álcool tem sua cerveja, é necessário fazer algumas leituras com um hidrômetro ou um refratômetro. Cada receita deste livro traz valores para você atingir. Veja como você pode obter o APV em sua cerveja caseira:
>
>
>
> 1. Faça uma leitura com o hidrômetro após esfriar o mosto mas antes de adicionar a levedura. Essa é a gravidade original (OG).
> 2. Faça uma leitura com o hidrômetro depois da fermentação, mas antes do priming para envasar. Essa é a gravidade final (FG).
> 3. Aplique os números nesta fórmula: (APV) = (OG − FG) ÷ 7,5. Ou simplesmente coloque sua OG e sua FG em uma calculadora *on-line*. Nós gostamos desta: Brewer's Friend (www.brewers-friend.com/abv-calculator).

Seu *kit* para fabricação caseira

Está na hora de montar seu *kit* para fabricação caseira de cerveja. Você encontrará tudo, ou quase tudo, em lojas de suprimentos para fabricação de cerveja artesanal. A internet tem tudo, claro, e permite escolher entre os vários *sites* e comparar os preços. Muitas lojas e *sites* oferecem um "kit de fabricação caseira" que inclui todos os itens.

E isto é tudo o que você realmente precisa

- Um vasilhame de 5 galões.
- Dois baldes plásticos de 3 a 5 galões, com tampa.
- Um airlock e um stopper de borracha.
- Um coador.
- Uma colher comprida.

O que nós temos em nosso *kit* e para que cada coisa serve

- **Vasilhame.** Um vasilhame de aço inoxidável, perfeito para ferver e criar o mosto. A maioria dos vasilhames para cerveja é de 5 galões, e é o que recomendamos para as receitas deste livro. Entretanto, as receitas somente grãos, no último capítulo, necessitam de um vasilhame maior.
- **Fermentador primário.** Um balde de plástico para uso alimentício de 3 a 5 galões ou um garrafão de vidro. Nós preferimos o garrafão, já que o plástico pode facilmente abrigar bactérias, mas, no fundo, qualquer um dos dois serve. Esse é o vasilhame onde sua cerveja fermentará inicialmente.
- **Fermentador secundário.** Um balde de plástico para uso alimentício de 3 a 5 galões ou um garrafão de vidro. É usado se você quiser transferir a cerveja da levedura residual do fermentador primário para que ela tenha um período de fermentação maior, sem o risco de adquirir sabores indesejados por conta da levedura moribunda. Este fermentador é altamente recomendado.
- **Colher comprida.** Usada para mexer, claro. É importante usar uma colher que remova qualquer líquido pastoso ou outros sólidos do fundo do vasilhame.
- **Termômetro.** Regular e flutuante, para você fazer a leitura correta da temperatura da cerveja em seus vários estágios. O termômetro flutuante é útil para verificar a temperatura do mosto enquanto este esfria; assim, você saberá quando adicionar a levedura e começar o período de fermentação.
- **Hidrômetro.** Para medir a gravidade da cerveja. Faça uma medição antes da fermentação e compare-a com uma amostra após a fermentação. Essas medidas equivalem à gravidade original e à gravidade final, respectivamente, e permitem que você determine o álcool por volume da cerveja.
- **Saco de grãos.** Para conter os grãos na infusão ou na brassagem. Você pode usar sacos menores para as adições de lúpulo; assim, haverá menos para coar antes da fermentação. Também pode optar por não usar o saco de grãos e coar os grãos e os lúpulos se quiser; já nós adoramos a facilidade de reunir os

ingredientes em um saco e removê-lo quando necessário. Use sacos de malha fina para os lúpulos (15 por 20 centímetros para até 57 gramas de lúpulos; 23 por 30 centímetros para 114 gramas). Use sacos de malha grossa para lúpulos inteiros e grãos maltados. Esses sacos podem ser lavados e higienizados no lava-louça e reutilizados.

- **Coador.** Para coar (não diga!). A mistura pode ter uma aparência esquisita se você não coar os lúpulos, a cevada, os temperos e os demais ingredientes ao transferir o mosto. O coador é uma ferramenta fantástica para uso geral na cozinha.

> **O truque da vareta**
> Certa noite, no fim já embrumado da festa anual de nosso clube dos cervejeiros artesanais, depois de muitas amostras de cerveja caseira, estávamos nos sentindo bem à vontade para falar sobre o que cada um detestava na atividade cervejeira. As *medições* eram a queixa mais sonora (e um tanto enrolada). Foi então que um gênio da fabricação de cerveja perguntou: "Por que vocês não usam uma vareta?". Após nos darmos conta de que ele não estava nos ofendendo, ouvimos atentamente sua explicação: "Arrumem uma colher de plástico para mistura de 45 centímetros (vão precisar dela mesmo) e despejem determinadas quantias de água no vasilhame para 'calibrar' a colher como vareta. Marquem a colher com uma faca ou caneta de tinta permanente a intervalos de 1½ galão até onde acharem necessário". *Voilà!* Sem mais medir e despejar (ou quase isso)! Uma sugestão estupidamente simples, porém perfeita.

- **Vasilhame pequeno.** Para esquentar a água que você despejará sobre os grãos, a chamada água para o sparge. É necessário um vasilhame que comporte pelo menos 1 galão de água (lembrando a medida do galão americano: 3,7 litros).
- **Sanitizante.** Não é a parte mais divertida do *kit*, mas talvez seja a mais importante. Você precisa higienizar o equipa-

mento para que todo seu trabalho não vá pelo ralo. Infecções podem estragar uma cerveja. Consulte as páginas 40-41 para recomendações quanto à higienização com sanitizantes.

- **Autossifão.** O melhor meio para transferir cerveja do fermentador primário para o secundário e depois para o engarrafador. Não precisa ser um autossifão, mas nós o consideramos muito mais prático do que um sifão tradicional.
- **Airlock e stopper.** Uma invenção fantástica que permite a saída de uma pequena quantidade de ar da cerveja ao mesmo tempo que a protege quando do surgimento das bolhas da fermentação.
- **Funil.** Você sabe o que é um funil. Ele permite que a cerveja seja despejada na boca do garrafão com mais facilidade e menos sujeira. Alguns funis já possuem um coador embutido.
- **Garrafas.** Para engarrafar, certo? Elas precisam ser higienizadas. Você pode comprar novas ou reciclar garrafas usadas. Use garrafas de vidro.
- **Tampinhas.** Para tampar as garrafas, claro. Também precisam ser higienizadas.
- **Tampador de garrafa.** Uma ferramenta muito legal que sela a garrafa com a tampa, impedindo a entrada de ar, que poderia comprometer a cerveja.
- **Enchedor de garrafa.** Outra engenhoca brilhante que permite encher a garrafa sem derramar.
- **Balde para envasar, ou engarrafador.** Você precisa de um vasilhame para transferir a cerveja e misturá-la com um pouco do açúcar do priming antes de engarrafar.
- **Balança digital.** Para medir os ingredientes. Como fazemos quantidades pequenas, sempre estamos medindo quantias de extrato, grãos e lúpulos em casa. Uma balança digital pode medir até as menores quantidades de lúpulos e levedura em onças ou gramas.

Você está em minha lista... de desejos

Para algumas pessoas, uma visita à loja de suprimentos para cerveja caseira é como ir a uma grande loja de ferragens: você sai com um monte de engenhocas que *quase nunca* (para sermos

---

★ 53 ★

otimistas) usará. Queremos que a atividade de fazer cerveja em casa seja a mais fácil e menos onerosa possível, e é por isso que fizemos a lista do que consideramos essencial ao *kit* do cervejeiro iniciante. Entretanto, como já temos certa experiência, selecionamos alguns equipamentos que consideramos muito úteis – não essenciais – para tornar mais rápidos a medição do APV e da temperatura e a fervura e o resfriamento do mosto. Se você quer se aprofundar na atividade e está disposto a investir algum dinheiro em seu *hobby*, sugerimos os seguintes itens:

- **Refratômetro.** Não colocamos esta peça utilíssima na lista de itens obrigatórios porque é um pouco cara e porque o hidrômetro pode cumprir a mesma função. Mas – e este é um grande *mas* – nós *amamos* nosso refratômetro! Historicamente usado por vinicultores para determinar o açúcar de suas uvas por meio de uma leitura chamada brix, o refratômetro é uma ótima alternativa ao hidrômetro para estabelecer a gravidade original e a gravidade final, bem como para determinar o APV. A análise de uma gota de mosto no refratômetro, em qualquer momento de qualquer estágio da fabricação, permite uma leitura clara e possibilita que você faça ajustes no caminho. Nosso refratômetro favorito tem tanto brix quanto uma escala calibrada de gravidade específica (do contrário, teríamos de converter brix para gravidade específica). É o Brewing Refractomer Dual Scale, modelo MT700.

- **Termômetro digital.** Embora você nunca deva deixar o mosto fervente sozinho, um termômetro digital com alarme que dispara quando a fervura alcança a temperatura ideal de mistura passa uma segurança maior. Ele é muito rápido e oferece leituras extremamente apuradas. Cuidado apenas para não submergir o cordão além da sonda, ou pode dizer adeus ao termômetro digital.

- **Queimador de propano portátil.** Talvez você tenha um fogão a gás antigo que realmente dê conta do recado. Mas, hoje em dia, os fogões são calibrados para liberar energia o suficiente apenas para chamuscar um filé, e olhe lá. Você precisa de potência, principalmente se só tiver um fogão elétrico (como uma de nós). O queimador de propano permite

atingir a fervura em poucos minutos e possibilita bom controle da chama. *Alerta de incêndio:* obviamente, esse equipamento deve ser usado fora de casa, pois envolve o uso de gás inflamável em um tanque de propano.
- **Resfriador de imersão.** Um resfriador de imersão para o mosto é basicamente uma mola de cobre que é colocada diretamente no mosto quente. A água fria passa pelo interior da mola, absorvendo e removendo o calor do mosto. Quanto mais rápido você esfriar o mosto da fervura para a temperatura inicial para as leveduras, menos tempo haverá para algum organismo contaminar sua cerveja através do ar. Já dissemos que uma boa higienização é vital, e o resfriador de mosto é ideal para abaixar as temperaturas mais rapidamente do que com um banho de gelo e para diminuir os riscos de infecção da cerveja.

Vocabulário cervejeiro

Se você pretende fazer cerveja, é melhor conhecer a língua cervejeira. Aqui vão alguns termos básicos para você se familiarizar e não ficar perdido na loja de suprimentos para fabricação caseira:

- **Adjunto.** Amido usado no processo de fabricação que não a cevada maltada. Ele é utilizado às vezes para conferir sabor, às vezes para conferir sensação na boca, ou em substituição a certa quantidade de malte, barateando o custo da produção.
- **Atenuação.** Basicamente, a quantidade de fermentação ocorrida, isto é, quanto açúcar a levedura comeu e até que ponto a gravidade original diminuiu. Refere-se ao APV final. Uma atenuação mais baixa gera cervejas mais maltosas; já uma atenuação mais alta resulta em cervejas mais secas.
- **Brassagem.** Processo em que os grãos amassados são misturados em água quente e as enzimas transformam o amido em açúcares fermentáveis (embora alguns possam ser infermentáveis) para a levedura.

- **Extrato de malte.** Um líquido concentrado que se forma a partir do mosto e contém os açúcares necessários para a fabricação de cerveja. É o que a maioria dos cervejeiros usa (em vez de trabalhar somente com grãos).
- **Fazer cerveja em saco.** Processo em que se usa um saco de grãos para misturar os grãos. Ele permite a produção com um só vasilhame e economiza tempo em um procedimento que pode ser muito laborioso na fabricação somente grãos. Também pode ser usado com misturas parciais. (Leia mais sobre este processo no Capítulo 14.)
- **Fermentação secundária.** A simples remoção da cerveja do sedimento de levedura e proteína que se forma no fundo do fermentador durante a fermentação primária e sua transferência para outro fermentador a fim de dar continuidade à fermentação. Esse processo pode melhorar consideravelmente os sabores de sua cerveja.
- **Floculação.** Refere-se à habilidade da levedura de se aglutinar ao fim da fermentação e abandonar a cerveja. Uma espécie de levedura com baixa floculação demora mais a abandonar a cerveja, deixando-a mais nublada. A alta floculação pode resultar em uma cerveja mais clara e cintilante.
- **Grãos de infusão.** Usados para acrescentar sabor, nuança e/ou cor pelos cervejeiros que optam por extrato de malte. Eles não precisam ser convertidos em açúcar e também podem ser infundidos como chá.
- **Gravidade final (FG).** Medição final da densidade do mosto após a fermentação; com a OG e a FG, você consegue calcular o APV.
- **Gravidade original (OG).** Medição da densidade do mosto líquido antes da fermentação, importante para a posterior determinação do APV.
- **Grist.** Mistura de grãos amassados em um moinho e preparados para a brassagem.
- **Inoculação.** Adição da levedura ao mosto resfriado.
- **Lúpulos de amargor.** Usados logo no início da fervura para conferir amargor à cerveja, mas não aroma.

- **Lúpulos de aroma.** Adicionados por último à fervura para conferir aroma, mas não amargor nem sabor.
- **Lúpulos de sabor.** Usados mais adiante na fervura para conferir sabor e um pouco de aroma.
- **Lúpulos peletizados.** Têm o aspecto de vitaminas (bolinhas ou *pellets*) e são usados pela maioria dos cervejeiros no lugar de lúpulos secos ou frescos.
- **Malte-base.** O malte usado como fonte principal de açúcar para fermentação.
- **Maltes especiais.** Quantidades pequenas de malte usadas para dar sabor e nuanças. Os maltes especiais podem ser infundidos como chá em vez de convertidos em uma mistura.
- **Mash tun.** Recipiente que contém a mistura durante a fabricação somente grãos.
- **Mistura parcial.** Meio de fabricação que usa mosto feito parcialmente de grãos e parcialmente de extrato de malte.
- **Mosto.** Nome dado ao líquido extraído da brassagem.
- **Priming.** A adição de açúcar à cerveja já fermentada. Isso é feito enquanto a cerveja é engarrafada, para acrescentar mais nuanças de sabor e/ou álcool e carbonatação.
- **Rack.** O processo de transferir a cerveja em diferentes estágios da fabricação caseira.
- **Somente grãos, ou mistura total.** Cerveja feita somente com grãos, cevada maltada crua, e não com extratos de malte. Esse método, bastante avançado no mundo da fabricação de cerveja, requer espaço e tempo. Geralmente é o praticado por cervejeiros profissionais.
- **Sparging.** Ocorre depois da brassagem, quando a água quente percorre os grãos fervidos ou infundidos para extrair o máximo possível de açúcares fermentáveis e propriedades de sabor dos grãos. Esse líquido é adicionado ao mosto.

Os 10 "Nãos" mais importantes

1. NÃO MALTRATE SEUS GRÃOS
Embora não aparentem, os grãos são criaturas delicadas. Se você os moer, ou se os infundir excessivamente, ou se os mergulhar

em água fervente, obterá uma adstringência enjoativa. (Isso é desejado em alguns estilos, como a IPA.)

2. NÃO SEJA SUJO
Tudo bem, agora já está ficando chato, mas não se esqueça de higienizar, higienizar, higienizar! Infecção por bactéria de inúmeras fontes é a causa principal de sabores indesejados em cervejas. Uma contaminação pode deixar a cerveja com gosto de vegetal e milho. Também pode deixá-la azeda e intragável. As bactérias também são responsáveis pelos tais fenóis, que têm gosto de *band-aid*, um sabor indesejado na maioria dos estilos – aliás, em todos.

3. NÃO CUBRA O VASILHAME DURANTE A FERVURA
Existe uma coisa chamada dimetilsulfeto (DMS), que é liberada do mosto durante a fervura. Se você cobrir o mosto, o DMS não será removido, pois a condensação deste retornará ao mosto. Isso pode provocar notas de frutos do mar ou molusco. Fruto do mar é inaceitável em qualquer estilo de cerveja (exceto talvez na stout com ostras. Não, nem mesmo nela!).

4. NÃO DEIXE DE AERAR O MOSTO RESFRIADO
Uma coisa que a levedura adora no começo do processo de fermentação é oxigênio. Embora nem sempre seja bom expor a cerveja ao ar (por exemplo, você não pode introduzir oxigênio ao mosto quente ou no momento de transferir a cerveja para o fermentador secundário), um pouco antes e um pouco depois de inocular a levedura, é hora de aerar. Mexa ou agite o mosto resfriado antes e depois de adicionar a levedura. Falta de aeração nesse momento pode resultar em sabor de solvente e notas de manteiga ou caramelo, que os cervejeiros chamam de "diacetil".

5. NÃO INOCULE MENOS LEVEDURA
Em nossas receitas, fornecemos a quantidade correta de levedura, mas, à medida que você cria receitas próprias, é importante colocar levedura em quantidade suficiente no mosto para ter uma fermentação ativa. Colocar menos levedura pode causar os sabores e aromas indesejados já mencionados.

6. NÃO DEIXE A CERVEJA FERMENTAR EM TEMPERATURAS MUITO ALTAS

Com exceção de algumas espécies raras de levedura, a cerveja deve ser fermentada abaixo de 27 °C. Temperaturas altas podem matar a levedura e produzir características muito fortes ou de solvente. Os cervejeiros chamam esse sabor indesejável de "álcool de fúsel", ou simplesmente "fúsel".

7. NÃO AERE A CERVEJA DEPOIS DA FERMENTAÇÃO

A questão é a seguinte: aere o mosto resfriado antes de inocular a levedura. Não aere a cerveja depois da fermentação, momento em que você deve tomar muito cuidado para manusear e transferir, usando um sifão em tubo. A aeração da cerveja fermentada pode provocar oxidação, o que gera sabores e aromas indesejados de cachorro molhado e papelão. Isso é aceitável em alguns estilos – como as old ales e as barley wines –, mas não na maioria.

8. NÃO TIRE A CERVEJA DA LEVEDURA MUITO CEDO

Cervejas jovens podem ter sabor e aroma de maçã verde (quando não é o que se deseja). Os cervejeiros chamam esse sabor indesejável de "acetaldeído". Também pode ser uma indicação de infecção bacteriana e a causa de sabores amanteigados de diacetil.

9. NÃO DEIXE A CERVEJA POR TEMPO DEMAIS NA LEVEDURA

As leveduras são bichinhos insensíveis. Se você deixá-las sozinhas por muito tempo uma em cima da outra, adivinhe o que acontece? Elas começam a se devorar. Isso mesmo: canibalismo de levedura, também conhecido pelos cervejeiros como "autólise de levedura". Quando isso ocorre, surgem os piores sabores indesejados possíveis. Características inconfundíveis de ovo podre ou enxofre emanam da cerveja.

10. NÃO ENVASE A CERVEJA EM GARRAFAS CLARAS OU VERDES

O sabor indesejado mais comum na cerveja é o rançoso. Uma cerveja fica rançosa por causa da reação química que ocorre quando a luz ultravioleta (UV) atinge os componentes invisíveis dos lúpulos. Portanto, coloque sua cerveja em uma garrafa marrom-escura (não, azul também não serve) para evitar o temível ranço!

3

 **JUNHO**

Dias de sol (finalmente) | Milho assado | Frutas frescas | Mudança de ares | Flores desabrochando (alergias) | Guardar as roupas de inverno

Suas cervejas caseiras de junho
PALE INGLESA DE VERÃO: uma pale ale ao estilo britânico com notas de malte e de nozes, ligeiramente doce, suave no fim.
HOPPED-UP PALE DA COSTA OESTE: uma pale ale ao estilo da costa Oeste norte-americana com notas frutadas, maltosas, amarga no fim.
BLACK SMOKE PALE: perfil de malte, defumada e torrada, suave, lupulada no fim.

Para acompanhar
Sopa de ervilha e presunto.

No hemisfério Sul, corresponde ao mês de dezembro (verão). Se quiser saber quais são as bebidas apropriadas para junho (inverno) no hemisfério Sul, consulte o "Capítulo 9. Dezembro".

Junho traz o verão. Momento perfeito para começar sua vida de cervejeiro artesanal. Você já fez a limpeza de primavera e merece uma recompensa, um novo *hobby* com uma compensação deliciosa: uma adorável cerveja artesanal. Nossas receitas para este mês combinam com pratos de verão e dias ensolarados. São receitas simples para o cervejeiro neófito. As três são versões de uma pale ale, cerveja que tomávamos praticamente como solução intravenosa logo após termos sido iniciadas na arte de fazer cerveja artesanal. Cada uma tem um perfil de sabor diferente, porém um processo de fabricação básico semelhante. Todas usam os quatro ingredientes principais da cerveja e nenhum ingrediente especial.

Este é um ótimo momento para você se familiarizar com os ingredientes básicos: água, malte, lúpulos e levedura (ver Capítulo 1), os quatro cavalos de força de qualquer receita. As receitas deste capítulo não exigem nenhum ingrediente incomum (como sálvia ou anis, que virão mais tarde) e lhe permitem ingressar no processo de fazer cerveja sem ficar maluco. É como aprender os fundamentos da culinária: picar, saltear, grelhar e adicionar sal e pimenta. Trata-se da fundação para os experimentos que você fará mais tarde.

CERVEJA CASEIRA DE JUNHO 1

Pale Inglesa de Verão

FAÇA ESTA CERVEJA SE VOCÊ GOSTA DE: sabor de nozes sem gosto excessivo de lúpulo, uma receita fácil que impressionará seus amigos, tardes ao estilo de um *pub* inglês.

COMBINA COM: cheddar leve, frango grelhado, peixe e batata frita, biscoito inglês.

COMENTÁRIOS SOBRE ESTILO E FABRICAÇÃO

Embora seja geralmente associada ao interior escuro e amadeirado de um *pub* britânico, a pale ale inglesa também pode ser bebida nas noites de verão ou durante o dia, na praia. Ela é refrescante e não enjoa fácil. Essas cervejas (semelhantes às especialmente amargas, *special bitter*) costumam ter baixo teor alcoólico; cor dourada ou dourada-avermelhada; um sabor de malte caramelado e de nozes; e notas frutadas, que vêm da levedura. O lúpulo não domina; de fato, os lúpulos são usados para equilibrar a ale e não deixá-la doce demais. Apesar do amargor ser mais evidente do que em uma amber ale, ele não agride as papilas gustativas. O produto final deve ser do tipo que refresca em uma tarde quente sem atacar o paladar. É uma cerveja perfeita para tomar com amigos durante o primeiro churrasco de verão.

Foi o primeiro estilo de cerveja que fizemos em casa (ah, lembranças...). A maioria dos cervejeiros começa sua jornada assim. É uma cerveja simples de fazer e gentil com os neófitos. Você pode cometer alguns errinhos aqui e ali e mesmo assim obter um produto final gostoso, bebível. Ainda que ela não fique perfeita na primeira vez, você terá boas notas de frescor e sabor de malte com nozes para apreciar.

> **Session ales (ales de "sessão")**
> A palavra *session* se refere a qualquer estilo de cerveja cujo intuito é dar combustível à língua para horas de bate-papo entre amigos. É um termo britânico oriundo de longas sessões de bebedeira e conversa no *pub*. As cervejas session geralmente têm entre 3% e 5% APV, o que impede que o álcool obrigue uma pessoa a terminar a noite cedo demais. O *pub* é a segunda sala de estar dos britânicos, é onde eles se encontram para jogar conversa fora. E, para isso, é preciso uma cerveja com sabor interessante, agradável, que não mate o paladar: nem muito amarga, nem muito doce. O malte com gosto de noz e toque de fruta da pale ale inglesa têm tudo a ver com esse estilo de cerveja. Nós começamos bebendo essas sessions, depois passamos para estilos maiores, mais audazes, loucos e complexos e acabamos voltando a elas, que nos receberam como velhos chinelos confortáveis. As cervejas sessions também são perfeitas para beber enquanto você faz cerveja.

FAÇA: PALE INGLESA DE VERÃO

Nível de dificuldade: neófito
Tipo: extrato com grãos especiais
Equipamento especial/extra: nenhum
OG desejada: 1,048

FG desejada: 1,012
IBU: 33
APV desejado: 4,6%
Copo apropriado: pint

LISTA DE COMPRA

Para mais ou menos 2½ galões
1 pacote de levedura Wyeast London Ale 1028
227 g de malte caramelo/cristal 60 L, moído
113 g de malte caramelo/cristal 40 L, moído
1,5 ℓ de extrato de malte pale líquido
24 g de lúpulos peletizados East Kent Goldings
9 g de lúpulos fuggles peletizados

PREPARAÇÃO

- *Prepare a levedura (pelo menos 3 horas antes de começar a fazer a cerveja):* quebre o pacote de levedura London ale e deixe aquecer à temperatura ambiente. Você também pode fazer isso no dia anterior.

INFUSÃO/BRASSAGEM

- Esquente 2,8 litros de água. Coloque um termômetro e esquente o vasilhame até 71 °C. Desligue o fogo.
- Adicione os grãos especiais (maltes caramelo/cristal 60 L e caramelo/cristal 40 L) no saco de grãos (amarrando as extremidades) e coloque-o no vasilhame. Tampe e deixe descansar por 30 minutos.
- Prepare a água para o sparge: em um vasilhame pequeno, separado, esquente 2,8 litros de água até 77 °C.

SPARGE

- Depois de 30 minutos, remova o saco de grãos do vasilhame. Ponha um coador grande de malha fina sobre o vasilhame. Coloque o saco de grãos no coador, abra-o e despeje devagar a água quente para o sparge, cobrindo todos os grãos. Não esprema o saco de grãos! Remova o saco e jogue-o fora.
- Adicione ao vasilhame mais 2 galões de água em temperatura ambiente.
- Reaqueça a água no vasilhame até 68 °C; desligue o fogo e adicione o extrato de malte pale líquido. Mexa delicadamente para que o extrato não grude no fundo do vasilhame.

FERVURA

- Leve o vasilhame ao fogo para ferver.
- Assim que a fervura começar, faça a primeira adição de lúpulos, os East Kent Goldings, e programe o *timer* para 60 minutos. Os lúpulos dissolverão imediatamente. Mexa de vez em quando, removendo os sólidos grandes com uma colher vazada. Tome cuidado com o tão temido transbordo!
- Após 45 minutos (ou seja, quando ainda restarem 15 minutos de fervura), faça a segunda adição de lúpulos, os fuggles.

INOCULAÇÃO DA LEVEDURA

- *Prepare o banho de gelo:* na pia ou em um vasilhame, prepare um banho de gelo para mergulhar e esfriar a cerveja.
- *Esfrie o mosto:* tire o vasilhame do fogo e coloque-o no banho de gelo. Ponha um termômetro higienizado no mosto e deixe esfriar até atingir 21 °C ou menos.
- *Limpe tudo:* higienize qualquer coisa que entrará em contato com a cerveja.
- *Transfira o mosto:* despeje o mosto através de um coador higienizado em um fermentador plástico de 3 a 5 galões, ou

★ 65 ★

atravcés do coador higienizado e um funil em um garrafão de vidro de 3 a 5 galões.

- *Inocule a levedura:* agite o pacote de levedura preparada, higienize o exterior do pacote, abra-o e jogue todo o conteúdo no mosto resfriado, no fermentador.

FERMENTAÇÃO PRIMÁRIA

- Coloque uma tampa a vácuo equipada com o airlock (cheio de vodca) e o stopper no balde plástico, ou ponha o airlock e o stopper em um garrafão de vidro. Ou use o método do tubo blow-off (ver Capítulo 2).
- Guarde o contêiner em um lugar relativamente frio (a temperatura de fermentação ideal para esse estilo é entre 15 °C e 22 °C) por 7 a 10 dias se pretender usar a fermentação secundária, ou por 12 a 14 dias, se não for usá-la.

FERMENTAÇÃO SECUNDÁRIA (OPCIONAL)

- Usando um sifão higienizado, transfira a cerveja do fermentador primário para um balde ou garrafão de vidro de 3 a 5 galões. (Certifique-se de que o sedimento ficou para trás.)
- Ponha um airlock no contêiner secundário e deixe a cerveja descansar por no mínimo 14 dias.
- Envase-a por 14 dias, conforme descrito no Capítulo 2. Depois, refrigere-a e delicie-se!

QUEBRA DE REGRAS E DICAS

- Se os grãos especiais o assustam, relaxe e não os use. Comece com a fervura e a adição do extrato de malte e prossiga a partir daí. A cor e o sabor não serão tão bons, mas você terá cerveja!
- Não, não deixe de higienizar o equipamento!

JUNHO

CERVEJEIROS PROFISSIONAIS QUE SERVEM DE MODELO

- **Fuller's London Pride:** Fuller Smith & Turner, Londres. Uma cerveja suave e complexa, com base maltosa e um equilíbrio de sabor de lúpulos dos tipos target, challenger e northdown. APV: 4,7%.
- **Firestone Double Barrel Ale:** Firestone Walker Brewing Co., Paso Robles, Califórnia. Uma pale ale ao estilo da tradicional britânica Burton-on-Trent. Envelhecida em tonéis de carvalho, essa cerveja tem notas de baunilha e de carvalho torrado, com uma pitada de lúpulos nobres ingleses no fim. APV: 5%.
- **8th Street Ale:** Four Peaks Brewing Co., Tempe, Arizona. Uma best bitter ao estilo inglês, com amargor suave e um sabor maltado ligeiramente doce. É feita com os raros lúpulos kent, importados. APV: 5%.

CERVEJA CASEIRA DE JUNHO 2

Hopped-Up Pale da Costa Oeste

FAÇA ESTA CERVEJA SE VOCÊ GOSTA DE: india pale ale, amargor de lúpulos, frescor, pinho, toranja, nota de malte caramelo.
COMBINA COM: hambúrguer com gorgonzola, salsicha temperada, frango *cajun*.

COMENTÁRIOS SOBRE ESTILO E FABRICAÇÃO

A pale ale da costa Oeste norte-americana é uma fera diferente de sua prima britânica. Parece que os americanos gostam de um pouco mais de impacto em seus copos. Pense na pale ale de Sierra Nevada — a clássica pale norte-americana que levou toda uma nova geração de amantes de cerveja a despertar e sentir o aroma dos lúpulos. As pale ales da costa Oeste têm notas de malte caramelado e de frutas, com impactantes lúpulos de pinho/toranja. Depois de fazer a pale ale inglesa, você estará pronto para subir um pouco no mundo dos lúpulos, e esta é a receita perfeita.

Nós, que somos nativas da costa Oeste norte-americana, sentimos muito orgulho dessa cerveja, com sua característica cítrica e de pinho. Ela é ao mesmo tempo o sol escaldante em uma praia de San Diego, uma ida ao bar depois de esquiar nas Montanhas Rochosas e o cheiro de pinho verde dos lúpulos que crescem em Washington e Oregon. O bom dos lúpulos, além do fato de proporcionarem equilíbrio, durabilidade, aroma, secura e um delicioso sabor, é que eles encobrem alguns erros do neófito na fabricação de cerveja. Como um vestido preto que esconde as imperfeições, os lúpulos relevam tudo. Isso não significa que fazer essa pale ale seja fácil, mas é possível produzir uma boa pale lupulada logo de cara, com lúpulos cítricos e nota de pinho como sabor dominante. Lembre-se de que, na atividade do cervejeiro artesanal, os lúpulos são amigos.

Outro bônus para o cervejeiro novo é o fato de que, nesta receita, não é preciso infundir nenhum grão especial. Queremos que você se concentre no caráter do lúpulo agora; por isso, encurtamos um passo. Definitivamente, esta receita é para uma tarde preguiçosa de verão. Relaxe e sinta o aroma dos lúpulos.

FAÇA: HOPPED-UP ALE DA COSTA OESTE

Nível de dificuldade: neófito
Tipo: somente extrato
Equipamento especial/extra: nenhum
OG desejada: 1,056
FG desejada: 1,013
IBU: 42
APV desejado: 5,6%
Copo apropriado: pint

LISTA DE COMPRA

Para mais ou menos 2½ galões
1 pacote de levedura Wyeast American Ale 1056
1,36 ℓ de extrato de malte pale líquido
340 g de extrato de malte âmbar seco
7 g de lúpulos columbus peletizados

21 g de lúpulos cascade peletizados
7 g de lúpulos centennial peletizados

PREPARAÇÃO

- *Prepare a levedura (pelo menos 3 horas antes de começar a fazer a cerveja):* quebre o pacote de levedura american ale e deixe aquecer à temperatura ambiente. Você também pode fazer isso no dia anterior.

INFUSÃO/BRASSAGEM

- Esquente 3½ galões de água. Coloque um termômetro e esquente o vasilhame até 68 °C. Desligue o fogo.
- Adicione o extrato de malte (pale líquido ou âmbar seco). Mexa devagar para que o extrato não grude no fundo do vasilhame. (Como não há grãos especiais nesta mistura, você não precisa fazer a infusão nem o sparge.)

FERVURA

- Leve o vasilhame ao fogo para ferver. Assim que a fervura começar, faça a primeira adição de lúpulos, os columbus peletizados, e programe o *timer* para 60 minutos. Os lúpulos dissolverão imediatamente. Mexa de vez em quando, removendo os sólidos grandes com uma colher vazada. Tome cuidado com o tão temido transbordo!
- Passados 30 minutos (ou seja, quando ainda restarem 30 minutos de fervura), faça a segunda adição de lúpulos, 12 gramas de cascade peletizados.
- Passados 50 minutos (ou seja, quando ainda restarem 10 minutos de fervura), faça a terceira adição de lúpulos, os centennial peletizados.
- Aos 55 minutos (restando 5 de fervura), faça a última adição de lúpulos, 9 gramas de cascade peletizados.

★ 69 ★

INOCULAÇÃO DA LEVEDURA

- *Prepare o banho de gelo:* na pia ou em um vasilhame, prepare um banho de gelo para mergulhar e esfriar a cerveja.
- *Esfrie o mosto:* tire o vasilhame do fogo e coloque-o no banho de gelo. Ponha um termômetro higienizado no mosto e deixe esfriar até atingir 21 °C ou menos.
- *Limpe tudo:* higienize qualquer coisa que entrará em contato com a cerveja.
- *Transfira o mosto:* despeje o mosto através de um coador higienizado em um fermentador plástico de 3 a 5 galões, ou através do coador higienizado e um funil em um garrafão de vidro de 3 a 5 galões.
- *Inocule a levedura:* agite o pacote de levedura preparada, higienize o exterior do pacote, abra-o e jogue todo o conteúdo no mosto resfriado, no fermentador.

FERMENTAÇÃO PRIMÁRIA

- Coloque uma tampa a vácuo equipada com o airlock (cheio de vodca) e o stopper no balde plástico, ou ponha o airlock e o stopper em um garrafão de vidro. Ou use o método do tubo blow-off (ver Capítulo 2).
- Guarde o contêiner em um lugar relativamente frio (a temperatura de fermentação ideal para esse estilo é entre 15 °C e 22 °C) por 7 a 10 dias se pretender usar a fermentação secundária, ou por 12 a 14 dias se não for usá-la.

FERMENTAÇÃO SECUNDÁRIA (OPCIONAL)

- Usando um sifão higienizado, transfira a cerveja do fermentador primário para um balde ou garrafão de vidro de 3 a 5 galões. (Certifique-se de que o sedimento ficou para trás.)
- Ponha um airlock no contêiner secundário e deixe a cerveja descansar por no mínimo 14 dias.

- Envase-a por 14 dias, conforme descrito no Capítulo 2. Depois, refrigere-a e delicie-se!

QUEBRA DE REGRAS E DICAS

- Esta receita é tão fácil, que não precisamos de atalhos. Mãos à obra!

CERVEJEIROS PROFISSIONAIS QUE SERVEM DE MODELO

- **Sierra Nevada Pale Ale:** Sierra Nevada Brewing Co., Chico, Califórnia. A mais popular de todas as pale ales ao estilo da costa Oeste. Muitos tentam imitar seu estilo, mas poucos conseguem. Cada garrafa vem com a mesma qualidade impactante do lúpulo. APV: 5,6%.
- **Dale's Pale Ale:** Oskar Blues Brewing Co., Lyon, Colorado. Uma pale muito lupulada, com aroma de pinho e sabores de maltes Pale e lúpulo amargo do começo ao fim. APV: 6,5%.
- **Stone Pale Ale:** Stone Brewing Co., Escondido, Califórnia. Uma interpretação sul-californiana do clássico estilo da pale ale britânica. Grande, com fortes toques de malte e um aroma de lúpulo fresco. APV: 5,4%.

CERVEJA CASEIRA DE JUNHO 3

Black Smoke Pale

FAÇA ESTA CERVEJA SE VOCÊ GOSTA DE: contradições, impacto lupulado, toques de café, churrasco, carnes defumadas.
COMBINA COM: pimenta chipotle, salsicha defumada, bacon, gouda defumado, churrasco.

COMENTÁRIOS SOBRE ESTILO E FABRICAÇÃO

Talvez você não saiba, mas acaba de entrar em um campo do mundo cervejeiro repleto de controvérsia. Há muito debate entre os autores de livros sobre cerveja artesanal, blogueiros e entusiastas em torno do nome deste estilo relativamente novo. Isso se deve em parte à incapacidade geral de compreender a combinação de escuro e claro (dark e pale) no mesmo nome. Tal polêmica gerou nomes tão diversos quanto Cascadian Dark Ale, por causa dos lúpulos cascade do noroeste do Pacífico, e (o mais incendiário) India Black Ale (IBA), que se encarrega da confusão entre black e pale. Outras sugestões são dark bitter ale, black bitter ale e black hoppy Ale. No final das contas, você só precisa relaxar, escolher um nome e beber a cerveja.

Nossa Black Smoke Pale Ale (alguém se lembrou de H. G. Wells e *A guerra dos mundos*?) é uma cerveja que possui as qualidades de uma tradicional pale ale norte-americana – aromaticidade frutada, floral e herbácea, amargor dos lúpulos, corpo médio, teor alcoólico médio, bom equilíbrio de malte caramelo e frescor e secura no fim – que foi "enegrecida" com a adição de suntuosos grãos especiais muito escuros e defumados. Esta cerveja tem boa presença de lúpulos, mas o foco não é neles, e sim no equilíbrio e na defumação. Você verá como a adição de grãos escuros, torrados, pode alterar totalmente um estilo tradicional de cerveja.

FAÇA: BLACK SMOKE PALE

Nível de dificuldade: secundarista
Tipo: extrato com grãos especiais
Equipamento especial/extra: nenhum
OG desejada: 1,057
FG desejada: 1,014
IBU: 39
APV desejado: 5,6%
Copo apropriado: pint

JUNHO

LISTA DE COMPRA

Para mais ou menos 2½ galões
1 tubo de levedura White Labs California Ale WLP001
170 g de malte defumado weyermann, moído
85 g de malte caramelo/cristal 80 L, moído
227 g de malte carafa III, moído
1,59 ℓ de extrato de malte Munich líquido
12 g de lúpulos nugget peletizados
½ pastilha Whirlfloc

PREPARAÇÃO

- *Prepare a levedura (pelo menos 3 horas antes de começar a fazer a cerveja):* deixe a levedura White Labs California Ale aquecer à temperatura ambiente.

INFUSÃO/BRASSAGEM

- Esquente 2,8 litros de água. Coloque um termômetro e esquente o vasilhame até 71 °C. Desligue o fogo.
- Adicione os grãos especiais (malte caramelo/cristal, weyerman e carafa III) no saco de grãos (amarrando as extremidades) e coloque-o no vasilhame. Tampe e deixe descansar por 30 minutos.
- Prepare a água para o sparge: em um vasilhame pequeno, separado, esquente 2,8 litros de água até 77 °C.

SPARGE

- Depois de 30 minutos, remova o saco de grãos do vasilhame. Ponha um coador grande de malha fina sobre o vasilhame. Coloque o saco de grãos no coador, abra-o e despeje devagar a água quente para o sparge, cobrindo todos os grãos. Não esprema o saco de grãos! Remova o saco e jogue-o fora.

- Adicione ao vasilhame mais 2 galões de água à temperatura ambiente.
- Reaqueça a água no vasilhame até 68 °C; desligue o fogo e adicione o extrato de malte Munich líquido. Mexa delicadamente para que o extrato não grude no fundo do vasilhame.

FERVURA

- Leve o vasilhame ao fogo para ferver.
- Assim que a fervura começar, adicione os lúpulos Nugget e programe o *timer* para 60 minutos. Os lúpulos dissolverão imediatamente. Mexa de vez em quando, removendo os sólidos grandes com uma colher vazada. Tome cuidado com o tão temido transbordo!
- Adicione o clarificante: aos 55 minutos (ou seja, quando ainda restarem 5 minutos de fervura), coloque a ½ pastilha Whirlfloc e mexa para dissolver.

INOCULAÇÃO DA LEVEDURA

- *Prepare o banho de gelo:* na pia ou em um vasilhame, prepare um banho de gelo para mergulhar e esfriar a cerveja.
- *Esfrie o mosto:* tire o vasilhame do fogo e coloque-o no banho de gelo. Ponha um termômetro higienizado no mosto e deixe esfriar até atingir 21 °C ou menos.
- *Limpe tudo:* higienize qualquer coisa que entrará em contato com a cerveja.
- *Transfira o mosto:* despeje o mosto através de um coador higienizado em um fermentador plástico de 3 a 5 galões, ou através do coador higienizado e um funil em um garrafão de vidro de 3 a 5 galões.
- *Inocule a levedura:* agite o tubo de levedura higienizado, abra-o e jogue todo o conteúdo no mosto resfriado, no fermentador.

JUNHO

FERMENTAÇÃO PRIMÁRIA

- Coloque uma tampa a vácuo equipada com o airlock (cheio de vodca) e o stopper no balde plástico, ou ponha o airlock e o stopper em um garrafão de vidro. Ou use o método do tubo blow-off (ver Capítulo 2).
- Guarde o contêiner em um lugar relativamente frio (a temperatura de fermentação ideal para esse estilo é entre 20 °C e 23 °C) por 7 a 10 dias se pretender usar a fermentação secundária, ou por 12 a 14 dias se não for usá-la.

FERMENTAÇÃO SECUNDÁRIA (OPCIONAL)

- Usando um sifão higienizado, transfira a cerveja do fermentador primário para um balde ou garrafão de vidro de 3 a 5 galões. (Certifique-se de que o sedimento ficou para trás.)
- Ponha um airlock no contêiner secundário e deixe a cerveja descansar por no mínimo 14 dias.
- Envase e mantenha engarrafada por 14 dias, conforme descrito no Capítulo 2. Depois, deixe a cerveja carbonatar por 7 a 10 dias, refrigere-a e delicie-se!

QUEBRA DE REGRAS E DICAS

- Ok, cúpula do silêncio. O negócio é o seguinte: usamos maltes defumados nesta receita para evitar o uso de defumação líquida porque (1) ouvimos falar muito mal dela e (2) tivemos um "episódio cervejeiro ruim". Mas, se você é um cervejeiro que só usa extratos e não se dá bem com extrato de malte Rauch (que é muito difícil de encontrar), ou se quer adicionar ainda mais defumação à sua cerveja caseira, talvez precise de defumação líquida para obter um sabor forte. O problema é que muitos produtos para defumação líquida têm mais aditivos do que fumaça líquida. Alguns possuem temperos, vinagre e outras coisas que não ficam boas em cerveja. Portanto, tente encontrar um produto de qualidade que não tenha nada disso.

★ 75 ★

Experimente o da Lazy Kettle, proveniente de nogueira natural; ou o da Wright, concentrado e temperado com nogueira. Use *pouca* fumaça líquida! Comece com ⅛ de colher de chá ou 1 colher de chá para 2½ galões de cerveja antes de colocar a levedura, depois que o mostro esfriar. Adicione, misture e prove a cerveja, porque ela vai mudar durante a fermentação – já que a doçura do mosto diminui – e boa sorte. Mas não conte a ninguém.

- Outra opção interessante é o chá Lapsang Souchong (também conhecido como Russian Caravan). É um chá preto chinês superdefumado, cujas folhas são secas sobre um braseiro de pinho. O sabor defumado é muito forte; por isso, sugerimos começar com 28 gramas para 2½ galões e ajustar nas levas seguintes.

CERVEJEIROS PROFISSIONAIS QUE SERVEM DE MODELO

- **Hop in the Dark:** Deschutes Brewery and Public House, Bend, Oregon. Uma black IPA com notas de café e chocolate, fermentada com aveia e maltes dark, Munich e cristal. Boa nota de lúpulo no fim. APV: 6,5%.
- **Aecht Schlenkerla Rauchbier Urbock:** Brauerei Hellert-Trum, Bamberg, Alemanha. Grandes notas defumadas e de bacon, com tons doces de caramelo e um fim seco. APV: 6,6%.
- **Alaskan Smoked Porter:** Alaskan Brewing Co., Juneau, Alasca. Aromas defumados intensos e notas de café. Melhor quando envelhecida. APV: 6,5%.

PARA ACOMPANHAR

Sopa de ervilha e presunto com black smoke pale (serve 8 pessoas)

454 g de ervilha partida, lavada e selecionada
6 xícaras de caldo de galinha
2 xícaras de cerveja black smoke pale

★ 76 ★

JUNHO

1 cebola amarela grande, picada
1 cenoura grande, picada
1 talo de aipo grande, picado
1 folha de louro
1 osso de presunto (opcional)
½ xícara de presunto cortado em cubinhos
sal e pimenta

Em uma panela grande, misture as ervilhas, o caldo, a cerveja, a cebola, a cenoura, o aipo, a folha de louro e o osso de presunto. Ferva. Cubra, baixe o fogo e deixe em banho-maria. Cozinhe por 1½ a 2 horas, ou até as ervilhas ficarem macias e despedaçadas em sua maioria. Tire o osso e a folha de louro. Adicione o presunto; mantenha em banho-maria por mais 5 minutos ou até o presunto esquentar por inteiro. Adicione sal e pimenta a gosto.

Sirva com um copo de Black Smoke Pale Ale!

4

 **JULHO**

Churrascos | Frutas frescas | Dia da Bastilha | Rojões | Ondas âmbares de grãos | Piscina | Dias de cão

---

Suas cervejas caseiras de julho

HEFEWEIZEN TRADICIONAL BÁVARA: cerveja delicada, com notas de banana e cravo.

POOR MAN'S PROVENCE LAVENDER WIT: cerveja herbácea ao estilo belga, com notas de lavanda.

SISTERS OF SUMMER TRIPEL: biscoito, fruta cítrica e notas de pimenta-branca.

Para acompanhar
Baby Arugula Summer Salad (salada de rúcula) com peras fatiadas e queijo de cabra em vinagrete com mel e hefeweizen.

No hemisfério Sul, corresponde ao mês de janeiro (verão). Se quiser saber quais são as bebidas apropriadas para julho (inverno) no hemisfério Sul, consulte o "Capítulo 10. Janeiro".

Ah, o fervente mês de julho! Abundância de frutas como cereja, damasco e melancia e receitas de verão que usam e abusam de ingredientes sazonais. Junho trouxe muito calor, todo mundo está derretendo, e não há nada melhor do que tomar uma boa e refrescante cerveja sob o sol quente. O que isso significa para nós, amantes de cerveja e cervejeiros artesanais? Significa que, nesta época do ano, queremos uma cerveja efervescente e nuançada.

Trazemos duas cervejas de trigo que se adequam ao mês de julho. A hefeweizen é um dos estilos mais populares no verão, além de ser relativamente fácil de fazer em casa; trata-se de uma cerveja de trigo ao estilo alemão que tem tudo a ver com o caráter da levedura. Já a segunda cerveja, de estilo belga, tem mais a ver com os temperos e a adição de lavanda.

Por fim, temos uma tripel, um estilo belga superior, que satisfaz igualmente o desejo por sabores leves no verão. Ela oferece um pouco mais de álcool, porém tem notas cítricas refrescantes. As três são da mesma classe de sabor e proporcionam elegância e frescor ao mesmo tempo.

CERVEJA CASEIRA DE JULHO 1

Hefeweizen Tradicional Bávara

FAÇA ESTA CERVEJA SE VOCÊ GOSTA DE: banana split, cravo, sabores não amargos, fruta, trigo.

COMBINA COM: sushi, saladas de verão, *weisswurst*, fruta com creme de leite.

COMENTÁRIOS SOBRE ESTILO E FABRICAÇÃO

As hefeweizens clamam por verão. São cervejas de trigo não filtradas, com as quais quase todos bebedores neófitos se sentem à vontade. E, embora a maioria das pessoas não seja capaz de escrever nem de pronunciar "hefeweizen" mesmo que sua vida dependa disso, estão mais acostumadas a beber hefes do que qualquer outra ale.

A hefe foi o primeiro estilo de cerveja artesanal que nos fascinou. Enquanto aprendíamos a trabalhar com cerveja na Father's Office, uma cervejaria artesanal de Santa Mônica, Califórnia, provamos uma verdadeira hefe ao estilo bávaro pela primeira vez e ficamos pasmas com os fortes sabores e aromas de banana e cravo. A maioria das hefes que tínhamos tomado até então era dominada pela adição de limão espremido, e achávamos que seu gosto era sempre esse. Como estávamos enganadas! Quando provamos uma verdadeira hefe, mal pudemos acreditar que não havia *de fato* acréscimo de cravo ou banana durante o processo de fabricação. Assim começou nosso grande respeito por aquele organismo unicelular chamado levedura.

A receita que trazemos é de uma hefe clássica da Baviera, semelhante àquela que nos pôs na estrada rumo ao reino da cerveja artesanal. Trata-se do verdadeiro estilo do sul da Alemanha, o que significa que os ingredientes são água, malte, lúpulos e levedura (nada de tempero ou adição de frutas). Esta cerveja segue a lei conhecida como Reinheitsgebot, criada pelos cervejeiros alemães do passado, a qual exige que a fabricação leve somente os quatro ingredientes básicos.

Há várias opções de levedura para a hefeweizen, todas com diferentes qualidades de ésteres. Além da clássica banana com cravo, as leveduras hefe oferecem toque cítrico, de chiclete ou de baunilha. Sendo uma cerveja de trigo, a hefe pede a adição de trigo ao seu repertório de grãos (conhecido como *grain bill*). O trigo pode conferir uma turvação à cerveja, uma sensação bem encorpada na língua, um sabor que lembra pão ou biscoito e uma nota ácida. O trigo é misturado com cevada em uma proporção de, no mínimo, 40% a 60%. Geralmente, a cevada é malte pale pilsner. Os sabores de lúpulo são baixos e costumam se limitar a qualidades secas, não ao amargor. Gostamos de manter a autenticidade quando fazemos este estilo de cerveja e, por isso, usamos lúpulos nobres como os Hallertauer Hersbrucker, leves e terrígenos.

Por favor, respeite o trabalho árduo da levedura e o perfil de sabor delicado: não adicione limão!

FAÇA: HEFEWEIZEN TRADICIONAL BÁVARA

Nível de dificuldade: neófito
Tipo: extrato com grãos especiais
Equipamento especial/extra: nenhum

OG desejada: 1,046
FG desejada: 1,012
IBU: 10
APV desejado: 4,4%
Copo apropriado: copo de weizen ou pint

LISTA DE COMPRA

Para mais ou menos 2½ galões
1 pacote de levedura Wyeast Weihenstephaner Weizen 3068
113 g de trigo em flocos
85 g de malte caravienne, moído
85 ml de extrato de malte de trigo líquido (geralmente, mistura de trigo e pale; verifique os ingredientes antes de comprar)
12 g de lúpulos Hallertauer Hersbrucker peletizados

PREPARAÇÃO

- *Prepare a levedura (pelo menos 3 horas antes de começar a fazer a cerveja):* quebre o pacote de levedura weizen e deixe aquecer à temperatura ambiente. Você também pode fazer isso no dia anterior.

INFUSÃO/BRASSAGEM

- Esquente 2,8 litros de água. Coloque um termômetro e esquente o vasilhame até 71 °C. Desligue o fogo.
- Adicione os grãos especiais (trigo em flocos e malte caravienne) no saco de grãos (amarrando as extremidades) e coloque-o no vasilhame. Tampe e deixe descansar por 30 minutos.
- Prepare a água para o sparge: em um vasilhame pequeno, separado, esquente 2,8 litros de água até 77 °C.

JULHO

SPARGE

- Depois de 30 minutos, remova o saco de grãos do vasilhame. Ponha um coador grande de malha fina sobre o vasilhame. Coloque o saco de grãos no coador, abra-o e despeje devagar a água quente para o sparge, cobrindo todos os grãos. Não esprema o saco de grãos! Remova o saco e jogue-o fora.
- Adicione ao vasilhame mais 2 galões de água à temperatura ambiente.
- Reaqueça a água no vasilhame até 68 °C; desligue o fogo e adicione o extrato de malte pale líquido. Mexa delicadamente para que o extrato não grude no fundo do vasilhame.

FERVURA

- Leve o vasilhame ao fogo para ferver. Assim que a fervura começar, adicione os lúpulos Hallertauer Hersbrucker e programe o *timer* para 60 minutos. Os lúpulos dissolverão imediatamente. Mexa de vez em quando, removendo os sólidos grandes com uma colher vazada. Tome cuidado com o tão temido transbordo!

INOCULAÇÃO DA LEVEDURA

- *Prepare o banho de gelo:* na pia ou em um vasilhame, prepare um banho de gelo para mergulhar e esfriar a cerveja.
- *Esfrie o mosto:* tire o vasilhame do fogo e coloque-o no banho de gelo. Coloque um termômetro higienizado no mosto e deixe esfriar até atingir 21 °C ou menos.
- *Limpe tudo:* higienize qualquer coisa que entrará em contato com a cerveja.
- *Transfira o mosto:* despeje o mosto através de um coador higienizado em um fermentador plástico de 3 a 5 galões, ou através do coador higienizado e um funil em um garrafão de vidro de 3 a 5 galões.

- *Inocule a levedura:* agite o pacote de levedura preparada, higienize o exterior do pacote, abra-o e jogue todo o conteúdo no mosto resfriado, no fermentador.

FERMENTAÇÃO PRIMÁRIA

- Coloque uma tampa a vácuo equipada com o airlock (cheio de vodca) e o stopper no balde plástico, ou ponha o airlock e o stopper em um garrafão de vidro. Ou use o método do tubo blow-off (ver Capítulo 2).
- Guarde o contêiner em um lugar escuro e relativamente frio (a temperatura de fermentação ideal para esse estilo é entre 18 °C e 24 °C) por 7 a 10 dias se pretender usar a fermentação secundária, ou por 12 a 14 dias se não for usá-la.

FERMENTAÇÃO SECUNDÁRIA (OPCIONAL)

- Usando um sifão higienizado, transfira a cerveja do fermentador primário para um balde ou garrafão de vidro de 3 a 5 galões. (Certifique-se de que o sedimento ficou para trás.)
- Ponha um airlock no contêiner secundário e deixe a cerveja descansar por no mínimo 14 dias.
- Envase e mantenha engarrafada por 14 dias, conforme descrito no Capítulo 2. Depois, refrigere-a e delicie-se!

QUEBRA DE REGRAS E DICAS

- Tradicionalmente, a Hefeweizen é produzida com a água relativamente mole dos rios do sul da Alemanha. Se sua água estiver estranha, ferva-a antes com um filtro de carvão, ou compre água potável.
- Você pode não usar o trigo em flocos e os grãos especiais. O corpo de sua cerveja será mais fino e a cor, mais clara.
- Para obter mais ésteres da levedura: comece a fermentação quente e termine-a fria (21 °C a 13 °C) para menos ésteres;

e, para deixá-la mais ao estilo da hefe americana, comece a fermentação fria e termine-a quente (13 °C a 21 °C).

CERVEJEIROS PROFISSIONAIS QUE SERVEM DE MODELO

- **Paulaner Hefe-Weizen:** Paulaner Braurei GmBH & Co., Munique, Alemanha. Limão, banana, cravo com um bom sabor granulado. Apesar de ser produzida em massa por uma cervejaria grande, a qualidade dessa hefe continua alta. APV: 5,5%.
- **Dancing Man Wheat:** New Garus Brewing Co., New Glarus, Wisconsin. Uma hefe ao estilo bávaro feita nos Estados Unidos, com notas de canela, cravo, banana, chiclete e grãos. APV: 7,2%.
- **Weihenstephaner Hefeweissbier:** Bayerische Staatsbrauerei Weihenstephan, Fresing, Alemanha. Nuançada com banana e cravo, fim seco, terrígeno e ácido. Uma hefe perfeitamente equilibrada de uma cervejaria alemã fundada em 1040. APV: 5,4%.

CERVEJA CASEIRA DE JULHO 2

Poor Man's Provence Lavender Wit

FAÇA ESTA CERVEJA SE VOCÊ GOSTA DE: Bélgica, França, toques florais, complexidade, pouco amargor, lavanda.

COMBINA COM: frango assado com ervas da Provença, ricota, *gelato* de mel.

COMENTÁRIOS SOBRE ESTILO E FABRICAÇÃO

Em Provença, em julho, a lavanda floresce, e a cor do mês é um roxo marcante. Nós, porém, moramos em Los Angeles. É bom morar aqui, mas não é exatamente a região campestre francesa, e as cores do verão geralmente provêm do cinza amarronzado da névoa misturada com a fumaça que paira sobre a cidade. O mais perto que chegamos do mês de julho francês (a menos que tenhamos em vista um bom período de férias, amém) é uma gostosa cerveja feita em casa com toque de lavanda na receita.

Percebemos que muitas pessoas têm medo de usar esse ingrediente em comida e bebida, pois, segundo elas, deixa um gosto perfumado de sabão. Outras pessoas, como nós, são atraídas pelos toques singulares, florais, da lavanda. Na verdade, a lavanda é um componente crucial das ervas da Provença usadas na culinária francesa (e popularizadas na década de 1970). A receita caseira que trazemos é o nosso meio barato de visitar Provença no verão através de um copo de cerveja. E, como o Dia da Bastilha cai em julho, nos parece apropriado adicionar um toque francês a esse mês patriótico.

Witbiers são ales de trigo ao estilo belga que permitem que um cervejeiro exercite sua criatividade. São uma espécie de cerveja renegada em comparação com as refinadas hefeweizen. Isso não quer dizer que as witbiers demandem menos atenção por parte do cervejeiro, ou menos equilíbrio de sabores, ou que contenham menos nuanças. Acontece que os belgas deixam a porta deste estilo aberta para a adição de diferentes combinações de temperos, toques cítricos, ervas, e assim por diante. Ele o ajudará a se sentir mais à vontade para acrescentar ingredientes especiais à sua cerveja caseira.

Há duas maneiras de usar a lavanda na receita. Mas atenção: use a lavanda culinária, e não a aromática! Os sabores de uma e outra são muito diferentes, e a aromática pode deixar cheiro e gosto de cânfora na cerveja. A *Lavender angustifolia*, ou lavanda inglesa, é uma lavanda culinária muito popular entre os cervejeiros; agora, se quiser, você também pode encarar o título que demos a esta cerveja de forma literal e utilizar a lavanda francesa da Provença, que é um pouco mais sutil. Trata-se de um ingrediente muito especial para a cerveja; a adição de lavanda impressionará os seus amigos amantes de cerveja e fará que aqueles que não bebem reconsiderem sua postura. A lavanda é uma espécie de ingrediente desavergonhadamente glamouroso na receita caseira.

JULHO

FAÇA: POOR MAN'S PROVENCE LAVENDER WIT

Nível de dificuldade: secundarista
Tipo: extrato com grãos especiais
Equipamento especial/extra: nenhum
OG desejada: 1,050
FG desejada: 1,010
IBU: 19
APV desejado: 5,3%
Copo apropriado: lágrima ou tulipa

LISTA DE COMPRA

Para mais ou menos 2½ galões
1 tubo de levedura White Labs Belgian Wit Ale WL P400
113 g de trigo em flocos
57 g de malte caravienne, moído
908 ml de extrato de malte de trigo líquido (geralmente, uma mistura de maltes de trigo e pale; verifique os ingredientes antes de comprar)
454 g de extrato de malte extralight seco
113 g de mel
12 g de lúpulos tettnang peletizados
12 g de lúpulos saaz peletizados
7 g de sementes de coentro, amassadas
7 g de casca de laranja-amarga
7 ml de lavanda

PREPARAÇÃO

- Prepare a levedura (pelo menos 3 horas antes de começar a fazer a cerveja): aqueça o tubo de levedura wit ale à temperatura ambiente.

INFUSÃO/BRASSAGEM

- Esquente 2,8 litros de água. Coloque um termômetro e esquente o vasilhame até 71 °C. Desligue o fogo.
- Adicione os grãos especiais (trigo em flocos e malte caravienne) no saco de grãos (amarrando as extremidades) e coloque-o no vasilhame. Tampe e deixe descansar por 30 minutos.
- Prepare a água para o sparge: em um vasilhame pequeno, separado, esquente 2,8 litros de água até 77 °C.

SPARGE

- Depois de 30 minutos, remova o saco de grãos do vasilhame. Ponha um coador grande de malha fina sobre o vasilhame. Coloque o saco de grãos no coador, abra-o e despeje devagar a água quente para o sparge, cobrindo todos os grãos. Não esprema o saco de grãos! Remova o saco e jogue-o fora.
- Adicione ao vasilhame mais 2 galões de água em temperatura ambiente.
- Reaqueça a água no vasilhame até 68 °C; desligue o fogo e adicione o extrato de malte de trigo líquido. Mexa delicadamente para que o extrato não grude no fundo do vasilhame. Adicione o extrato de malte extralight seco. Cuidado para não formar caroço. Adicione o mel e mexa para misturar.

FERVURA

- Leve o vasilhame ao fogo para ferver.
- Assim que a fervura começar, faça a primeira adição de lúpulos, os tettnanger e 6 gramas dos saaz, e programe o *timer* para 60 minutos. Os lúpulos dissolverão imediatamente. Remova os sólidos grandes com uma colher vazada e tome cuidado com o tão temido transbordo!
- Aos 55 minutos (ou seja, quando ainda faltarem 5 minutos de fervura), faça a segunda adição de lúpulos, o resto dos saaz, junto com o coentro, a casca de laranja-amarga e a lavanda.

JULHO

INOCULAÇÃO DA LEVEDURA

- *Prepare o banho de gelo:* na pia ou em um vasilhame, prepare um banho de gelo para mergulhar e esfriar a cerveja.
- *Esfrie o mosto:* tire o vasilhame do fogo e coloque-o no banho de gelo. Coloque um termômetro higienizado no mosto e deixe esfriar até atingir 21 °C ou menos.
- *Limpe tudo:* higienize qualquer coisa que entrará em contato com a cerveja.
- *Transfira o mosto:* despeje o mosto através de um coador higienizado em um fermentador plástico de 3 a 5 galões, ou através do coador higienizado e um funil em um garrafão de vidro de 3 a 5 galões.
- *Inocule a levedura:* agite o tubo de levedura preparada, abra-o e jogue todo o conteúdo no mosto resfriado, no fermentador.

FERMENTAÇÃO PRIMÁRIA

- Coloque uma tampa a vácuo equipada com o airlock (cheio de vodca) e o stopper no balde plástico, ou ponha o airlock e o stopper em um garrafão de vidro. Ou use o método do tubo blow-off (ver Capítulo 2).
- Guarde o contêiner em um lugar escuro e relativamente frio (a temperatura de fermentação ideal para esse estilo é entre 19 °C e 23 °C) por 7 a 10 dias se pretender usar a fermentação secundária, ou por 12 a 14 dias se não for usá-la.

FERMENTAÇÃO SECUNDÁRIA (OPCIONAL)

- Usando um sifão higienizado, transfira a cerveja do fermentador primário para um balde ou garrafão de vidro de 3 a 5 galões. (Certifique-se de que o sedimento ficou para trás.)
- Ponha um airlock no contêiner secundário e deixe a cerveja descansar por no mínimo 14 dias.
- Envase e mantenha engarrafada por 14 dias, conforme descrito no Capítulo 2. Depois, refrigere-a e delicie-se!

★ 89 ★

QUEBRA DE REGRAS E DICAS

- Não use lavanda se quiser um estilo belga wit mais tradicional.
- Se quiser mais sabor de lavanda, adicione um pouco no fermentador secundário. Ferva a lavanda em uma quantidade pequena de água, deixe-a esfriar e despeje-a no fermentador secundário.

CERVEJEIROS PROFISSIONAIS QUE SERVEM DE MODELO

- **Blanche de Bruxelles:** Brasserie Lefèbvre, Rebecq-Quenast, Bélgica. Essa witbier é übertradicional e vem direto da Bélgica. Possui corpo leve e adição de coentro e casca de laranja. APV: 4,5%.
- **Allagash White:** Allagash Brewing Co., Portland, Maine. Apesar de serem um segredo guardado a sete chaves, os temperos específicos têm um perfil de sabor singular (nós usamos mel com cravos); note como o caráter de tempero difere do da Blanche De Bruxelles e de sua cerveja caseira. APV: 5,2%.
- **Eagle Rock Manifesto Wit:** Eagle Rock Brewery, Los Angeles, Califórnia. Essa white ale ao estilo belga, bem equilibrada, é feita com o tradicional coentro e com casca cítrica, mas o cervejeiro inova ao adicionar pétalas de rosa. APV: 4,7%.

CERVEJA CASEIRA DE JULHO 3

Sisters of Summer Tripel

FAÇA ESTA CERVEJA SE VOCÊ GOSTA DE: alto teor alcoólico, lúpulos nobres, tradição belga, fazer doce.

COMBINA COM: *sole meunière*, escalope, aspargo, alcachofra, coalhada de limão.

COMENTÁRIOS SOBRE ESTILO E FABRICAÇÃO

Ah, a tripel, popularizada pelos monges e pelas freiras da Bélgica que fabricam e aperfeiçoam o estilo há centenas de anos! Quem somos nós para meter o dedo e tentar reproduzir esta cerveja em nossas cozinhas? Mas, como amamos tanto o estilo, resolvemos tentar. Pro inferno! É só cerveja, certo?

As tripels são alvo de muitos conceitos errôneos. Várias pessoas pensam que este estilo precisa ser fermentado três vezes. Na verdade, o nome se refere à força da cerveja, e não à fermentação. Uma tripel é uma cerveja complexa, de cor mais clara e plenamente encorpada. Nela, dominam uma aromaticidade frutada e cítrica e lúpulos herbáceos. As tripels têm um teor alcoólico relativamente alto por causa do uso de açúcar belga na fervura, que adiciona sabor e complexidade e eleva o APV para algo entre 7,5% e 9,5%. Elas geralmente se demoram na boca e terminam secas, com algumas características temperadas e uma efervescência borbulhante. Nossa Sisters of Summer é uma homenagem (não um clone, mas homenagem) a uma de nossas cervejas favoritas do estilo, a Tripel Karmeliet, cuja produção se baseia em uma receita de 1679, desenvolvida pelas freiras carmelitas. Criamos nossa receita à base de extrato, com um pouco de açúcar belga feito em casa para elevar o teor de álcool. Também usamos lúpulos com quantidade baixa/média de ácidos alfa e características cítricas, temperadas e terrígenas, para que o malte possa brilhar. Para uma maior complexidade, adicionamos um pouco de pimenta-branca na fervura. Já quanto à estrela do estilo – a levedura –, usamos nossa favorita para cervejas belgas fortes, a Wyeast Trappist High Gravity.

FAÇA: SISTERS OF SUMMER TRIPEL

Nível de dificuldade: devoto
Tipo: extrato com grãos especiais
Equipamento especial/extra: nenhum
OG desejada: 1,079
FG desejada: 1,009

IBU: 33,6
APV desejado: 9,2%
Copo apropriado: lágrima ou tulipa

LISTA DE COMPRA

Para mais ou menos 2½ galões
1 pacote de levedura Wyeast Trappist High Gravity 3787
1 pacote de levedura Wyeast Belgian Abbey 1214
113 g de malte belga aromático, moído
113 g de malte caravienne, moído
1,81 ℓ de extrato de malte pilsner líquido
510 g de açúcar de cana ou açúcar belga feito em casa (ver página 95)
28 g de lúpulos tettnanger peletizados
28 g de lúpulos saaz peletizados

PREPARAÇÃO

- *Prepare a levedura (pelo menos 3 horas antes de começar a fazer a cerveja):* abra os pacotes de levedura Trappist High Gravity e Belgian Abbey e deixe aquecer à temperatura ambiente. Você também pode fazer isso no dia anterior.

INFUSÃO/BRASSAGEM

- Esquente 2,8 litros de água. Coloque um termômetro e esquente o vasilhame até 71 °C. Desligue o fogo.
- Adicione os grãos especiais (maltes aromáticos belga e caravienne) no saco de grãos (amarrando as extremidades) e coloque-o no vasilhame. Tampe e deixe descansar por 30 minutos.
- Prepare a água para o sparge: em um vasilhame pequeno, separado, esquente 2,8 litros de água até 77 °C.

JULHO

SPARGE

- Depois de 30 minutos, remova o saco de grãos do vasilhame. Ponha um coador grande de malha fina sobre o vasilhame. Coloque o saco de grãos no coador, abra-o e despeje devagar a água quente para o sparge, cobrindo todos os grãos. Não esprema o saco de grãos! Remova o saco e jogue-o fora.
- Adicione ao vasilhame mais 2 galões de água à temperatura ambiente.
- Reaqueça a água no vasilhame até 68 °C; desligue o fogo e adicione o extrato de malte Pilsner líquido. Mexa delicadamente para que o extrato não grude no fundo do vasilhame.

FERVURA

- Leve o vasilhame ao fogo para ferver.
- Assim que a fervura começar, faça a primeira adição de lúpulos, os Tettnanger, e programe o *timer* para 60 minutos. Os lúpulos dissolverão imediatamente. Mexa de vez em quando, removendo os sólidos grandes com uma colher vazada. Tome cuidado com o tão temido transbordo!
- Aos 45 minutos (ou seja, quando ainda faltarem 15 minutos de fervura), faça a segunda adição de lúpulos, 14 gramas dos saaz.
- Aos 55 minutos (ou seja, quando ainda faltarem 5 minutos de fervura), faça a terceira adição de lúpulos, o resto dos saaz. Remova os sólidos grandes com a colher vazada. Adicione o açúcar e mexa até dissolver.

INOCULAÇÃO DA LEVEDURA

- *Prepare o banho de gelo:* na pia ou em um vasilhame, prepare um banho de gelo para mergulhar e esfriar a cerveja.
- *Esfrie o mosto:* tire o vasilhame do fogo e coloque-o no banho de gelo. Ponha um termômetro higienizado no mosto e deixe esfriar até atingir 21 °C ou menos.

- *Limpe tudo:* higienize qualquer coisa que entrará em contato com a cerveja.
- *Transfira o mosto:* despeje o mosto através de um coador higienizado em um fermentador plástico de 3 a 5 galões, ou através do coador higienizado e um funil em um garrafão de vidro de 3 a 5 galões, aerando o máximo possível.
- *Inocule a levedura:* agite os pacotes de levedura preparada, higienize o lado externo dos pacotes, abra-os e jogue todo o conteúdo no mosto resfriado, no fermentador.

FERMENTAÇÃO PRIMÁRIA

- Coloque uma tampa a vácuo equipada com o airlock (cheio de vodca) e o stopper no balde plástico, ou ponha o airlock e o stopper em um garrafão de vidro. Ou use o método do tubo blow-off (ver Capítulo 2).
- Guarde o contêiner em um lugar escuro e, se puder, mantenha a temperatura ambiente por volta de 24 °C, entre 7 e 10 dias.

FERMENTAÇÃO SECUNDÁRIA (RECOMENDADA)

- Usando um sifão higienizado, transfira a cerveja do fermentador primário para um balde ou garrafão de vidro de 3 a 5 galões. (Certifique-se de que o sedimento ficou para trás.)
- Ponha um airlock no contêiner secundário e deixe a cerveja descansar por no mínimo 14 dias.
- Envase e mantenha engarrafada por 14 dias, conforme descrito no Capítulo 2. Depois, refrigere-a e delicie-se!

QUEBRA DE REGRAS E DICAS

- Se você não quer fazer nem comprar açúcar belga, use açúcar puro de cana ou de beterraba.
- Para aumentar a temperatura de sua cerveja em alguns graus, aqueça o fermentador ou garrafão de vidro com cobertores.

JULHO

Você também pode investir em um aquecedor FermWrap, que fica em volta do garrafão e aumenta a temperatura da cerveja em 5 °C a 20 °C. Demais!

CERVEJEIROS PROFISSIONAIS QUE SERVEM DE MODELO

- **Tripel Karmeliet:** Brouwerij Bosteels, Buggenhout, Bélgica. Uma tripel deliciosa. Suave, com caráter de malte, doce, mas não enjoativa. Bom e acentuado amargor, que passa rapidamente para malte caramelo e aroma frutado de levedura. O álcool se esconde bem por baixo dos deliciosos maltes. Excelente. APV: 9%.
- **Westmalle Trappist Tripel:** Brouwerij Westmalle, Malle, Bélgica. A tripel que deu início a todas as tripels. Esta é uma cerveja fantástica, com ótimo equilíbrio; limão nos lábios; doce, seca e floral com ésteres de fruta; e um delicioso fim prolongado. APV: 9,5%.
- **Allagash Tripel Ale:** Allagash Brewing Co., Portland, Maine. Esta forte golden ale é marcada por notas de maracujá e herbáceas no aroma, com sugestões de banana e de mel no palato complexo. A tripel termina incrivelmente longa e suave. APV: 9%.

> **Faça seu próprio açúcar belga em casa**
> O açúcar belga é refinado da beterraba. É um açúcar fermentável que pode incrementar o teor alcoólico de uma cerveja sem deixá-la muito doce; assim, é uma adição perfeita a qualquer ale forte belga, particularmente as tripels. Entretanto, é um ingrediente muito caro para ser usado na fabricação de cerveja. A boa notícia é que ele é muito fácil de fazer em casa.
> Trata-se do tipo de açúcar que se chama "açúcar invertido", o que significa que alguns de seus conteúdos são decompostos por inversão (ou seja, divisão de átomos). Uau! Não entendemos nada disso, mas ninguém precisa ser um cientista para fazer seu próprio açúcar invertido, ou açúcar belga. Basicamente, é o mesmo que fazer *toffee* sem manteiga.

Açúcar belga feito em casa

500 g de açúcar branco
pitada de ácido cítrico
água

Ponha o açúcar em uma frigideira pequena junto com um termômetro de açúcar. Adicione água o suficiente para formar um xarope grosso. Coloque uma pitada – digamos, ⅛ de colher de chá – de ácido cítrico (à venda em qualquer loja de produtos artesanais) na frigideira. Agora, deixe a mistura ferver lentamente e mantenha a temperatura entre dura e mole (126 °C e 135 °C). Como a evaporação fará a temperatura subir, deixe à mão um pouco de água e adicione uma colher de sopa de vez em quando. No decorrer da fervura, a cor mudará aos poucos de transparente para âmbar claro e, por fim, para vermelho-escuro. O açúcar belga claro tem um tom bege/amarelo. Já o açúcar belga escuro possui um tom bem vermelho. A escolha tem a ver com experiência pessoal; por exemplo, no caso da Sisters of Summer Tripel, paramos o processo no estágio bege/amarelo, e a Tripel fica clara. Quando você decidir pela cor, aumente a temperatura para 149 °C (dura). Nesse estágio, desligue o fogo e despeje a mistura em uma assadeira forrada com papel à prova de gordura. Após esfriar, o açúcar ficará duro. Corte-o em pedacinhos e guarde-o no refrigerador até a hora de usar.

PARA ACOMPANHAR

Baby Arugula Summer Salad (salada de rúcula) com peras fatiadas e queijo de cabra em vinagre com mel e hefeweizen (serve 4 pessoas)

Vinagrete
1 colher de sopa de vinagre champanhe
½ colher de sopa de mel
1 dente de alho, picado

JULHO

½ cebolinha branca, picada
½ colher de sopa de raspa de limão
4 colheres de sopa de azeite extravirgem
¾ de xícara de hefeweizen tradicional da Baviera
sal (marinho ou *kosher*) a gosto

Salada
142 g de rúcula
2 peras da estação, sem caroço e fatiadas
queijo de cabra puro em pedaços, a gosto
pimenta-do-reino recém-moída, a gosto

Para fazer o vinagrete: em uma vasilha média, misture o vinagre, o mel, o alho, a cebolinha branca e as raspas de limão. Borrife o azeite continuamente. Adicione a hefeweizen e mexa devagar. Tempere com sal a gosto.

Para fazer a salada: misture a rúcula, as peras e o queijo. Tempere levemente com o molho vinagrete; misture delicadamente para combinar e tempere com a pimenta.

Sirva com um copo de hefeweizen tradicional da Baviera!

5

 **AGOSTO**

Quente, quente demais | Frutas supermaduras | Jantares de fim de verão | Pouca roupa | Natação | Férias | Bebidas para matar a sede

---

Suas cervejas caseiras de agosto
KÖLSCH DE VERÃO ESCALDANTE: notas adocicadas de biscoito, seca no fim.
BLONDE COM MEL E CAMOMILA: um gostinho de mel e notas florais; suave de beber.
LEMON VERBENA BASIL WHEAT: pitada de frutas cítricas e manjericão herbáceo.

Para acompanhar
Frango marinado com cerveja Lemon Verbena Basil.

No hemisfério Sul, corresponde ao mês de fevereiro (verão). Se quiser saber quais são as bebidas apropriadas para agosto (inverno) no hemisfério Sul, consulte o "Capítulo 11. Fevereiro".

O melhor momento para uma cerveja de corpo leve, limpa, refrescante é o período que chamamos de "os dias de cão" de agosto. Infelizmente, muitos fãs de cerveja se satisfazem com bebidas amarelas, efervescentes, produzidas em massa, industrializadas. Entretanto, isso vem mudando à medida que os cervejeiros artesanais atendem aos apelos por estilos mais leves e por uma alternativa "àquele tipo" de cerveja. Nós também quisemos fazer uma cerveja para suprir essa necessidade.

Começamos com uma clássica kölsch, um estilo quase esquecido, mas que agora começa a voltar à cultura da cerveja artesanal. É uma lager? É uma ale? É um híbrido? É você quem decide. Seja o que for, é a resposta perfeita para 98% de umidade. As outras duas cervejas de agosto são leves no paladar, porém usam ingredientes especiais que acrescentam complexidade ao estilo. Camomila, mel, manjericão e verbena-limão (ou limão-verbena): são sabores que combinam com o clima quente e os pratos de agosto. Essas cervejas não são dominadas pelo lúpulo; elas se concentram em notas doces de biscoito e delicados ingredientes especiais. Limpas e complexas ao mesmo tempo.

CERVEJA CASEIRA DE AGOSTO 1

Crisp Summer Kölsch

FAÇA ESTA CERVEJA SE VOCÊ GOSTA DE: austeridade germânica, tradição, região da Renânia, derrubar mitos, ales refrescantes, limpas, clássicas.

COMBINA COM: *wiener schnitzel*, picles fritos, ovos assados, queijo *emmenthal*.

COMENTÁRIOS SOBRE ESTILO E FABRICAÇÃO

Este estilo híbrido de cerveja, embora antigo, só agora começa a se estabelecer no mercado de cerveja artesanal. Nos últimos tempos, muitas pessoas o têm provado pela primeira vez. Chamada por alguns de pale ale alemã, esta cerveja vem de Colônia (*Köln*, em alemão), cidade localizada na região da Renânia. A kölsch é considerada híbrida porque usa métodos da ale e da lager. Ela é fermentada com levedura de Ale e depois passa por um longo condicionamento secundário e frio, conhecido como lagering. O resultado é uma cerveja superlimpa e deliciosamente refrescante, cristalina e borbulhante, levemente encorpada. As kölsches têm delicadas notas frutadas, vinosas e são secas no fim. Também possuem uma aromaticidade muito leve de massa de pão e de biscoito. Elas são subestimadas, descartadas como cervejas leves comuns justamente por serem tão suaves e delicadas, porém nós as usamos em nossas aulas e degustações como um ótimo exemplo da complexidade que pode existir em um estilo mais leve. As kölsches derrubam o mito de que toda cerveja que usa levedura de ale é escura e forte. Não é uma cerveja fácil de aperfeiçoar na fabricação caseira por causa do lagering, mas você gosta de desafios, não gosta?

FAÇA: KÖLSCH DE VERÃO ESCALDANTE

Nível de dificuldade: secundarista
Tipo: extrato com grãos especiais
Equipamento especial/extra: refrigerador (para fermentação em temperaturas mais frias)
OG desejada: 1,045
FG desejada: 1,011
IBU: 25
APV desejado: 4,4%
Copo apropriado: stange (copo comprido e fino) ou pint

LISTA DE COMPRA

Para mais ou menos 2½ galões
1 pacote de levedura Wyeast Kölsch 2565
113 g de malte alemão light Munich, moído
113 g de malte dextrine (carapils), moído
1,13 *l* de extrato de malte light líquido
28 g de lúpulos cristal peletizados
½ pastilha Whirlfloc
15 g de raspa de limão (opcional)

PREPARAÇÃO

- *Prepare a levedura (pelo menos 3 horas antes de começar a fazer a cerveja):* quebre o pacote de levedura Kölsch e deixe aquecer à temperatura ambiente. Você também pode fazer isso no dia anterior.

INFUSÃO/BRASSAGEM

- Esquente 2,8 litros de água. Coloque um termômetro e esquente o vasilhame até 71 °C. Desligue o fogo.
- Adicione os grãos especiais (maltes Munich light e dextrine) no saco de grãos (amarrando as extremidades) e coloque-o no vasilhame. Tampe e deixe descansar por 30 minutos.
- Prepare a água para o sparge: em um vasilhame pequeno, separado, esquente 2,8 litros de água até 77 °C.

SPARGE

- Depois de 30 minutos, remova o saco de grãos do vasilhame. Ponha um coador grande de malha fina sobre o vasilhame. Coloque o saco de grãos no coador, abra-o e despeje devagar a água quente para o sparge, cobrindo todos os grãos. Não esprema o saco de grãos! Remova o saco e jogue-o fora.
- Adicione ao vasilhame mais 2 galões de água em temperatura ambiente.
- Reaqueça a água no vasilhame até 68 °C; desligue o fogo e adicione o extrato de malte light líquido. Mexa delicadamente para que o extrato não grude no fundo do vasilhame.

FERVURA

- Leve o vasilhame ao fogo para ferver.
- Assim que a fervura começar, adicione os lúpulos cristal e programe o *timer* para 60 minutos. Os lúpulos dissolverão

imediatamente. Mexa de vez em quando, removendo os sólidos grandes com uma colher vazada. Tome cuidado com o tão temido transbordo!

- Aos 55 minutos (ou seja, quando ainda faltarem 5 minutos de fervura), coloque a ½ pastilha Whirfloc e as raspas de limão opcionais e mexa até dissolver a pastilha.

INOCULAÇÃO DA LEVEDURA

- *Prepare o banho de gelo:* na pia ou em um vasilhame, prepare um banho de gelo para mergulhar e esfriar a cerveja.
- *Esfrie o mosto:* tire o vasilhame do fogo e coloque-o no banho de gelo. Ponha um termômetro higienizado no mosto e deixe esfriar até atingir 21 °C ou menos.
- *Limpe tudo:* higienize qualquer coisa que entrará em contato com a cerveja.
- *Transfira o mosto:* despeje o mosto através de um coador higienizado em um fermentador plástico de 3 a 5 galões, ou através do coador higienizado e um funil em um garrafão de vidro de 3 a 5 galões.
- *Inocule a levedura:* agite o pacote de levedura preparada, higienize o lado externo do pacote, abra-o e jogue todo o conteúdo no mosto resfriado, no fermentador.

FERMENTAÇÃO PRIMÁRIA

- Coloque uma tampa a vácuo equipada com o airlock (cheio de vodca) e o stopper no balde plástico, ou ponha o airlock e o stopper em um garrafão de vidro. Ou use o método do tubo blow-off (ver Capítulo 2).
- Agora, o truque desta cerveja é a temperatura para fermentação. Guarde o contêiner em um lugar escuro e bem frio. Já ouvimos muitas sugestões, mas, se puder, fermente a cerveja em uma temperatura média de 14 °C a 17 °C. Tente fermentá-la em um banho de água com pacotinhos de gelo. Fermente por 10 a 14 dias.

FERMENTAÇÃO SECUNDÁRIA (RECOMENDADA)

- Usando um sifão higienizado, transfira a cerveja do fermentador primário para um balde ou garrafão de vidro de 3 a 5 galões. (Certifique-se de que o sedimento ficou para trás.)
- Ponha um airlock no contêiner secundário e deixe a cerveja descansar por no mínimo (idealmente ainda sob 14º a 17 ºC) por pelo menos 14 dias.

LAGERING

- A kölsch é uma cerveja híbrida que usa leveduras para ale, mas passa pelo processo de lagering. O que é isso? Aqui vai. Abra espaço na geladeira para seu balde ou garrafão de vidro de 3 a 5 galões. Esse "choque térmico" torna a fermentação muito lenta e inibe quaisquer ésteres ou fenóis, indesejáveis neste estilo. O lagering também ajuda a clarear e a condicionar ainda mais a cerveja, deixando-a limpa, saborosa e refrescante.
- Quando a sua kölsch tiver a aparência e o gosto que você quer, use açúcar para o priming e envase-a conforme descrito no Capítulo 2.

QUEBRA DE REGRAS E DICAS

- Você pode fazer esta cerveja somente com extratos; basta não incluir os maltes alemão light Munich e dextrine, que basicamente contribuem para a sensação na boca e a retenção de espuma. A ausência de ambos não afeta sobremaneira o teor de álcool.
- Dizemos que o limão é opcional porque uma kölsch tradicional nunca tem qualquer adição de sabor. Mas nós adoramos o fulgor que o toque cítrico confere sem ser sobrepujante. Caso prefira ser purista, não use limão; você ainda terá uma kölsch muito boa.
- A kölsch pode ser feita com uma fonte de água mole. Para receitas baseadas em extratos e grãos especiais (como esta),

a água de torneira serve; agora, para estilos mais nuançados, é melhor usar água mole. Não use água amolecida; ferva a água antes de utilizá-la ou compre água destilada para esta receita.

CERVEJEIROS PROFISSIONAIS QUE SERVEM DE MODELO

- **Reissdorf Kölsch:** Brauerei Heinrich Reissdorf, Colônia, Alemanha. Essa kölsch tem tantos seguidores, que já virou *cult*. Suave, leve, porém complexa. Notas de jasmim e de cedro no fim. APV: 4,8%.
- **Karnival Kölsch:** Stoudts Brewing Co., Adamstown, Pensilvânia. Essa ale ao estilo alemão é feita com malte de duas fileiras, um pouco de malte red wheat e lúpulos alemães para amargor e aroma. Seca e refrescante, com tom frutado. APV: 4,8%.
- **Yellowtail Pale Ale:** Ballast Point Brewing Co., San Diego, Califórnia. Usa lúpulos alemães e maltes alemães e americanos. Notas de fruta fresca e de trigo terrígeno. APV: 5%.

> **E agora? O que fazer com os grãos descartados?**
> Nós detestamos desperdício. Provavelmente, você também; por isso, quando joga o saco de grãos na lixeira, deve sentir culpa até a raiz dos cabelos. Eis algumas sugestões para reutilizar os grãos descartados e aliviar a consciência:
> Compostagem: os grãos descartados servem perfeitamente para compostagem.
> Ração animal: muitos cervejeiros cedem seus grãos descartados a criadores de gado, porcos e galinhas.
> Assar no pão: coloque os grãos na massa de pão para fazer pães rústicos, como de fazenda.
> Colocar na massa de biscoitos: misture à massa de cookies de aveia, o que confere um toque terrígeno.
> Misturar à massa de pizza: engrosse a massa de pizza com um pouco de grãos descartados.
> Deixe seu cachorro feliz: adicione em receitas de biscoito canino e dê um incremento fibroso aos quitutes do seu cão. (Advertência: jamais coloque em comida canina lúpulos, ou grãos com

> toque de lúpulos, ou que foram fervidos no mosto com lúpulos. Para os cães, o lúpulo é veneno!)
> Comer: adicione um toque à aveia quente com um pouco de creme e açúcar mascavo. O sabor maltoso confere complexidade e fibra.

CERVEJA CASEIRA DE AGOSTO 2

Blonde com Mel e Camomila

FAÇA ESTA CERVEJA SE VOCÊ GOSTA DE: aromas de flor, baixo amargor, um toque doce, chá de camomila, loiras que não são burras.

COMBINA COM: biscoito amanteigado, milho doce, queijo de cabra médio, fruta fresca, barras de limão.

COMENTÁRIOS SOBRE ESTILO E FABRICAÇÃO

O estilo blonde ("loira") de cerveja é mais ou menos uma categoria inventada. O nome vem mais da cor do que do perfil de sabor específico. Uma blonde ale americana costuma ser leve e abiscoitada tanto na cor quanto no paladar, mais ou menos como uma pale ale mais clara e com uma nota de dulçor. Algumas "loiras" são pales muito sem graça; outras apresentam uma boa complexidade. Não há regras rígidas. A maioria das blonde ales, porém, não é carregada de lúpulos. O seu fim é doce ou limpo, mas nunca amargo.

Acrescentamos camomila e mel à nossa receita de blonde ale. Cervejas blonde sem graça são ofensivas para nós (para uma de nós, pelo menos). Não gostamos de blonde ales que não têm personalidade. Algumas são leves e doces demais, sem caráter. Você levaria essas loiras para casa, mas não iria querer que ficassem para o café da manhã. A camomila acrescenta complexidade o bastante para despertar algo especial em seu olfato. Assim como a lavanda, a camomila costuma ser usada em chá, e é possível que você já conheça seu sabor floral, de maçã (a palavra *camomila* vem de um termo grego que significa "maçã do solo"). Flores secas de camomila são fáceis de encontrar, e seu efeito é parecido com o da lavanda na receita da witbier de julho. Se você planta camomila em sua horta, pode colhê-la e usar a planta inteira em vez de apenas as flores secas, o que proporciona um gosto um pouco mais amargo. Aliás, a camomila era usada como agente de amargor na cerveja antes que o lúpulo se tornasse um ingrediente comum. Não é raro adicionar mel ao chá de camomila; por isso, pareceu-nos um acompanhante perfeito para esta receita. Pode chamá-la de "cerveja para dormir".

Tivemos a felicidade de sermos convidadas pela New Belgium Brewing Company, situada em Fort Collins, Colorado, para fazer parte da série Trip. Trata-se de uma série colaborativa entre a New Belgium e a Elysian Brewing Company, de Seattle, Washington. Fomos à Elysian e, em conjunto com o cervejeiro profissional Kevin Watson, fabricamos uma versão somente grãos de nossa Blonde com Mel e Camomila. Aprendemos muito sobre técnicas de fabricação de cerveja com aqueles rapazes! Nós nos sentimos honradas em colaborar com duas das melhores cervejarias do Oeste americano!

FAÇA: BLONDE COM MEL E CAMOMILA

Nível de dificuldade: secundarista
Tipo: extrato com grãos especiais
Equipamento especial/extra: nenhum
OG desejada: 1,051
FG desejada: 1,012
IBU: 19
APV desejado: 5%
Copo apropriado: pint ou lágrima

LISTA DE COMPRA

Para mais ou menos 2½ galões
1 pacote de levedura Wyeast Northwest Ale 1332
1,36 ℓ de extrato de malte briess pilsen light líquido
113 g de malte honey, moído
15 g de lúpulos hallertauer peletizados
7 g de lúpulos tchecos saaz peletizados

5 g de camomila
½ pastilha Whirlfloc
226 m*l* de mel

PREPARAÇÃO

- *Prepare a levedura (pelo menos 3 horas antes de começar a fazer a cerveja):* quebre o pacote de levedura Northwest Ale e deixe aquecer à temperatura ambiente. Você também pode fazer isso no dia anterior.

INFUSÃO/BRASSAGEM

- Esquente 1,9 litros de água. Coloque um termômetro e esquente o vasilhame até 71 °C. Desligue o fogo.
- Adicione o grão especial (malte honey) no saco de grãos (amarrando as extremidades) e coloque-o no vasilhame. Tampe e deixe descansar por 30 minutos.
- Prepare a água para o sparge: em um vasilhame pequeno, separado, esquente 3,8 litros de água à temperatura de 77 °C.

SPARGE

- Depois de 30 minutos, remova o saco de grãos do vasilhame. Ponha um coador grande de malha fina sobre o vasilhame. Coloque o saco de grãos no coador, abra-o e despeje devagar a água quente para o sparge, cobrindo todos os grãos. Não esprema o saco de grãos! Remova o saco e jogue-o fora.
- Adicione ao vasilhame mais 2 galões de água em temperatura ambiente.
- Reaqueça a água no vasilhame até 68 °C; desligue o fogo e adicione o extrato de malte briess pilsen light líquido. Mexa delicadamente para que o extrato não grude no fundo do vasilhame.

★ 108 ★

AGOSTO

FERVURA

- Leve o vasilhame ao fogo para ferver.
- Assim que a fervura começar, faça a primeira adição de lúpulos, os hallertauer, e programe o *timer* para 60 minutos. Os lúpulos dissolverão imediatamente. Mexa de vez em quando, removendo os sólidos grandes com uma colher vazada. Tome cuidado com o tão temido transbordo!
- Aos 40 minutos (ou seja, quando ainda restarem 20 minutos de fervura), faça a segunda adição de lúpulos, os saaz tchecos.
- Aos 55 minutos (ou seja, quando ainda restarem 5 minutos de fervura), adicione a camomila e a ½ pastilha e mexa até dissolver.
- Após desligar o fogo ao fim da fervura, adicione o mel. Mexa devagar para que não grude no fundo do vasilhame.

INOCULAÇÃO DA LEVEDURA

- *Prepare o banho de gelo:* na pia ou em um vasilhame, prepare um banho de gelo para mergulhar e esfriar a cerveja.
- *Esfrie o mosto:* tire o vasilhame do fogo e coloque-o no banho de gelo. Coloque um termômetro higienizado no mosto e deixe esfriar até atingir 21 °C ou menos.
- *Limpe tudo:* higienize qualquer coisa que entrará em contato com a cerveja.
- *Transfira o mosto:* despeje o mosto através de um coador higienizado em um fermentador plástico de 3 a 5 galões, ou através do coador higienizado e um funil em um garrafão de vidro de 3 a 5 galões.
- *Inocule a levedura:* agite o pacote de levedura preparada, higienize o lado externo do pacote, abra-o e jogue todo o conteúdo no mosto resfriado, no fermentador.

FERMENTAÇÃO PRIMÁRIA

- Coloque uma tampa a vácuo equipada com o airlock (cheio de vodca) e o stopper no balde plástico, ou ponha o airlock e o stopper em um garrafão de vidro. Ou use o método do tubo blow-off (ver Capítulo 2).
- Guarde o contêiner em um lugar escuro e relativamente frio (a temperatura ideal para essa cerveja é entre 18 °C e 24 °C) por 7 a 10 dias se pretender usar a fermentação secundária, ou por 12 a 14 dias se não for usá-la.

FERMENTAÇÃO SECUNDÁRIA (OPCIONAL)

- Usando um sifão higienizado, transfira a cerveja do fermentador primário para um balde ou garrafão de vidro de 3 a 5 galões. (Certifique-se de que o sedimento ficou para trás.)
- Ponha um airlock no contêiner secundário e deixe a cerveja descansar por no mínimo 14 dias.
- Envase e mantenha engarrafada por 14 dias, conforme descrito no Capítulo 2. Depois, refrigere-a e delicie-se!

QUEBRA DE REGRAS E DICAS

- Esquente ligeiramente o mel em outro vasilhame para despejá-lo com mais facilidade.
- Se não quiser procurar a camomila em lojas especializadas, use saquinhos de chá. Você pode inclusive deixar as flores no saco e colocar duas ou três quando faltarem 5 minutos de fervura.
- Não é preciso infundir os grãos especiais se não quiser; porém, a cor não será tão bonita.

CERVEJEIROS PROFISSIONAIS QUE SERVEM DE MODELO

- **Summer Love American Blonde Ale:** Victory Brewing Co., Downington, Pensilvânia. Feita com lúpulos europeus

terrígenos, lúpulos claros americanos e maltes alemães. Toque de limão. APV: 5,2%.
- **Lips of Faith Dandelion American Blonde Ale:** New Belgium Brewing Co., Fort Collins, Colorado. Folhas de dente-de-leão, relacionadas à camomila, têm um efeito de amargor muito parecido com o dos lúpulos. Esta blonde é feita com malte pilsner, folhas verdes de dente-de-leão, grãos-do-paraíso e uma espécie de levedura belga. APV: 7,8%.
- **Bikini Blonde:** Maui Brewing Co., Lahaina, Havaí. Notas de pão, casca de fruta cítrica e terra com musgo; e de limão e pimenta no fim. APV: 5,1%.

CERVEJA CASEIRA DE AGOSTO 3

Lemon Verbena Basil Wheat

FAÇA ESTA CERVEJA SE VOCÊ GOSTA DE: fruta cítrica, cervejas de trigo, tons herbáceos, baixo amargor, sabor e acidez, pensar de maneira não convencional.

COMBINA COM: massas de verão com manjericão fresco, escalope, camarão grelhado, bolo feito com azeite, curry tailandês.

COMENTÁRIOS SOBRE ESTILO E FABRICAÇÃO

As cervejas de trigo do capítulo anterior eram da variedade belga. Esta ale de trigo tem um perfil mais americano. Infelizmente, muitos norte-americanos adoram suas cervejas de trigo com uma fatia de limão na borda. No entanto, qualquer cervejeiro lhe dirá que não há nada que ele odeie mais do que ver uma cerveja que deu tanto trabalho para fazer jogada em um copo com limão espremido – é o tipo de coisa que mascara todos os sabores sutis dos ingredientes e mata a espuma. (Você terá a mesma reação depois de trabalhar feito doido em sua cerveja!) Somos estritamente contra limão nessa controvérsia cervejeira. Entretanto, como adoramos o sabor e o aroma do limão em quase tudo, quisemos acrescentar um toque refrescante a esta cerveja sem comprometer a qualidade, e a solução encontrada foi a verbena-limão. Assim como a camomila, ela é muito usada em chá. Tem um gostinho cítrico sem muita acidez.

Sabemos que o manjericão pode parecer um ingrediente estranho, mas somos fãs de ingredientes saborosos na cerveja e achamos que o gosto temperado do manjericão complementaria os toques da verbena-limão. Além disso, usamos um lúpulo muito especial nesta cerveja. O sorachi ace é um lúpulo japonês desenvolvido originalmente para Sapporo. Ele é conhecido por seu alto teor de ácido alfa (13% a 16%) e por seus intensos atributos de limão. Foi o sabor único desse lúpulo que o tornou popular entre os cervejeiros profissionais e artesanais. Adoramos o modo como o sorachi ace combina com a verbena-limão nesta receita.

FAÇA: LEMON VERBENA BASIL WHEAT

Nível de dificuldade: secundarista
Tipo: extrato com grãos especiais
Equipamento especial/extra: nenhum
OG desejada: 1,049
FG desejada: 1,010
IBU: 23
APV desejado: 5%
Copo apropriado: lágrima ou tulipa

LISTA DE COMPRA

Para mais ou menos 2½ galões
1 pacote de levedura Wyeast American Wheat Ale 1010
28 g de malte briess carapils, moído
28 g de malte caramelo/cristal 20 L, moído
908 ml de extrato de malte de trigo líquido
454 g de extrato de malte light seco
113 ml de mel
11 g de lúpulos sorachi ace peletizados
7 g de folhas de manjericão fresco, cortadas em tiras finas
7 g de folhas de verbena-limão fresca, cortadas em tiras finas

PREPARAÇÃO

- *Prepare a levedura (pelo menos 3 horas antes de começar a fazer a cerveja):* quebre o pacote de levedura American Wheat Ale e deixe aquecer à temperatura ambiente. Você também pode fazer isso no dia anterior.

INFUSÃO/BRASSAGEM

- Esquente 1,9 litros de água. Coloque um termômetro e esquente o vasilhame até 71 °C. Desligue o fogo.
- Adicione os grãos especiais (maltes briess carapils e caramelo/cristal 20 L) no saco de grãos (amarrando as extremidades) e coloque-o no vasilhame. Tampe e deixe descansar por 30 minutos.
- Prepare a água para o sparge: em um vasilhame pequeno, separado, esquente 3,8 litros de água à temperatura de 77 °C.

SPARGE

- Depois de 30 minutos, remova o saco de grãos do vasilhame. Ponha um coador grande de malha fina sobre o vasilhame. Coloque o saco de grãos no coador, abra-o e despeje devagar a água quente para o sparge, cobrindo todos os grãos. Não esprema o saco de grãos! Remova o saco e jogue-o fora.
- Adicione ao vasilhame mais 2 galões de água à temperatura ambiente.
- Reaqueça a água no vasilhame até 68 °C; desligue o fogo e adicione o extrato de malte de trigo líquido. Mexa delicadamente para não grudar no fundo do vasilhame. Devagar, adicione o extrato de malte light líquido. Cuidado para não formar caroço. Adicione o mel.

FERVURA

- Leve o vasilhame ao fogo para ferver.
- Assim que a fervura começar, faça a primeira adição de lúpulos, 7 gramas de sorachi ace, e programe o *timer* para 60 minutos. Os lúpulos dissolverão imediatamente. Mexa de vez em quando, removendo os sólidos grandes com uma colher vazada. Tome cuidado com o tão temido transbordo!
- Aos 55 minutos (ou seja, quando ainda faltarem 5 minutos de fervura), faça a segunda adição de lúpulos, 4 gramas de sorachi ace.
- Após desligar o fogo ao fim da fervura, adicione o manjericão e a verbena-limão e mexa devagar.

INOCULAÇÃO DA LEVEDURA

- *Prepare o banho de gelo:* na pia ou em um vasilhame, prepare um banho de gelo para mergulhar e esfriar a cerveja.
- *Esfrie o mosto:* tire o vasilhame do fogo e coloque-o no banho de gelo. Coloque um termômetro higienizado no mosto e deixe esfriar até atingir 21 °C ou menos.
- *Limpe tudo:* higienize qualquer coisa que entrará em contato com a cerveja.
- *Transfira o mosto:* despeje o mosto através de um coador higienizado em um fermentador plástico de 3 a 5 galões, ou através do coador higienizado e um funil em um garrafão de vidro de 3 a 5 galões.
- *Inocule a levedura:* agite o pacote de levedura preparada, higienize o lado externo do pacote, abra-o e jogue todo o conteúdo no mosto resfriado, no fermentador.

FERMENTAÇÃO PRIMÁRIA

- Coloque uma tampa a vácuo equipada com o airlock (cheio de vodca) e o stopper no balde plástico, ou ponha o airlock e o stopper em um garrafão de vidro. Ou use o método do tubo blow-off (ver Capítulo 2).

AGOSTO

- Guarde o contêiner em um lugar escuro e relativamente frio (a temperatura ideal para essa cerveja é entre 14 °C e 23 °C) por 7 a 10 dias se pretender usar a fermentação secundária, ou por 12 a 14 dias se não for usá-la.

FERMENTAÇÃO SECUNDÁRIA (OPCIONAL)

- Usando um sifão higienizado, transfira a cerveja do fermentador primário para um balde ou garrafão de vidro de 3 a 5 galões. (Certifique-se de que o sedimento ficou para trás.)
- Ponha um airlock no contêiner secundário e deixe a cerveja descansar por no mínimo 14 dias.
- Envase e mantenha engarrafada por 14 dias, conforme descrito no Capítulo 2. Depois, refrigere-a e delicie-se!

QUEBRA DE REGRAS E DICAS

- Se não encontrar verbena-limão, use raspas de limão mesmo. Adicione 1 colher de sopa quando a fervura terminar.
- Você também pode usar chá de verbena-limão como substituto; adicione 1 a 2 saquinhos quando restarem 5 minutos de fervura.

CERVEJEIROS PROFISSIONAIS QUE SERVEM DE MODELO

- **Trade Winds Tripel:** The Bruery, Placentia, Califórnia. Uma tripel ao estilo belga feita com manjericão-tailandês. Uma ale supercomplexa, apimentada, com forte gosto cítrico. APV: 7,5%.
- **Sorachi Ace Saison:** Brooklyn Brewery, Brooklyn, Nova York. Uma saison ao estilo tradicional feita com um toque de ale belga e raros lúpulos sorachi ace. Lupulada com sorachi ace secos e engarrafada/refermentada com levedura champanhe. Notas refrescantes de raspa de limão. APV: 7,6%.
- **Organic Honey Basil:** Bison Brewing, Berkeley, Califórnia. Uma ale de corpo leve, mel orgânico com notas de cravo e

manjericão orgânico de folha inteira. Aroma floral herbáceo, com notas doces e de manjericão no fim. APV: 5%.

PARA ACOMPANHAR

Frango marinado com cerveja Lemon Verbena Basil (serve 4 pessoas)

1,36 a 1,80 kg de frango grelhado ou frito, sem pescoço e miúdos, cortado em 8 pedaços (peito, coxa e asa)
1 garrafa de 340 m*l* de cerveja Lemon Verbena Basil
sal e pimenta a gosto
½ xícara de farinha
gordura vegetal hidrogenada

Mergulhe o frango em cerveja (em um saco plástico que possa ser lacrado ou em um contêiner com tampa) por 1 a 3 horas.

Escorra os pedaços de frango. Tempere à vontade com sal e pimenta.

Coloque a farinha em um prato raso e salpique-a sobre o frango temperado, eliminando o excesso. Reserve.

Em uma frigideira pesada, derreta gordura vegetal o bastante para cobrir 9 milímetros da lateral da frigideira. Esquente a gordura a 177 °C.

Com cuidado, ponha o frango na gordura vegetal quente. Não aglomere tudo; frite em duas levas, em uma frigideira média.

Vire os pedaços de frango quando estiverem corados de marrom médio a escuro (mais ou menos 10 minutos). Frite o outro lado até ficar corado (mais 10 minutos).

Escorra o frango cozido sobre uma grade de resfriamento colocada em cima de uma assadeira.

Sirva com um copo de Lemon Verbena Basil Wheat!

6

 **SETEMBRO**

Mudança de clima | Colheita de lúpulos | Começa o outono

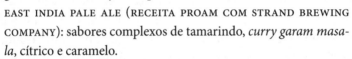

Suas cervejas caseiras de setembro
JUST ONE HOP SIMCOE INDIAN PALE ALE: bitter IPA com notas cítricas, de fruta com caroço e tropicais.
JUST ONE HOP CASCADE INDIA PALE ALE: bitter IPA com notas gramíneas, de toranja e de pinho.
EAST INDIA PALE ALE (RECEITA PROAM COM STRAND BREWING COMPANY): sabores complexos de tamarindo, *curry garam masala*, cítrico e caramelo.

Para acompanhar
Curry de legumes com East India Pale Ale.

No hemisfério Sul, corresponde ao mês de março (outono). Se quiser saber quais são as bebidas apropriadas para setembro (primavera) no hemisfério Sul, consulte o "Capítulo 12. Março".

Anime-se, pois, no mundo da cerveja, do fim de agosto até o começo de setembro é a temporada de colheita de lúpulos. Oba, oba! Por isso, em homenagem ao lúpulo, que faz tanto pela cerveja, criamos para este mês indian pale ales (IPAs) que se concentram em tipos diferentes de lúpulo e permitem que o cervejeiro artesanal conheça e ame os lúpulos tanto quanto nós e a maioria dos cervejeiros. Se as cervejas amargas não são suas favoritas, você pode voltar a este capítulo mais tarde, depois que tiver criado um gosto por lúpulo. Garantimos que seu paladar mudará e se acostumará ao impacto dos lúpulos; isso acontece com todo bebedor iniciante de cerveja artesanal. Para os loucos por lúpulo, este será o capítulo favorito, com certeza.

A terceira cerveja deste capítulo é muito querida por nós. É uma receita "proam" (profissional mais amador, isto é, feita em parceria entre um cervejeiro profissional e duas cervejeiras amadoras; estas seríamos nós) que criamos com Joel Elliot, dono e cervejeiro da Strand Brewing Company, em Torrance, Califórnia. Nós a fizemos juntos em uma tarde, em sua cervejaria, e a servimos em um evento durante a Semana da Cerveja de Los Angeles. Todos adoramos o resultado, principalmente porque a ideia era meio louca e envolvia o uso de ingredientes estranhos. Ficamos felizes quando Joel nos enviou um *e-mail* dizendo que ia fazer a receita de novo e lançar uma linha limitada de garrafas Strand especiais. Esta é para você fazer e apreciar. Já que foi uma colaboração entre um profissional e amadoras, incluímos um extrato amador com uma receita de grãos especiais.

Ácido alfa: parece pior do que é
Existe uma medição relacionada aos lúpulos conhecida como teor de ácido alfa. É uma referência aos compostos químicos presentes nas glândulas de resina dos cones florescentes. Esses ácidos alfa são os responsáveis pelo amargor que o lúpulo deixa na cerveja. Eles são ativados quando acrescidos a uma solução quente, como o mosto fervente no caso da fabricação de cerveja. Quanto mais tempo você ferver os lúpulos, mais amarga a cerveja ficará. Assim, se colocar lúpulos com alto teor de ácido alfa em sua fervura por 60 minutos, eles causarão um forte impacto de amargor; já se colocar os mesmos lúpulos por 5 minutos, os efeitos serão mínimos, e você só terá uma essência aromática deles.

SETEMBRO

> Os níveis de ácido alfa nos lúpulos podem variar de 2% a 13%, ou até mais. Isso é importante na hora de escolher os lúpulos para uma receita. Se você substituir um lúpulo com 11% de teor de ácido alfa por um que tenha menos de 4%, sua cerveja não terá o equilíbrio, a secura ou o amargor desejado. Está vendo? O ácido alfa é, na verdade, uma coisa *boa*.

CERVEJA CASEIRA DE SETEMBRO 1

Just One Hop Simcoe Indian Pale Ale

FAÇA ESTA CERVEJA SE VOCÊ GOSTA DE: lúpulos, impacto amargo, fruta com caroço, notas tropicais, simplicidade.

COMBINA COM: salada de manga e abacate, camarão enegrecido, taco de peixe e cheeseburger.

COMENTÁRIOS SOBRE ESTILO E FABRICAÇÃO

Simcoe, como nós a amamos. Quando você se torna um amante de cerveja, começa a encontrar variedades de lúpulos que lhe dizem algo, sabores nas pale ales e IPAs que fazem você finalmente se apaixonar pelos lúpulos. A Simcoe alcançou o auge da fama como IPA em pouco tempo; foi um sucesso da noite para o dia. Seus lúpulos são de um tipo que entrou em cena em 2000; trata-se de uma espécie híbrida criada pela Yakima Chief Ranches, no estado de Washington, Estados Unidos. Hoje, esta espécie é muito procurada tanto no cenário da cerveja profissional quanto no artesanal. Aliás, é possível que você não consiga encontrá-la e precise esperar para fazer esta IPA em casa. A Simcoe tem muitos seguidores em parte por causa de suas notas marcantes de pinho, de fruta cítrica, de toranja e tropicais, mas também por causa de seu impacto lupulado menos forte do que o de outras cervejas do estilo. Em suma, ela possui muito sabor, mas não causa um grande impacto de amargor ou acidez.

Mikkeler é um cervejeiro dinamarquês rebelde, muito popular no mundo da cerveja artesanal. Recentemente, ele lançou uma linha de IPA single-hop (um só lúpulo). Cada cerveja é feita com os mesmos ingredientes, mas com um tipo único e diferente de lúpulo. Isso não é para o bebedor neófito; a intenção aqui não é equilibrar, e sim explorar determinado lúpulo. Inspiradas por Mikkeler, nós fizemos algumas ales single-hop em casa e achamos que isso seria um ótimo instrumento de aprendizado para o cervejeiro artesanal iniciante, um modo de se familiarizar com a ampla variedade existente de sabores de lúpulos. Apresentamos aqui apenas duas variedades, nossas favoritas, mas, se você gostar do desafio, tente estas receitas com outros tipos de lúpulo.

FAÇA: JUST ONE HOP SIMCOE INDIAN PALE ALE

Nível de dificuldade: neófito
Tipo: extrato com grãos especiais
Equipamento especial/extra: nenhum
OG desejada: 1,071
FG desejada: 1,016
IBU: 74
APV desejado: 7,3%
Copo apropriado: pint

LISTA DE COMPRA

Para mais ou menos 2½ galões
1 tubo de levedura White Labs California Ale WLP001
57 g de malte caramelo/cristal 60 L, moído
57 g de malte caramelo/cristal 10 L, moído
57 g de malte cara-amber, moído
1,81 ℓ de extrato de malte pale líquido
56 g de lúpulos simcoe peletizados
340 g de extrato de malte âmbar seco

PREPARAÇÃO

- *Prepare a levedura (pelo menos 3 horas antes de começar a fazer a cerveja):* aqueça o tubo de levedura California Ale à temperatura ambiente.

SETEMBRO

INFUSÃO/BRASSAGEM

- Esquente 2,8 litros de água. Coloque um termômetro e esquente o vasilhame até 71 °C. Desligue o fogo.
- Adicione os grãos especiais (maltes caramelo/cristal 60 L, caramelo/cristal 10 L e cara-amber) no saco de grãos (amarrando as extremidades) e coloque-o no vasilhame. Tampe e deixe descansar por 30 minutos.
- Prepare a água para o sparge: em um vasilhame pequeno, separado, esquente 2,8 litros de água até 77 °C.

SPARGE

- Depois de 30 minutos, remova o saco de grãos do vasilhame. Ponha um coador grande de malha fina sobre o vasilhame. Coloque o saco de grãos no coador, abra-o e despeje devagar a água quente para o sparge, cobrindo todos os grãos. Não esprema o saco de grãos! Remova o saco e jogue-o fora.
- Adicione ao vasilhame mais 2 galões de água à temperatura ambiente.
- Reaqueça a água no vasilhame até 68 °C; desligue o fogo e adicione o extrato de malte pale líquido. Mexa delicadamente para que o extrato não grude no fundo do vasilhame.

FERVURA

- Leve o vasilhame ao fogo para ferver.
- Assim que a fervura começar, faça a primeira adição de lúpulos, 14 gramas de Simcoe, e programe o *timer* para 60 minutos. Os lúpulos dissolverão imediatamente. Mexa de vez em quando, removendo os sólidos grandes com uma colher vazada. Tome cuidado com o tão temido transbordo!
- Aos 45 minutos (ou seja, quando ainda restarem 15 minutos de fervura), faça a segunda adição de lúpulos, 14 gramas de simcoe.
- Aos 55 minutos (ou seja, quando ainda restarem 5 minutos de fervura), faça a terceira adição de lúpulos, 28 gramas de

★ 121 ★

simcoe. Adicione o extrato de malte âmbar seco. Cuidado para não formar caroço.

INOCULAÇÃO DA LEVEDURA

- *Prepare o banho de gelo:* na pia ou em um vasilhame, prepare um banho de gelo para mergulhar e esfriar a cerveja.
- *Esfrie o mosto:* tire o vasilhame do fogo e coloque-o no banho de gelo. Coloque um termômetro higienizado no mosto e deixe esfriar até atingir 21 °C ou menos.
- *Limpe tudo:* higienize qualquer coisa que entrará em contato com a cerveja.
- *Transfira o mosto:* despeje o mosto através de um coador higienizado em um fermentador plástico de 3 a 5 galões, ou através do coador higienizado e um funil em um garrafão de vidro de 3 a 5 galões.
- *Inocule a levedura:* agite o tubo de levedura preparada, higienize o lado externo dele, abra-o e jogue todo o conteúdo no mosto resfriado, no fermentador.

FERMENTAÇÃO PRIMÁRIA

- Coloque uma tampa a vácuo equipada com o airlock (cheio de vodca) e o stopper no balde plástico, ou ponha o airlock e o stopper em um garrafão de vidro. Ou use o método do tubo blow-off (ver Capítulo 2).
- Guarde o contêiner em um lugar escuro e relativamente frio (a temperatura ideal para essa cerveja é entre 20 °C e 23 °C) por 7 a 10 dias se pretender usar a fermentação secundária, ou por 12 a 14 dias se não for usá-la.

FERMENTAÇÃO SECUNDÁRIA (OPCIONAL)

- Usando um sifão higienizado, transfira a cerveja do fermentador primário para um balde ou garrafão de vidro de

3 a 5 galões. (Certifique-se de que o sedimento ficou para trás.)

- Ponha um airlock no contêiner secundário e deixe a cerveja descansar por no mínimo 14 dias.
- Envase e mantenha engarrafada por 14 dias, conforme descrito no Capítulo 2. Depois, refrigere-a e delicie-se!

QUEBRA DE REGRAS E DICAS

- Se não quiser usar os grãos especiais, você pode adicionar mais 113 gramas de extrato de malte seco, mas saiba que a cor e o sabor não serão tão bons.
- Se não encontrar os lúpulos simcoe, use citra, nelson ou columbus. Os sabores serão muito diferentes com cada lúpulo.

CERVEJEIROS PROFISSIONAIS QUE SERVEM DE MODELO

- **Knuckle Sandwich:** Bootlegger's Brewery, Fullerton, Califórnia. Grandes sabores gramíneos, de fruta amarga e de ervas apetitosas. A Knuckle Sandwich é um soco na cara – mas um soco delicioso de se tomar. O álcool fica bem escondido. APV: 10%.
- **Sculpin IPA:** Ballast Point Brewing Co., San Diego, Califórnia. Apresenta sabores e aromas brilhantes de damasco, pêssego, manga e limão. O corpo mais leve destaca o frescor dos lúpulos. APV: 7%.
- **Simcoe Single Hop IPA:** Mikkeller, Copenhague, Dinamarca, feita na De Proef Brouwerij, Lochristi-Hijfte, Bélgica. Fabricada com lúpulos Simcoe, repleta de notas de refrigerante de laranja, maracujá e pinho fresco. APV: 6,9%.

CERVEJA CASEIRA DE SETEMBRO 2

Just One Hop Cascade Indian Pale Ale

FAÇA ESTA CERVEJA SE VOCÊ GOSTA DE: cervejas bitter impactantes, aroma dos pinheiros, toranja, pessoas loucas por cerveja lupulada.
COMBINA COM: hambúrgueres com tudo o que eles têm direito, carne gordurosa, bife grelhado com pedacinhos de queijo gorgonzola.

COMENTÁRIOS SOBRE ESTILO E FABRICAÇÃO

Você já ama os lúpulos? Assim como a cerveja anterior, esta é uma IPA que lhe ensinará as características dos diversos lúpulos. Esperamos que você já esteja tão impressionado quanto nós com a importância dos lúpulos para o sabor, o aroma e a sensação de uma cerveja na boca. Os lúpulos cascade são os favoritos no mundo cervejeiro – e mais fáceis de encontrar do que os simcoe. O columbus e o cascade são usados em muitas pale ales da costa Oeste norte-americana e IPAs. Os cascade vêm do estado de Oregon, e seu nome deriva das montanhas Cascade, que se estendem por Washington e Oregon. Eles surgiram a partir de um programa de cultivo da Universidade de Oregon e foram disponibilizados ao público em 1972. Têm um teor particularmente alto de ácidos alfa, que produzem amargor, e são conhecidos por seus adoráveis e arrojados aromas de pinho, toranja e fruta cítrica. Esta receita é exatamente igual à primeira de setembro, porém requer lúpulos cascade em vez de simcoe. O APV e as IBU também são os mesmos. Embora a única diferença seja o lúpulo, esta cerveja será uma experiência totalmente diferente para seu paladar.

FAÇA: JUST ONE HOP CASCADE INDIAN PALE ALE

Nível de dificuldade: neófito
Tipo: extrato com grãos especiais
Equipamento especial/extra: nenhum
OG desejada: 1,071
FG desejada: 1,016
IBU: 74

SETEMBRO

APV: 7,3%
Copo apropriado: pint

LISTA DE COMPRA

Para mais ou menos 2½ galões
1 tubo de levedura White Labs California Ale WLP001
57 g de malte caramelo/cristal 60 L, moído
57 g de malte caramelo/cristal 10 L, moído
57 g de malte cara-amber, moído
113 ml de extrato de malte pale líquido
99 g de lúpulos cascade peletizados
340 g de extrato de malte âmbar

PREPARAÇÃO

- *Prepare a levedura (pelo menos 3 horas antes de começar a fazer a cerveja):* aqueça o tubo de levedura California Ale à temperatura ambiente.

INFUSÃO/BRASSAGEM

- Esquente 2,8 litros de água. Coloque um termômetro e esquente o vasilhame até 71 °C. Desligue o fogo.
- Adicione os grãos especiais (maltes caramelo/cristal 60 L, caramelo/cristal 10 L e cara-amber) no saco de grãos (amarrando as extremidades) e coloque-o no vasilhame. Tampe e deixe descansar por 30 minutos.
- Prepare a água para o sparge: em um vasilhame pequeno, separado, esquente 2,8 litros de água até 77 °C.

SPARGE

- Depois de 30 minutos, remova o saco de grãos do vasilhame. Ponha um coador grande de malha fina sobre o

vasilhame. Coloque o saco de grãos no coador, abra-o e despeje devagar a água quente para o sparge, cobrindo todos os grãos. Não esprema o saco de grãos! Remova o saco e jogue-o fora.
- Adicione ao vasilhame mais 2 galões de água em temperatura ambiente.
- Reaqueça a água no vasilhame até 68 °C; desligue o fogo e adicione o extrato de malte pale líquido. Mexa delicadamente para que o extrato não grude no fundo do vasilhame.

FERVURA

- Leve o vasilhame ao fogo para ferver.
- Assim que a fervura começar, faça a primeira adição de lúpulos, 28 gramas de cascade, e programe o *timer* para 60 minutos. Os lúpulos dissolverão imediatamente. Mexa de vez em quando, removendo os sólidos grandes com uma colher vazada. Tome cuidado com o tão temido transbordo!
- Aos 45 minutos (ou seja, quando ainda restarem 15 minutos de fervura), faça a segunda adição de lúpulos, 43 gramas de cascade.
- Aos 55 minutos (ou seja, quando ainda restarem 5 minutos de fervura), faça a terceira adição de lúpulos, os outros 28 gramas de cascade. Adicione o extrato de malte âmbar seco.

INOCULAÇÃO DA LEVEDURA

- *Prepare o banho de gelo:* na pia ou em um vasilhame, prepare um banho de gelo para mergulhar e esfriar a cerveja.
- *Esfrie o mosto:* tire o vasilhame do fogo e coloque-o no banho de gelo. Coloque um termômetro higienizado no mosto e deixe esfriar até atingir 21 °C ou menos.
- *Limpe tudo:* higienize qualquer coisa que entrará em contato com a cerveja.
- *Transfira o mosto:* despeje o mosto através de um coador higienizado em um fermentador plástico de 3 a 5 galões, ou

através do coador higienizado e um funil em um garrafão de vidro de 3 a 5 galões.

- *Inocule a levedura:* agite o tubo de levedura preparada, higienize o lado externo dele, abra-o e jogue todo o conteúdo no mosto resfriado, no fermentador.

FERMENTAÇÃO PRIMÁRIA

- Coloque uma tampa a vácuo equipada com o airlock (cheio de vodca) e o stopper no balde plástico, ou ponha o airlock e o stopper em um garrafão de vidro. Ou use o método do tubo blow-off (ver Capítulo 2).
- Guarde o contêiner em um lugar escuro e relativamente frio (a temperatura ideal para essa cerveja é entre 20 °C e 23 °C) por 7 a 10 dias se pretender usar a fermentação secundária, ou por 12 a 14 dias se não for usá-la.

FERMENTAÇÃO SECUNDÁRIA (OPCIONAL)

- Usando um sifão higienizado, transfira a cerveja do fermentador primário para um balde ou garrafão de vidro de 3 a 5 galões. (Certifique-se de que o sedimento ficou para trás.)
- Ponha um airlock no contêiner secundário e deixe a cerveja descansar por no mínimo 14 dias.
- Envase e mantenha engarrafada por 14 dias, conforme descrito no Capítulo 2. Depois, refrigere-a e delicie-se!

QUEBRA DE REGRAS E DICAS

- Se não quiser usar os grãos especiais, você pode adicionar mais 113 gramas de extrato de malte seco, mas saiba que a cor e o sabor não serão tão bons.
- Se quiser experimentar lúpulos diferentes, use citra, nelson ou columbus.

CERVEJEIROS PROFISSIONAIS QUE SERVEM DE MODELO

- **Harpoon IPA:** Harpoon Brewery, Boston, Massachusetts. Grandes aromas de lúpulo seco. Plenamente lupulada no fim. Sabores de pinho fresco e fruta cítrica. APV: 5,9%.
- **Single Hop Cascade IPA:** Mikkeller, Copenhague, Dinamarca, feita na De Proef Brouwerij, Lochristi-Hijfte, Bélgica. A terceira na série de IPAs single-hop da Mikkeller. Feita com lúpulos cascade. Notas de tempero e cítricas, com um leve toque de flor de sabugueiro. Um toque doce e frutado. APV: 6,9%.
- **Hop Henge IPA:** Deschutes Brewery, Bend, Oregon. Feita com grande quantidade de lúpulos centennial e cascade. Passa por lupulização. Uma mistura de maltes cristal, pale e carastan, que produzem sabores de biscoito. APV: 8,5%.

CERVEJA CASEIRA DE SETEMBRO 3

East India Pale Ale

FAÇA ESTA CERVEJA SE VOCÊ GOSTA DE: temperos da Índia, sabores complexos, impressionar os amigos, um desafio cervejeiro.
COMBINA COM: pratos indianos audazes, temperados, *tacos carnitas*, bolo de cenoura, curry de leite de coco.

COMENTÁRIOS SOBRE ESTILO E FABRICAÇÃO

O mundo da cerveja artesanal está explodindo em Los Angeles; são muitos e muitos eventos fantásticos sobre cervejas e harmonização com comida e também sobre cervejas especiais e limitadas. Há grandes celebrações de cerveja em geral. Nós tivemos a felicidade de participar de vários desses eventos, mas nada nos deixou tão empolgadas quanto o convite feito pela fantástica Strand Brewing Company, de Torrence, Califórnia, para trabalhar em uma cerveja "proam" para a L. A. Beer Week. Não só iríamos fabricar cerveja com o supertalentoso mestre-cervejeiro Joel Elliott, como também serviríamos essa cerveja aos mais prolíficos aficionados por cerveja de Los Angeles. Uma tarefa intimidadora, no mínimo.

Sentamos com Joel para beber várias cervejas que admirávamos e tiramos inspiração de cada uma delas. Tentamos ao máximo fugir das convenções e ser criativos com os ingredientes. Por fim, escolhemos a East India Pale Ale. Isso mesmo! Achamos que o tamarindo ficaria bem com um toque de malte caramelo, e esse se tornou nosso sabor básico. Um pouco loucos (é o que acontece quando você bebe enquanto cria uma receita), acrescentamos curry em pó, *garam masala* (que Joel tinha feito em casa), pimenta-malagueta, grãos de pimenta e gengibre. O resultado foi uma cerveja completamente maluca e deliciosa. Ficou realmente diferente: limpa, seca, com notas sutis de fruta doce e de temperos complexos, mais encorpada do que previmos e com um fim gramíneo e herbáceo! Arrasamos! Foi o primeiro barril de cerveja "proam" que fez o maior sucesso, e ganhamos a competição. Bem, na verdade, não havia prêmio no festival, mas nos sentimos como vencedores. Com Joel, fizemos uma versão somente grãos; para este livro, porém, adaptamos a receita para extrato com grãos especiais.

FAÇA: EAST INDIA PALE ALE

Nível de dificuldade: promíscuo
Tipo: extrato com grãos especiais
Equipamento especial/extra: nenhum
OG desejada: 1,076
FG desejada: 1,017
IBU: 66
APV desejado: 7,8%
Copo apropriado: pint

LISTA DE COMPRA

Para mais ou menos 2½ galões
1 tubo de levedura White Labs California Ale WL P001
85 g de malte caramelo/cristal 20 L, moído
57 g de malte caramelo/cristal 120 L, moído
28 g de malte alemão CaraFoam, moído
1,81 *l* de extrato de malte pale líquido

- 454 g de extrato de malte âmbar seco
- 9 g de lúpulos summit peletizados
- 42 g de lúpulos amarillo peletizados
- 1 pimenta vermelha seca e pequena
- 1½ colher de chá de grãos de pimenta-do-reino
- 1½ colher de chá de *garam masala*
- 1½ colher de chá de curry em pó
- 28 g de lúpulos amarillo peletizados (para lupulização)

> **Lupulização**
> Às vezes, para o amante dos lúpulos, as adições de lúpulo durante a fervura não bastam. É por isso que existe a lupulização. Trata-se da prática de adicionar mais lúpulos à fervura após a fermentação inicial. Ao preparar a cerveja para a fermentação secundária, adicione a quantidade especificada de lúpulos para lupulizar a cerveja. Não tenha medo de contaminá-la; os lúpulos protegem naturalmente qualquer cerveja. Portanto, a adição deverá refinar seu produto.
>
> Os lúpulos acrescidos na lupulização contribuem com um poderoso aroma, que melhora toda a experiência da cerveja. Como são adicionados no fim do processo, e não na fervura, eles não acrescentam amargor. Se você detesta o procedimento de passar para um segundo fermentador, coloque os lúpulos no contêiner primário depois de mais ou menos 5 dias. A lupulização requer uma permanência de aproximadamente 14 dias no fermentador.

PREPARAÇÃO

- *Prepare a levedura (pelo menos 3 horas antes de começar a fazer a cerveja):* esquente a levedura White Labs California Ale em temperatura ambiente.

INFUSÃO/BRASSAGEM

- Esquente 2,8 litros de água. Coloque um termômetro e esquente o vasilhame até 71 °C. Desligue o fogo.

SETEMBRO

- Adicione os grãos especiais (maltes caramelo/cristal 20 L, caramelo/cristal 120 L e CaraFoam) no saco de grãos (amarrando as extremidades) e coloque-o no vasilhame. Tampe e deixe descansar por 30 minutos.
- Prepare a água para o sparge: em um vasilhame pequeno, separado, esquente 2,8 litros de água até 77 °C.

SPARGE

- Depois de 30 minutos, remova o saco de grãos do vasilhame. Ponha um coador grande de malha fina sobre o vasilhame. Coloque o saco de grãos no coador, abra-o e despeje devagar a água quente para o sparge, cobrindo todos os grãos. Não esprema o saco de grãos! Remova o saco e jogue-o fora.
- Adicione ao vasilhame mais 2 galões de água em temperatura ambiente.
- Reaqueça a água no vasilhame até 68 °C; desligue o fogo e adicione o extrato de malte pale líquido. Mexa delicadamente para que o extrato não grude no fundo do vasilhame. Adicione o extrato de malte âmbar líquido. Cuidado para não formar caroço.

FERVURA

- Leve o vasilhame ao fogo para ferver.
- Assim que a fervura começar, faça a primeira adição de lúpulos, os summit, e programe o *timer* para 60 minutos. Os lúpulos dissolverão imediatamente. Mexa de vez em quando, removendo os sólidos grandes com uma colher vazada. Tome cuidado com o tão temido transbordo!
- Aos 40 minutos (ou seja, quando ainda restarem 20 minutos de fervura), faça a segunda adição de lúpulos, 14 gramas de amarillo.
- Aos 45 minutos (ou seja, quando ainda restarem 15 minutos de fervura), adicione o tamarindo.
- Aos 50 minutos (ou seja, quando ainda restarem 10 minutos de fervura), faça a terceira adição de lúpulos, 14 gramas de

★ 131 ★

amarillo; adicione também o gengibre, a pimenta seca e os grãos de pimenta.

- Aos 55 minutos (portanto, quando ainda restarem 5 minutos de fervura), faça a quarta adição de lúpulos, 14 gramas de amarillo; adicione também o *garam masala* e o curry em pó.

INOCULAÇÃO DA LEVEDURA

- *Prepare o banho de gelo:* na pia ou em um vasilhame, prepare um banho de gelo para mergulhar e esfriar a cerveja.
- *Esfrie o mosto:* tire o vasilhame do fogo e coloque-o no banho de gelo. Coloque um termômetro higienizado no mosto e deixe esfriar até atingir 21 °C ou menos.
- *Limpe tudo:* higienize qualquer coisa que entrará em contato com a cerveja.
- *Transfira o mosto:* despeje o mosto através de um coador higienizado em um fermentador plástico de 3 a 5 galões, ou através do coador higienizado e um funil em um garrafão de vidro de 3 a 5 galões.
- *Inocule a levedura:* agite o tubo de levedura preparada, higienize o lado externo dele, abra-o e jogue todo o conteúdo no mosto resfriado, no fermentador.

FERMENTAÇÃO PRIMÁRIA

- Coloque uma tampa a vácuo equipada com o airlock (cheio de vodca) e o stopper no balde plástico, ou ponha o airlock e o stopper em um garrafão de vidro. Ou use o método do tubo blow-off (ver Capítulo 2).
- Guarde o contêiner em um lugar escuro e relativamente frio (a temperatura ideal para essa cerveja é entre 20 °C e 23 °C) por 7 a 10 dias.

SETEMBRO

FERMENTAÇÃO SECUNDÁRIA E LUPULIZAÇÃO

- Usando um sifão higienizado, transfira a cerveja do fermentador primário para um balde ou garrafão de vidro de 3 a 5 galões. (Certifique-se de que o sedimento ficou para trás.)
- Adicione os 28 gramas de lúpulos amarillo secos.
- Ponha um airlock no contêiner secundário e deixe a cerveja descansar por no mínimo 14 dias.
- Envase e mantenha engarrafada por 14 dias, conforme descrito no Capítulo 2, filtrando os lúpulos com o coador ao transferir a cerveja para o balde de engarrafar. Depois, refrigere-a e delicie-se!

QUEBRA DE REGRAS E DICAS

- Se não encontrar tamarindo, use casca de laranja seca e doce. Adicione 14 gramas à fervura quando faltarem 5 minutos para ela acabar.
- Se não encontrar lúpulos amarillo, use summit ou centennial.

CERVEJEIROS PROFISSIONAIS QUE SERVEM DE MODELO

- **Rotator IPA Series Spiced IPA:** Widmer Brothers Brewing Co., Portland, Oregon. IPA lupulada com chá preto Assam, gengibre, canela, cravo, anis estrelado, pimenta-do-reino e cardamomo. A cerveja e os temperos criam um produto final supercomplexo. APV: 7%.
- **Überhoppy:** Valley Brewing Co., Stockton, Califórnia. Aromas de pêssego, toranja e geleia e misturados com chutney de fruta tropical e grãos de pimenta e pinho no fim. Forte. APV: 9,5%.
- **Jai Alai Mango IPA:** Cigar City Brewing, Tampa, Flórida. Sabores de biscoito e manga. Ricas notas doces e maltosas e amargor no fim. APV: 7,5%.

★ 133 ★

O *garam masala* caseiro de Aarti Sequeira

Morar em Los Angeles oferece algumas vantagens, como, por exemplo, conhecer muita gente do mundo culinário. Tivemos a sorte de fazer amizade com Aarti Sequeira, uma excelente chef da cozinha indiana e uma das pessoas mais legais do mundo. Ah, ela também é a estrela de *Aarti Party*, do Food Network, e ganhadora da sexta temporada de *The next food network star*. Enfim, Aarti e o marido são grandes fãs de cerveja, e fomos nós que apresentamos ao marido aquela que se tornaria a sua favorita!

Aarti nos deu uma fantástica receita de *garam masala,* que usamos em nossa East India Pale Ale. A receita não inclui cominho nem grãos de pimenta. Aarti diz que, assim como para o curry, não existe apenas uma mistura para *garam masala*. Ela sempre conheceu uma versão que levava somente cravo e canela. A maioria dos *garam masala* contém cardamomo, canela, cravo, grãos de pimenta-do-reino e, às vezes, cominho e coentro. O *garam masala* comprado em loja geralmente contém outras coisas, mas muito pouco cardamomo, cravo ou canela, já que estes são temperos mais caros. Nós queríamos uma mistura que fosse mais doce e temperada e menos saborosa e terrígena, específica para o tamarindo e o gengibre presentes em nossa cerveja. Assim, após algum debate, foi a receita a seguir que Aarti nos sugeriu. Segundo ela, poderíamos encontrar todos os ingredientes em uma loja de produtos indianos, em um mercado *gourmet* ou na internet.

GARAM MASALA CASEIRO

3 palitos de canela grandes (do tipo vendido em lojas indianas; ± 3 colheres de sopa de casca de canela)
3 colheres de sopa de cravos inteiros
¼ de xícara de vagens de cardamomo-verde, abertas, sem casca (± 2 colheres de sopa de sementes)
4 vagens de cardamomo-preto grandes, abertas, sem casca (± 1 colher de sopa de sementes) (opcional)

Despeje todos os ingredientes em um moedor de café e moa até a mistura ficar fina. Guarde em um contêiner bem vedado, longe da luz do sol.

> Use 1½ colher de chá (ou mais, se quiser) desse *garam masala* na sua East India Pale Ale, adicionando-o no vasilhame quando ainda restarem 5 minutos de fervura. Use-o também na receita da página 135 e em qualquer outra que peça essa deliciosa mistura de temperos! Obrigada, Aarti! Você é demais.

PARA ACOMPANHAR

Curry de legumes com East India Pale Ale (serve 6 pessoas)

1 cebola amarela pequena, bem picada

4 dentes de alho picados

1 colher de sopa de raiz de gengibre picada ou ralada

3 colheres de sopa de óleo vegetal

3 colheres de sopa de curry em pó

1 colher de chá de *garam masala* de Aarti Sequeira (ver página 134)

1 colher de sopa de sal

1 colher de chá de cúrcuma

1 colher de chá de páprica

½ colher de chá de pimenta-do-reino moída na hora

3 batatas médias, descascadas e cortadas em pedaços de ± 1,5 cm

1 cenoura grande, cortada em pedaços de ± 1,5 cm

1 xícara de floretes de couve-flor

1 pimentão-vermelho pequeno, cortado em pedaços de ± 1,5 cm

1 tomate, cortado em pedaços

1 abobrinha, cortada em pedaços de ± 1,5 cm

½ xícara de ervilhas-verdes (congeladas ou frescas)

1 xícara de East India Pale Ale

½ xícara de leite de coco

½ xícara de iogurte natural

1 *sanam chili* inteira

1 folha de louro

2 ramos de coentro picados

6 xícaras de arroz basmati cozido

Em uma panela grande sobre fogo médio-baixo, deixe suar a cebola, o alho e o gengibre no óleo vegetal até a cebola ficar translúcida. Adicione o curry em pó, o *garam masala*, o sal, o cúrcuma, a páprica e a pimenta-do-reino e cozinhe por 2 minutos, mexendo constantemente. Adicione as batatas, a cenoura, a couve-flor, o pimentão, o tomate, a abobrinha e as ervilhas, revolvendo para cobrir com os temperos.

Acrescente a cerveja, o leite de coco, o iogurte, a *sanam chilli* e o louro. Ferva. Diminua o fogo para médio-baixo e deixe a mistura em banho-maria, coberta, por 45 minutos, mexendo constantemente. Tire a *sanam chili* e o louro. Guarneça com o coentro. Sirva por cima do arroz basmati.

Sirva com um copo de East India Pale Ale!

7

 **OUTUBRO**

Folhas caídas | Maratona de filmes de terror | Moranga assada | "Gostosuras ou travessuras" | Criançada e chucrute | Milho doce

Suas cervejas caseiras de outubro
DER NACKTE BRAUER FESTBIER: notas de torrada e biscoito, levemente encorpada e seca.
IMPERIAL BLOOD RED: malte caramelo gostoso, com forte impacto lupulado.
CONTROVERSIAL PUMPKIN ALE: notas de moranga com baunilha.

Para acompanhar
Cheesecake de Controversial Pumpkin com crosta de grão reutilizado

---

No hemisfério Sul, corresponde ao mês de abril (outono). Se quiser saber quais são as bebidas apropriadas para outubro (primavera) no hemisfério Sul, consulte o "Capítulo 13. Abril".

Outubro é um de nossos meses favoritos, e não só porque podemos nos fantasiar no último dia. Adoramos as caminhadas em noites frescas, as casas decoradas para o Dia das Bruxas, as fantasias bobas e as infinitas desculpas para comer muito doce. Outubro é festivo, meio maligno e um bocado *sexy*. Começamos o mês fazendo uma cerveja ao estilo de uma Oktoberfest. Francamente, não conseguíamos decidir em que parte do livro colocar esta cerveja. Isso porque, nos bons e velhos tempos, na Baviera, a cerveja ao estilo da Oktoberfest (também conhecida como märzen) costumava ser fabricada em março (*März*, em alemão) para a celebração de outubro (que na verdade começa em setembro). Fazer cerveja era um empreendimento sazonal que terminava na primavera e recomeçava no outono. Assim, este estilo serviria para março, setembro ou outubro. Enfim, escolhemos outubro pois é o mês em que a maioria das pessoas pensa em tomar cerveja ao estilo da Oktoberfest. O ar é fresco, as morangas são colhidas, e a gente vê imagens de pessoas em trajes típicos alemães bebendo nas festas ao ar livre, chamadas "Wies'n", em Munique.

Também faremos uma imperial blood red. É uma deliciosa red ale com um nome assustador, adequado ao Halloween, embora o nome seja a única coisa que assusta. Por fim, fabricaremos a Controversial Pumpkin Ale, uma cerveja que uma de nós detesta e a outra ama. A gente quase sai na mão por causa dela todos os anos.

CERVEJA CASEIRA DE OUTUBRO 1

Der Nackte Brauer Festbier

FAÇA ESTA CERVEJA SE VOCÊ GOSTA DE: casamentos alemães, calças de couro ao estilo alemão, malte com gosto de nozes, baixo amargor, mulheres carregando muitas cervejas ao mesmo tempo.
COMBINA COM: chucrute e salsicha, *pretzels* e mostarda, presunto *speck*, *Wiener schnitzel*.

OUTUBRO

COMENTÁRIOS SOBRE ESTILO E FABRICAÇÃO

Oktoberfest. Você já ouviu falar, já viu fotos e fica curioso com as roupas engraçadas. É a meca da cerveja para muitos de nós, além de ser a maior feira do mundo. A maior de todas as festas da cerveja consiste em dezesseis dias de bebedeira em Munique para comemorar o casamento entre o Príncipe da Coroa Ludovico e a Princesa Teresa da Baviera, ocorrido em 1810.

Também conhecida como märzen, essa lager alemã costuma ser guardada a frio entre a primavera e o verão por pelo menos cinco meses, para ser consumida no fim de setembro. Geralmente, apresenta teor baixo a médio de lúpulos e características maltosas e de caramelo. O fim é torrado.

Nossa Festbier (que pode ser apreciada em qualquer época do ano) é uma homenagem à vasta e prestigiosa história da fabricação de cerveja na Alemanha. Usamos os ingredientes e as regras tradicionais, exceto por um aspecto. Utilizamos levedura para ale alemã em vez de levedura para lager e fermentamos em temperaturas que lembram mais as usadas para as ales. Por quê? Porque, quando começamos a fabricar esta cerveja, não tínhamos equipamentos nem condições de fermentar uma cerveja a 10 °C por nenhum período de tempo. Então, usamos uma levedura kölsch ao estilo alemão, que culmina em um fim muito seco. Na fabricação artesanal de cerveja, assim como na vida, você precisa trabalhar com os materiais que tem à mão.

FAÇA: DER NACKTE BRAUER FESTBIER

Nível de dificuldade: secundarista
Tipo: extrato com grãos especiais
Equipamento especial/extra: espaço no refrigerador
OG desejada: 1,054
FG desejada: 1,015
IBU: 26
APV desejado: 5,2%
Copo apropriado: pint

LISTA DE COMPRA

Para mais ou menos 2½ galões
1 pacote de levedura Wyeast Kölsch 2565
227 g de malte CaraMunich III, moído
113 g de malte Vienna, moído
1,93 ℓ de extrato de malte Munich líquido
22 g de lúpulos hallertauer peletizados
7 g de lúpulos tettnanger peletizados
½ pastilha Whirlfloc

PREPARAÇÃO

- *Prepare a levedura (pelo menos 3 horas antes de começar a fazer a cerveja):* quebre o pacote de levedura kölsch e esquente à temperatura ambiente. Você também pode fazer isso no dia anterior.

INFUSÃO/BRASSAGEM

- Esquente 2,8 litros de água. Coloque um termômetro e esquente o vasilhame até 71 °C. Desligue o fogo.
- Prepare a água para o sparge: em um vasilhame pequeno, separado, esquente 2,8 litros de água até 77 °C.

SPARGE

- Adicione os grãos especiais (maltes CaraMunich III e Vienna) no saco de grãos (amarrando as extremidades) e coloque-o no vasilhame. Tampe e deixe descansar por 30 minutos.
- Depois de 30 minutos, remova o saco de grãos do vasilhame. Ponha um coador grande de malha fina sobre o vasilhame. Coloque o saco de grãos no coador, abra-o e despeje devagar a água quente para o sparge, cobrindo todos os grãos. Não esprema o saco de grãos! Remova o saco e jogue-o fora.

- Adicione ao vasilhame mais 2 galões de água.
- Reaqueça a água no vasilhame até 68 °C; desligue o fogo e adicione o extrato de malte Munich líquido. Mexa delicadamente para que o extrato não grude no fundo do vasilhame.

FERVURA

- Leve o vasilhame ao fogo para ferver.
- Assim que a fervura começar, faça a primeira adição de lúpulos, os hallertauer, e programe o *timer* para 60 minutos. Os lúpulos dissolverão imediatamente. Mexa de vez em quando, removendo os sólidos grandes com uma colher vazada. Tome cuidado com o tão temido transbordo!
- Aos 40 minutos (ou seja, quando faltarem 20 minutos de fervura), faça a segunda adição de lúpulos, os Tettnanger.
- Aos 55 minutos (ou seja, quando faltarem 5 minutos de fervura), adicione a ½ pastilha Whirlfloc e mexa até dissolver.

INOCULAÇÃO DA LEVEDURA

- *Prepare o banho de gelo:* na pia ou em um vasilhame, prepare um banho de gelo para mergulhar e esfriar a cerveja.
- *Esfrie o mosto:* tire o vasilhame do fogo e coloque-o no banho de gelo. Coloque um termômetro higienizado no mosto e deixe esfriar até atingir 21 °C ou menos.
- *Limpe tudo:* higienize qualquer coisa que entrará em contato com a cerveja.
- *Transfira o mosto:* despeje o mosto através de um coador higienizado em um fermentador plástico de 3 a 5 galões, ou através do coador higienizado e um funil em um garrafão de vidro de 3 a 5 galões.
- *Inocule a levedura:* agite o tubo de levedura preparada, higienize o lado externo dele, abra-o e jogue todo o conteúdo no mosto resfriado, no fermentador.

FERMENTAÇÃO PRIMÁRIA

- Coloque uma tampa a vácuo equipada com o airlock (cheio de vodca) e o stopper no balde plástico, ou ponha o airlock e o stopper em um garrafão de vidro. Ou use o método do tubo blow-off (ver Capítulo 2).
- Guarde o contêiner em um lugar escuro e relativamente frio (a temperatura ideal para essa cerveja é entre 13 °C e 21 °C) por 7 a 10 dias.

FERMENTAÇÃO SECUNDÁRIA E LAGERING

- Usando um sifão higienizado, transfira a cerveja do fermentador primário para um balde ou garrafão de vidro de 3 a 5 galões. (Certifique-se de que o sedimento ficou para trás.)
- Ponha um airlock no contêiner secundário, abra espaço na geladeira e guarde a cerveja por 3 a 4 semanas.
- Envase e mantenha engarrafada por 14 dias, conforme descrito no Capítulo 2. Depois, refrigere-a e delicie-se!

QUEBRA DE REGRAS E DICAS

- Mark Jilg, dono da Craftsman Brewing Co., nos deu uma ótima dica: "Se você não tem temperatura, use o tempo". Isto é: se você não pode fermentar em temperaturas para lager, dê à cerveja um tempo adicional para que os ésteres indesejáveis (que podem surgir com uma fermentação mais quente) sejam expelidos.

CERVEJEIROS PROFISSIONAIS QUE SERVEM DE MODELO

- **Trocken Hofpen Märzen:** St. Louis Brewing Co., St. Louis, Missouri. Essa märzen que passou por lupulização é uma interpretação americana de uma cerveja ao estilo clássico alemão. Lupulizada com hallertauer mittelfrüh. APV: 5,5%.

- **Munsterfest:** Three Floyds Brewing Co., Munster, Indiana. Uma cerveja Oktoberfest ao estilo da Baviera, feita com cevada maltada, lúpulos nobres alemães e aromáticos e levedura tradicional. É fabricada de acordo com a lei alemã de pureza para cervejas de 1516; tradicional. APV: 6%.
- **Late Harvest:** Bear Republic Brewing Co., Healdsburg, Califórnia. Uma cerveja Oktoberfest com grandes características de malte, lúpulos nobres e um bom fim seco. Tradicional e equilibrada. APV: 6,3%.

CERVEJA CASEIRA DE OUTUBRO 2

Imperial Blood Red

FAÇA ESTA CERVEJA SE VOCÊ GOSTA DE: filmes de vampiro, cervejas amargas, malte caramelo gostoso, cervejas regal.

COMBINA COM: carne de porco temperada, biscoitos de *toffee*, queijo gorgonzola e flã.

COMENTÁRIOS SOBRE ESTILO E FABRICAÇÃO

Não é necessário acrescentar sangue à receita (embora um de nossos fãs tenha admitido, no Facebook, que fez isso em uma receita caseira...). A imagem vermelho-sangue (*blood red*), além de ser apropriada para o Halloween, tem a ver com o tom rubi do produto, que vem do malte. Uma red ale pode se referir à suave red irlandesa ou à red ao estilo americano, mais ousada. A irlandesa é uma cerveja maltosa, com tons de nozes, baixo teor de álcool e de lúpulo. A americana é um produto mais gritante, que geralmente tem um bom e substancioso malte com notas de caramelo, equilibrado pelo amargor dos lúpulos. Nesse sentido, lembram uma pale ale ao estilo da costa Oeste norte-americana. As reds podem ser mais maltosas ou mais amargas, dependendo do gosto do cervejeiro. Esta é uma imperial red; basicamente, possui teor alcoólico mais alto e é mais rica em malte e lúpulo.

Em nossas aventuras com cerveja artesanal, esperamos pacientemente pelas sazonais. Uma delas é a Evil Dead Red da Ale Smith

Brewing Co., de San Diego, Califórnia. Foi ela que nos introduziu ao estilo das grandes cervejas red. Adoramos o efeito adocicado, de caramelo, próprio do substancioso sabor de malte misturado com o impacto imprevisto do lúpulo no fim – perfeitamente vampírica. Nossa receita caseira é uma tentativa de recuperar esse gosto, que combina muito bem com a noite do Halloween.

FAÇA: IMPERIAL BLOOD RED

Nível de dificuldade: secundarista
Tipo: extrato com grãos especiais
Equipamento especial/extra: nenhum
OG desejada: 1,080
FG desejada: 1,014
IBU: 78
APV desejado: 8,7%
Copo apropriado: pint

LISTA DE COMPRA

Para mais ou menos 2½ galões
1 tubo de levedura White Labs California Ale WLP001
28 g de malte caramelo/cristal 80 L, moído
57 g de malte CaraMunich, moído
28 g de malte chocolate, moído
1,36 kg de extrato de malte extralight seco
454 g de extrato de malte âmbar seco
50 g de lúpulos centennial peletizados
18 g de lúpulos cascade peletizados
28 g de lúpulos cascade peletizados (lupulização)

PREPARAÇÃO

- *Prepare a levedura (pelo menos 3 horas antes de começar a fazer a cerveja):* esquente a levedura california ale em temperatura ambiente.

INFUSÃO/BRASSAGEM

- Esquente 2,8 litros de água. Coloque um termômetro e esquente o vasilhame até 71 °C. Desligue o fogo.
- Adicione os grãos especiais (maltes caramelo/cristal 80 L, CaraMunich e chocolate) no saco de grãos (amarrando as extremidades) e coloque-o no vasilhame. Tampe e deixe descansar por 30 minutos.
- Prepare a água para o sparge: em um vasilhame pequeno, separado, esquente 2,8 litros de água até 77 °C.

SPARGE

- Depois de 30 minutos, remova o saco de grãos do vasilhame. Ponha um coador grande de malha fina sobre o vasilhame. Coloque o saco de grãos no coador, abra-o e despeje devagar a água quente para o sparge, cobrindo todos os grãos. Não esprema o saco de grãos! Remova o saco e jogue-o fora.
- Adicione ao vasilhame mais 2 galões de água.
- Reaqueça a água no vasilhame até 68 °C; desligue o fogo e adicione o extrato de malte extralight líquido e o extrato de malte âmbar seco. Mexa delicadamente para que o extrato não grude no fundo do vasilhame. Cuidado para não formar caroço.

FERVURA

- Leve o vasilhame ao fogo para ferver.
- Assim que a fervura começar, faça a primeira adição de lúpulos, 18 gramas de centennial, e programe o *timer* para 60 minutos. Os lúpulos dissolverão imediatamente. Mexa de vez em quando, removendo os sólidos grandes com uma colher vazada. Tome cuidado com o tão temido transbordo!
- Aos 30 minutos (ou seja, quando faltarem 30 minutos de fervura), faça a segunda adição de lúpulos, mais 18 gramas de centennial.

- Aos 45 minutos (ou seja, quando faltarem 15 minutos de fervura), faça a terceira adição de lúpulos, 14 gramas de centennial.
- Aos 55 minutos (portanto, faltando 5 minutos de fervura), faça a quarta adição de lúpulos, 18 gramas de cascade.

INOCULAÇÃO DA LEVEDURA

- *Prepare o banho de gelo:* na pia ou em um vasilhame, prepare um banho de gelo para mergulhar e esfriar a cerveja.
- *Esfrie o mosto:* tire o vasilhame do fogo e coloque-o no banho de gelo. Coloque um termômetro higienizado no mosto e deixe esfriar até atingir 21 °C ou menos.
- *Limpe tudo:* higienize qualquer coisa que entrará em contato com a cerveja.
- *Transfira o mosto:* despeje o mosto através de um coador higienizado em um fermentador plástico de 3 a 5 galões, ou através do coador higienizado e um funil em um garrafão de vidro de 3 a 5 galões.
- *Inocule a levedura:* agite o tubo de levedura preparada, higienize o lado externo dele, abra-o e jogue todo o conteúdo no mosto resfriado, no fermentador.

FERMENTAÇÃO PRIMÁRIA

- Coloque uma tampa a vácuo equipada com o airlock (cheio de vodca) e o stopper no balde plástico, ou ponha o airlock e o stopper em um garrafão de vidro. Ou use o método do tubo blow-off (ver Capítulo 2).
- Guarde o contêiner em um lugar escuro e relativamente frio (a temperatura ideal para essa cerveja é entre 20 °C e 23 °C) por 7 a 10 dias.

FERMENTAÇÃO SECUNDÁRIA E LUPULIZAÇÃO

- Usando um sifão higienizado, transfira a cerveja do fermentador primário para um balde ou garrafão de vidro de 3 a 5 galões. (Certifique-se de que o sedimento ficou para trás.)
- Adicione os lúpulos secos, os 28 gramas de Cascade.
- Ponha um airlock no contêiner secundário e deixe a cerveja descansar por mais 14 dias.
- Envase e mantenha engarrafada por 14 dias, conforme descrito no Capítulo 2, filtrando os lúpulos pelo coador ao transferir a cerveja para o balde de engarrafar. Depois, refrigere-a e delicie-se!

QUEBRA DE REGRAS E DICAS

- Se preferir, não é preciso fazer a lupulização. Você ainda obterá uma boa cerveja amarga. No entanto, com a lupulização, haverá mais aroma.

CERVEJEIROS PROFISSIONAIS QUE SERVEM DE MODELO

- **Evil Dead Red:** AleSmith Brewing Co., San Diego, Califórnia. Aroma lupulado de pinho, com o rico dulçor de malte toffee. APV: 6,6%.
- **Red Rocket Ale:** Bear Republic Brewing Co., Healdsburg, Califórnia. Uma espécie de red ale ao estilo escocês que domina o paladar com sabores doces de malte caramelo. APV: 6,8%.
- **Lagunitas Lucky 13:** Lagunitas Brewing Co., Petaluma, Califórnia. Grandes aromas de lúpulos amarillo e malte doce, rico e defumado. APV: 8,3%.

CERVEJA CASEIRA DE OUTUBRO 3

Controversial Pumpkin Ale

FAÇA ESTA CERVEJA SE VOCÊ GOSTA DE: controvérsia, debate, torta de moranga, brown ales.

COMBINA COM: torta de moranga (não diga!), cookies de noz-pecã, bacon adocicado e sopa de abóbora.

COMENTÁRIOS SOBRE ESTILO E FABRICAÇÃO

Por que uma abóbora tão amada despertaria controvérsias? Porque, no mundo da cerveja artesanal, muitos fãs de cerveja preferem moranga em tortas, e não no copo. Mesmo entre nós há conflito: a morena é contra, a loira é a favor. Essa controvérsia vem principalmente do fato de que muitas ales de moranga parecem ter simples notas de tempero, sem o pleno sabor e a textura substanciosa de uma torta de abóbora. Aliás, essas ales não usam moranga e dependem dos temperos para criar tal ilusão. E, se esses temperos fortes lhe parecem um pouco enjoativos, então talvez as ales de moranga não sejam sua praia. Mas, convenhamos, no Dia das Bruxas e durante toda a temporada de feriados, servir cerveja caseira de moranga aos convidados é um gesto de calorosa hospitalidade.

    O segredo da ale de moranga, assim como o da torta, é maneirar nos temperos. Se o gosto de pimenta-da-jamaica ou de cravo foi tudo o que ficou em sua boca, você exagerou. Isso não significa que, nesta cerveja, a complexidade dos temperos não seja bela; as diversas camadas devem proporcionar uma experiência magnífica desde o primeiro gole até os ricos sabores, no fim.

    Moranga é um ótimo ingrediente por causa da vida dual que oferece na cozinha. Você pode assá-la e fervê-la para fabricar cerveja e depois usá-la para fazer um *cheesecake*, se tiver vontade (ver página 153). Gostamos de aproveitar nossos ingredientes ao máximo, e um *cheesecake* de moranga se enquadra perfeitamente nisso.

OUTUBRO

FAÇA: CONTROVERSIAL PUMPKIN ALE

Nível de dificuldade: promíscuo
Tipo: extrato com grãos especiais
Equipamento especial/extra: assadeira
OG desejada: 1,045
FG desejada: 1,013
IBU: 23
APV desejado: 4,3%
Copo apropriado: pint

LISTA DE COMPRA

Para mais ou menos 2½ galões
1 pacote de levedura Wyeast Whitbread 1099
1 moranga média
142 g de malte biscuit, moído
57 g de malte caramelo/cristal 60 L, moído
57 g de malte chocolate, moído
1,36 ℓ de extrato de malte âmbar líquido
21 g de lúpulos fuggles peletizados
28 g de melado
1½ colher de chá de tempero de torta de moranga

PREPARAÇÃO

- *Prepare a levedura (pelo menos 3 horas antes de começar a fazer a cerveja):* quebre o pacote de levedura whitbread ale e aqueça à temperatura ambiente. Você também pode fazer isso no dia anterior.
- Asse a moranga: lave a moranga, corte-a em quatro e remova as sementes. Coloque em uma assadeira e asse em forno pré-aquecido a 177 °C por mais ou menos 1 hora, ou até ficar mole e começar a corar. Raspe a moranga da casca e reserve aproximadamente 90 gramas em uma tigela.

INFUSÃO/BRASSAGEM

- Esquente 3,8 litros de água. Coloque os 90 gramas de moranga em um saco de grãos (amarrando as extremidades) e passe para a água. Coloque um termômetro e esquente o vasilhame até 71 °C. Desligue o fogo.
- Tire a panela do fogo. Adicione os grãos especiais (maltes biscuit, caramelo/cristal 60 L e chocolate) em um segundo saco de grãos (amarrando as extremidades) e coloque-o no vasilhame. Tampe e deixe descansar por 30 minutos.
- Prepare a água para o sparge: em um vasilhame pequeno, separado, esquente 2,8 litros de água até 77 °C.

SPARGE

- Depois de 30 minutos, remova os sacos de grãos do vasilhame. Ponha um coador grande de malha fina sobre o vasilhame. Coloque o saco de grãos no coador, abra-o e despeje devagar a água quente para o sparge, cobrindo todos os grãos. Não esprema o saco de grãos! Despeje um pouco de água no saco com a moranga também. Guarde os dois sacos para usar depois, na receita de cheesecake de moranga (ver página 153).
- Adicione ao vasilhame mais 2 galões de água.
- Reaqueça a água no vasilhame até 68 °C; desligue o fogo e adicione o extrato de malte âmbar líquido. Mexa delicadamente para que o extrato não grude no fundo do vasilhame.

FERVURA

- Leve o vasilhame ao fogo para ferver.
- Assim que a fervura começar, adicione os lúpulos Fuggles e programe o *timer* para 60 minutos. Os lúpulos dissolverão imediatamente. Mexa de vez em quando, removendo os sólidos grandes com uma colher vazada. Tome cuidado com o tão temido transbordo!

OUTUBRO

- Após desligar o fogo ao fim da fervura, adicione o melado e o tempero de torta de moranga.

INOCULAÇÃO DA LEVEDURA

- *Prepare o banho de gelo:* na pia ou em um vasilhame, prepare um banho de gelo para mergulhar e esfriar a cerveja.
- *Esfrie o mosto:* tire o vasilhame do fogo e coloque-o no banho de gelo. Coloque um termômetro higienizado no mosto e deixe esfriar até atingir 21 °C ou menos.
- *Limpe tudo:* higienize qualquer coisa que entrará em contato com a cerveja.
- *Transfira o mosto:* despeje o mosto através de um coador higienizado em um fermentador plástico de 3 a 5 galões, ou através do coador higienizado e um funil em um garrafão de vidro de 3 a 5 galões.
- *Inocule a levedura:* agite o tubo de levedura preparada, higienize o lado externo dele, abra-o e jogue todo o conteúdo no mosto resfriado, no fermentador.

FERMENTAÇÃO PRIMÁRIA

- Coloque uma tampa a vácuo equipada com o airlock (cheio de vodca) e o stopper no balde plástico, ou ponha o airlock e o stopper em um garrafão de vidro. Ou use o método do tubo blow-off (ver Capítulo 2).
- Guarde o contêiner em um lugar escuro e relativamente frio (a temperatura ideal para essa cerveja é entre 18 °C e 24 °C) por 7 a 10 dias se pretender usar a fermentação secundária, ou por 12 a 14 dias se não for usá-la.

FERMENTAÇÃO SECUNDÁRIA (RECOMENDADA)

- Verifique o seu tempero! Recomendamos o uso de um vasilhame secundário para essa receita. Você pode provar a cer-

★ 151 ★

veja neste ponto e adicionar um pouco mais de tempero para torta de moranga, se achar que precisa. Ferva ½ colher de chá desse tempero em pouca água, deixe esfriar à temperatura ambiente e adicione a mistura ao fermentador secundário.

- Usando um sifão higienizado, transfira a cerveja do fermentador primário para um balde ou garrafão de vidro de 3 a 5 galões. (Certifique-se de que o sedimento ficou para trás.)
- Ponha um airlock no contêiner secundário e deixe a cerveja descansar por pelo menos 14 dias.
- Envase e mantenha engarrafada por 14 dias, conforme descrito no Capítulo 2. Depois, refrigere-a e delicie-se!

QUEBRA DE REGRAS E DICAS

- Sim, você pode usar moranga em lata, mas recomendamos não fazer isso! Embora pareça mais fácil, a limpeza é muito pior, porque a moranga em lata é muito mole e grudenta.
- Você pode deixar de fora a parte da moranga e mesmo assim obter uma maravilhosa pumpkin ale. Na verdade, são os temperos que dão a característica de torta de moranga a esta cerveja. Se você disser às pessoas que colocou moranga na receita, elas acreditarão.
- Não é preciso infundir os grãos, se você não quiser; nesse caso, deixe de fora também a moranga. Coloque 113 gramas de extrato seco ou mel no lugar.
- Se você não tiver tempero para torta de moranga, misture pimenta-da-jamaica, noz-moscada, canela e gengibre a gosto.

CERVEJEIROS PROFISSIONAIS QUE SERVEM DE MODELO

- **Punkin Ale:** Dogfish Head Craft Brewery, Milton, Delaware. Uma grande brown ale com notas de moranga, açúcar mascavo e temperos de torta de moranga. APV: 7%.
- **Pumpkin Ale:** Kern River Brewing Co., Kern River, Califórnia. Uma ale sazonal feita com moranga de verdade e um toque de pimenta-da-jamaica. Seca no fim, com nota de tempero. APV: 6%.

★ 152 ★

OUTUBRO

- **The Great Pumpkin:** Elysian Brewing Co., Seattle, Washington. Aroma inicial intenso de moranga, açúcar e tempero, com um caloroso caráter de pão torrado do malte. APV: 8,1%.

PARA ACOMPANHAR

Controversial Pumpkin Cheescake com crosta de grão reutilizado (serve 8 pessoas)

Crosta
½ xícara de gengibre ralado
½ xícara de grãos macerados
½ colher de sopa de açúcar granulado
1 colher de sopa de manteiga com sal, amolecida

Recheio
Quatro pacotes de 227 gramas de queijo cremoso, amolecido
1 xícara de açúcar mascavo light em pacote
1 xícara de moranga macerada bem escorrida, em purê
1 colher de chá de extrato de baunilha
½ colher de chá de canela em pó
¼ de colher de chá de gengibre ralado
¼ de colher de chá de pimenta-da-jamaica moída
⅛ de colher de chá de noz-moscada ralada
¼ de colher de chá de sal
4 ovos grandes à temperatura ambiente
¼ de xícara de creme azedo

Ajuste o forno para médio e pré-aqueça em 177 °C. Com papel-alumínio, enrole o lado externo de uma panela com fundo removível, para impedir o vazamento de água mais tarde. Unte levemente o fundo e as laterais da panela.

Para fazer a crosta: em um processador, bata o gengibre, os grãos macerados e o açúcar granulado até ficarem mais ou menos moídos. Adicione a manteiga e bata até misturar. Pressione a mistura no fundo da panela preparada. Asse por 10 minutos. Deixe esfriar. Diminua o forno para 163 °C e esquente duas xícaras de água em uma panela, sem deixar ferver.

Para fazer o recheio: em uma tigela grande, bata o queijo cremoso até ficar macio. Adicione o açúcar mascavo e continue batendo até afofar. Adicione a moranga, a baunilha, a canela, o gengibre, a pimenta-da-jamaica, a noz-moscada e o sal; misture bem. Adicione os ovos, um por vez, batendo até misturar tudo. Coloque o creme azedo e misture bem.

Despeje a mistura sobre a crosta já fria. Ponha a panela em uma assadeira grande, coloque-a na grelha do forno e adicione água quente à assadeira, tomando cuidado para não transbordar (do contrário, irá derramar quando você puxar a grelha!). Asse por 1 hora. Desligue o fogo, mas deixe o *cheesecake* no forno por mais 1 hora. Fure com um palito de dente para saber se o *cheesecake* está pronto.

Sirva com um pint de Controversial Pumpkin Ale!

8

 **NOVEMBRO**

Carne assada | Jantares em família | Beber em frente à lareira

> *Suas cervejas caseiras de novembro*
> BROWN ALE COM NOZ-PECÃ: doce e com gosto de noz; nota de caramelo e biscoito.
> PALE BELGA COM CRANBERRY: terrígena e seca, com um leve toque de cranberry azedo.
> SAGE CHESTNUT ESB: ale maltosa, com gosto de nozes, um bom equilíbrio de lúpulos e notas herbáceas de sálvia.

Para acompanhar
Recheio de Sage Chestnut ESB.

No hemisfério Sul, corresponde ao mês de maio (outono). Se quiser saber quais são as bebidas apropriadas para novembro (primavera) no hemisfério Sul, consulte o "Capítulo 14. Maio".

Novembro é o começo do ataque às comidas pesadas, do frio (no hemisfério norte). As cervejas deste mês se concentram em ingredientes que você provavelmente usa na comida de celebrações em família. Elas devem combinar com pratos tradicionais. Ficamos sentimentais em novembro e dezembro e gostamos de "marinar" nesse sentimento. Pode nos chamar de antiquadas. É a época perfeita para cervejas reconfortantes que expressam os sabores da temporada. Não é o momento para ales carregadas de lúpulos, mas sim de toques maltosos e de nozes, aromas herbáceos e frutados ricos. Aproveite esses sabores e esqueça o impacto do lúpulo pelo menos por um mês.

Estas cervejas também são um alento para sua família e seus amigos. Sirva sua cerveja caseira em jantares de família e talvez você não precise ouvir os costumeiros: "O que você quer da vida, afinal?" ou "Quando vai se casar?". Bem, pelo menos, você terá uma deliciosa cerveja para beber durante as brigas.

CERVEJA CASEIRA DE NOVEMBRO 1

Brown Ale com Noz-Pecã

FAÇA ESTA CERVEJA SE VOCÊ GOSTA DE: ales com gosto de noz, cerveja com baixa IBU, sabores sutis, torta de noz-pecã, cervejas fáceis de beber.

COMBINA COM: É preciso dizer? Torta de noz-pecã, bolo de baunilha, salmão glaceado e *pad Thai*.

COMENTÁRIOS SOBRE ESTILO E FABRICAÇÃO

A brown ale é um estilo inglês de cerveja que difere um pouco de uma extra special bitter (ESB) ou uma pale ale; ela se concentra mais nos toques maltosos doces de nozes e caramelo. A presença dos lúpulos é menor; eles são apenas um pano de fundo para o malte. São os lúpulos que não deixam a cerveja ficar doce demais, mas as brown ales possuem um forte sabor de *toffee*. Geralmente, elas têm baixo teor alcoólico – portanto, você pode beber um pouco mais.

Nozes são, de modo geral, um bom acompanhamento para as brown ales. Você notará uma referência constante a elas (*nuts*) no nome das cervejas, como, por exemplo, no caso da Rogue's Hazelnut Brown. Na verdade, não acrescentamos torta de noz-pecã à fervura (embora você possa fazer isso, por que não?), apenas pecãs assadas; também usamos um malte Biscuit e melado, que criam uma ale doce, nucular, sutil, com um leve toque de nozes.

Ao colocar nozes ou castanhas em uma receita de cerveja, é importante lembrar que elas conferem um sabor muito sutil; por isso, não espere o sabor forte da noz-pecã no produto final. Cuidado com os óleos que essas frutas contêm, pois eles podem estragar a retenção de espuma. Daí a importância de assá-las.

Nossa primeira experiência com adição de nozes a uma cerveja caseira foi durante uma visita à Sierra Nevada Brewing Co., em Chico, Califórnia. Fomos convidadas para uma excursão com vários entusiastas de cerveja durante um programa chamado Beer Camp e fabricamos uma cerveja com amêndoas assadas no local, a Almond Märzen Project. O resultado final foi uma märzen deliciosa, fácil de beber, com notas maltosas. As amêndoas eram sutis, mas estavam presentes. Participar desse processo nos incentivou a criar nossa própria ale com nozes. Também já tínhamos provado, durante uma sessão de autógrafos no New Orleans on Tap, um festival de cerveja que expõe produções locais. As nozes-pecã são um ingrediente tradicional do Sul dos Estados Unidos, e suas cervejas combinam com pratos sulistas, acrescentando um toque doce, torrado.

Loucos por cerveja (*Beer Nutz*)
Nozes e cerveja formam uma combinação clássica de petiscos. Resolvemos uni-las usando a cerveja como cobertura para pecãs assadas e temperadas. São petiscos deliciosos para os feriados.

1 clara de ovo, levemente batida
½ xícara de brown ale com noz-pecã
1½ colher de chá de sal
2 xícaras de nozes-pecã (experimente também amêndoas ou nozes comuns!)

Mistura de temperos
⅓ de xícara de açúcar granulado
2 colheres de chá de canela em pó
1 colher de chá de gengibre ralado
1 colher de chá de sal

Pré-aqueça o forno a 149 °C. Misture a clara de ovo, a cerveja e 1½ de chá de sal em uma tigela média e mergulhe as nozes na mistura por 5 minutos. Enquanto isso, faça a mistura de temperos em uma tigela grande, com açúcar, canela, gengibre e 1 colher de chá de sal.
Escorra as nozes e adicione-as à mistura de temperos, cobrindo bem. Espalhe as nozes em uma única camada na assadeira forrada com papel-manteiga. Asse no centro do forno por 30 minutos, ou até que a cobertura não esteja mais grudenta. Verifique constantemente, balançando a panela uma ou duas vezes enquanto cozinha, para não queimar. Deixe esfriar por 10 minutos e sirva.

FAÇA: BROWN ALE COM NOZ-PECÃ

Nível de dificuldade: secundarista
Tipo: extrato com grãos especiais
Equipamento especial/extra: assadeira
OG desejada: 1,045
FG desejada: 1,011
IBU: 23
APV desejado: 4,5%
Copo apropriado: pint

LISTA DE COMPRA

Para mais ou menos 2½ galões
340 g de noz-pecã, sem casca
1 pacote de levedura Wyest British Ale 1098
170 g de malte caramelo/cristal 60 L, moído
113 g de malte biscuit, moído

NOVEMBRO

57 g de malte chocolate, moído
1,36 ℓ de extrato de malte pale líquido
28 g de melado
21 g de lúpulos fuggles peletizados

PREPARAÇÃO

- *Prepare as nozes-pecã (2 ou 3 dias antes):* o objetivo aqui é remover a maior parte do óleo das nozes. Ele não é bom para a cerveja e estraga a retenção de espuma. Espalhe as nozes sobre uma assadeira e asse no forno a 177 °C por 15 a 20 minutos. Tire-as da panela e espalhe-as sobre folhas de papel-toalha para esfriar; o papel absorve os óleos. Pique as nozes em pedaços e asse novamente por 15 a 20 minutos. Mais uma vez, espalhe-as sobre papel-toalha para absorver o óleo. Asse mais quatro vezes, tomando cuidado para não queimar as nozes. Não se assuste se elas ficarem um pouco enfumaçadas. Deixe-as em papel-toalha ou em um saco de papel por 2 a 3 dias antes de usá-las para fazer a cerveja.
- *Prepare a levedura (pelo menos 3 horas antes de começar a fazer a cerveja):* quebre o pacote de levedura British Ale e esquente à temperatura ambiente. Você também pode fazer isso no dia anterior.

INFUSÃO/BRASSAGEM

- Esquente 3,8 litros de água. Coloque um termômetro e esquente o vasilhame até 71 °C. Desligue o fogo.
- Adicione os grãos especiais (maltes caramelo/cristal 60 L, biscuit e chocolate) e as nozes-pecã assadas no saco de grãos (amarrando as extremidades) e coloque-o no vasilhame. Tampe e deixe descansar por 30 minutos.
- Prepare a água para o sparge: em um vasilhame pequeno, separado, esquente 1,9 litros de água à temperatura de 77 °C.

★ 159 ★

SPARGE

- Depois de 30 minutos, remova o saco de grãos do vasilhame. Ponha um coador grande de malha fina sobre o vasilhame. Coloque o saco de grãos no coador, abra-o e despeje devagar a água quente para o sparge, cobrindo todos os grãos. Não esprema o saco de grãos! Remova o saco e jogue-o fora.
- Adicione ao vasilhame mais 2 galões de água.
- Reaqueça a água no vasilhame até 68 ºC; desligue o fogo e adicione o extrato de malte pale líquido. Mexa delicadamente para que o extrato não grude no fundo do vasilhame.

FERVURA

- Leve o vasilhame ao fogo para ferver.
- Assim que a fervura começar, adicione os lúpulos fuggles e programe o *timer* para 60 minutos. Os lúpulos dissolverão imediatamente. Mexa de vez em quando, removendo os sólidos grandes com uma colher vazada. Tome cuidado com o tão temido transbordo!
- Após desligar o fogo ao fim da fervura, adicione o melado.

INOCULAÇÃO DA LEVEDURA

- *Prepare o banho de gelo:* na pia ou em um vasilhame, prepare um banho de gelo para mergulhar e esfriar a cerveja.
- *Esfrie o mosto:* tire o vasilhame do fogo e coloque-o no banho de gelo. Coloque um termômetro higienizado no mosto e deixe esfriar até atingir 21 ºC ou menos.
- *Limpe tudo:* higienize qualquer coisa que entrará em contato com a cerveja.
- *Transfira o mosto:* despeje o mosto através de um coador higienizado em um fermentador plástico de 3 a 5 galões, ou através do coador higienizado e um funil em um garrafão de vidro de 3 a 5 galões.

NOVEMBRO

- *Inocule a levedura:* agite o tubo de levedura preparada, higienize o lado externo dele, abra-o e jogue todo o conteúdo no mosto resfriado, no fermentador.

FERMENTAÇÃO PRIMÁRIA

- Coloque uma tampa a vácuo equipada com o airlock (cheio de vodca) e o stopper no balde plástico, ou ponha o airlock e o stopper em um garrafão de vidro. Ou use o método do tubo blow-off (ver Capítulo 2).
- Guarde o contêiner em um lugar escuro e relativamente frio (a temperatura ideal para essa cerveja é entre 18 °C e 24 °C) por 7 a 10 dias se pretender usar a fermentação secundária, ou por 12 a 14 dias se não for usá-la.

FERMENTAÇÃO SECUNDÁRIA (OPCIONAL)

- Usando um sifão higienizado, transfira a cerveja do fermentador primário para um balde ou garrafão de vidro de 3 a 5 galões. (Certifique-se de que o sedimento ficou para trás.)
- Ponha um airlock no contêiner secundário e deixe a cerveja descansar por mais 14 dias.
- Envase e mantenha engarrafada por 14 dias, conforme descrito no Capítulo 2. Depois, refrigere-a e delicie-se!

QUEBRA DE REGRAS E DICAS

- Mesmo que você não use as nozes-pecã, terá uma boa brown ale ao estilo inglês, com gosto de noz, que combina bem com torta de noz-pecã.

CERVEJEIROS PROFISSIONAIS QUE SERVEM DE MODELO

- **Southern Pecan Nut Brown Ale:** Lazy Magnolia Brewing Co., Kiln, Mississipi. Fabricada com pecãs inteiras, assadas. Elas são usadas como se fossem grãos e acrescentam sabor e profundidade à cerveja. Notas de caramelo e sabor de nozes, com baixo teor de lúpulo. APV: 4,39%.
- **Pecan Harvest Ale:** Abita Brewing Co., Abita Springs, Louisiana. Feita com pecãs da Louisiana, assadas. Os óleos naturais das nozes proporcionam fim e aroma leves de pecã. APV: 5%.
- **Hazelnut Brown Nectar:** Rogue Ales, Newport, Oregon. Uma brown ale europeia tradicional com aroma de avelã, gosto doce de noz, suave no fim. APV: 6,2%.

CERVEJA CASEIRA DE NOVEMBRO 2

Pale Belga com Cranberry

FAÇA ESTA CERVEJA SE VOCÊ GOSTA DE: ales belgas terrígenas, um pouco de tempero e fruta, molho de cranberry no peru, um toque meio ácido.

COMBINA COM: peru, recheio, faisão, molho de cranberry, *noodle kugel*.

COMENTÁRIOS SOBRE ESTILO E FABRICAÇÃO

A versão belga da pale ale é muito diferente da norte-americana. Os belgas dão menos ênfase aos lúpulos amargos, de pinho, e mais aos toques complexos de tempero, fruta, frutas cítricas, pimenta e terra. Achamos que essa diferença é boa para os pratos servidos em novembro no hemisfério norte. O gosto terrígeno de uma pale ale belga é suficientemente equilibrado para que ela acompanhe frango ou peru assado sem dominar os sabores da comida. Adicionamos um ingrediente estranho a essa receita: cranberry. O caráter um tanto azedo da fruta e o tempero da cerveja se combinam para criar uma bebida perfeita para refeições em família. É mais comum acrescentar frutas azedas a cervejas azedas, como as lambics ou uma berliner weisse, mas resolvemos arriscar – e valeu a pena. Seus familiares que não amam cerveja, mas que tomariam um coquetel azedo, apreciarão essa fabricação caseira.

Às vezes, fazemos 5 galões desta receita e fermentamos metade com o cranberry e metade sem fruta alguma. Assim, temos uma boa seleção de cervejas para a mesa de uma celebração: uma terrígena, temperada e seca; outra terrígena com um toque de frutas azedas.

FAÇA: PALE BELGA COM CRANBERRY

Nível de dificuldade: promíscuo
Tipo: extrato com grãos especiais
Equipamento especial/extra: panela para cozinhar a vapor, liquidificador de imersão
OG desejada: 1,052
FG desejada: 1,013
IBU: 24
APV desejado: 5,1%
Copo apropriado: tulipa ou lágrima

LISTA DE COMPRA

Para mais ou menos 2½ galões
1 pacote de levedura Wyeast Belgian Ardennes 3522
85 g de malte belga aromático, moído
113 g de malte biscuit belga, moído
170 g de malte CaraMunich belga, moído
1,13 ℓ de extrato de malte briess pilsen light líquido
454 mℓ de extrato de malte âmbar líquido
14 g de lúpulos saaz peletizados
9 g de lúpulos styrian goldings peletizados
7 g de lúpulos fuggles peletizados
1,13 kg de cranberries frescos

PREPARAÇÃO

- *Prepare a levedura (pelo menos 3 horas antes de começar a fazer a cerveja):* quebre o pacote de levedura Belgian Ardennes e aqueça à temperatura ambiente. Você também pode fazer isso no dia anterior.

INFUSÃO/BRASSAGEM

- Esquente 2,8 litros de água. Coloque um termômetro e esquente o vasilhame até71 °C. Desligue o fogo.
- Adicione os grãos especiais (maltes belga aromático, biscuit e CaraMunich) no saco de grãos (amarrando as extremidades) e coloque-o no vasilhame. Tampe e deixe descansar por 30 minutos.
- Prepare a água para o sparge: em um vasilhame pequeno, separado, esquente 2,8 litros de água até 77 °C.

SPARGE

- Depois de 30 minutos, remova o saco de grãos do vasilhame. Ponha um coador grande de malha fina sobre o vasilhame. Coloque o saco de grãos no coador, abra-o e despeje devagar a água quente para o sparge, cobrindo todos os grãos. Não esprema o saco de grãos! Remova o saco e jogue-o fora.
- Adicione ao vasilhame mais 2 galões de água.
- Reaqueça a água no vasilhame até 68 °C; desligue o fogo e adicione os extratos de malte pilsen light e âmbar líquidos. Mexa delicadamente para que o extrato não grude no fundo do vasilhame.

FERVURA

- Leve o vasilhame ao fogo para ferver.
- Assim que a fervura começar, faça a primeira adição de lúpulos, os saaz, e programe o *timer* para 60 minutos. Os lúpulos

dissolverão imediatamente. Mexa de vez em quando, removendo os sólidos grandes com uma colher vazada. Tome cuidado com o tão temido transbordo!

- Aos 30 minutos (ou seja, quando ainda restarem 30 minutos de fervura), faça a segunda adição de lúpulos, os styrian goldings.
- Aos 55 minutos (ou seja, quando ainda restarem 5 minutos de fervura), faça a terceira adição de lúpulos, os fuggles.

INOCULAÇÃO DA LEVEDURA

- *Prepare o banho de gelo:* na pia ou em um vasilhame, prepare um banho de gelo para mergulhar e esfriar a cerveja.
- *Esfrie o mosto:* tire o vasilhame do fogo e coloque-o no banho de gelo. Coloque um termômetro higienizado no mosto e deixe esfriar até atingir 21 °C ou menos.
- *Limpe tudo:* higienize qualquer coisa que entrará em contato com a cerveja.
- *Transfira o mosto:* despeje o mosto através de um coador higienizado em um fermentador plástico de 3 a 5 galões, ou através do coador higienizado e um funil em um garrafão de vidro de 3 a 5 galões.
- *Inocule a levedura:* agite o tubo de levedura preparada, higienize o lado externo dele, abra-o e jogue todo o conteúdo no mosto resfriado, no fermentador.

FERMENTAÇÃO PRIMÁRIA

- Coloque uma tampa a vácuo equipada com o airlock (cheio de vodca) e o stopper no balde plástico, ou ponha o airlock e o stopper em um garrafão de vidro. Ou use o método do tubo blow-off (ver Capítulo 2).
- Guarde o contêiner em um lugar escuro e relativamente frio (a temperatura ideal para essa cerveja é entre 18 °C e 24 °C) por 7 a 10 dias.

FERMENTAÇÃO SECUNDÁRIA E ADIÇÃO DE CRANBERRY

- Congele o cranberry pelo menos 24 horas antes de transferir a cerveja para o fermentador secundário; isso garante que ele esteja totalmente duro. No dia de transferir, tire as frutas e esquente-as no vapor, em uma panela dupla. Encha o fundo da panela com água o bastante para mergulhar os cranberries depois de fervidos. Cozinhe no vapor por 5 minutos e jogue as frutas na água fervente. Desligue o fogo e, usando um liquidificador de imersão, misture devagar. Não faça um purê com todos os cranberries; deixe alguns sólidos. Deixe em banho-maria por 10 a 15 minutos. Esfrie à temperatura ambiente.
- Passe a mistura de cranberry fria para um segundo balde ou garrafão de vidro de 3 a 5 galões. Usando um sifão higienizado, transfira a cerveja do fermentador primário para esse segundo vasilhame. (Certifique-se de que o sedimento ficou para trás.)
- Ponha um airlock no contêiner secundário e deixe a cerveja descansar por 14 dias.

FERMENTAÇÃO TERCIÁRIA (NECESSÁRIA)

- Usando um sifão higienizado, transfira a cerveja do fermentador secundário para um balde ou garrafão de vidro de 3 a 5 galões. (Certifique-se de que o sedimento e a maior parte da polpa de cranberry ficaram para trás.)
- Ponha um airlock no contêiner secundário e deixe a cerveja descansar por mais 2 ou 3 semanas.
- Envase e mantenha engarrafada por 14 dias, conforme descrito no Capítulo 2. Depois, refrigere-a e delicie-se!

QUEBRA DE REGRAS E DICAS

- Para uma saída fácil, use suco de cranberry em vez da fruta. Depois da fermentação primária, adicione 227 gramas de suco de cranberry orgânico à temperatura ambiente (100% suco, sem açúcar). Depois de dois dias, envase.

CERVEJA CASEIRA DE NOVEMBRO 3

Sage Chestnut ESB

FAÇA ESTA CERVEJA SE VOCÊ GOSTA DE: ales maltosas, peru recheado, aromaticidade herbácea, cervejas incomuns.

COMBINA COM: peru assado, frango assado, costeletas feitas com cerveja, ravióli de moranga e sálvia, sopa de castanha.

COMENTÁRIOS SOBRE ESTILO E FABRICAÇÃO

ESB significa extra special bitter – embora esta cerveja não seja especialmente "extra", nem "especial", nem amarga. Trata-se de um estilo britânico de ale que recebeu esse nome para se diferenciar da best bitter, que é uma bebida de teor alcoólico mais baixo, parecida com uma pale ale. A inclusão de "best" (*a melhor*) no nome é uma referência ao uso dos melhores ingredientes disponíveis. As ESBs costumam ser mais secas do que as brown ales, mas não tão amargas quanto as IPAs. Nós as adoramos por causa do equilíbrio e do teor alcoólico moderado. Elas são perfeitas para beber à tarde.

A sálvia geralmente é associada à comida de inverno – é principalmente usada como ingrediente do recheio do peru. Gostamos de fazer esta cerveja para jantares em família e a acrescentamos ao recheio (página 172). O sabor herbáceo da sálvia é incomum em bebidas, mas nós o adoramos. Em contraste com o fundo maltoso das nozes e dos lúpulos herbáceos, a sálvia cria uma bebida complexa que cai bem em climas frios. Como fãs de caminhadas no deserto, nós sentimos a onda de sálvia como uma lembrança bem-vinda das lindas paisagens desérticas. A primeira cerveja com sálvia que provamos foi a Triple White Sage da Craftsman Brewing Co., que Mark Jilg, proprietário e mestre-cervejeiro, fabrica com sálvia colhida a mão nas colinas de Pasadena. Uma verdadeira *cult* na Califórnia e uma homenagem à vida vegetal nativa. Há muito tempo, a sálvia é usada por suas propriedades medicinais como tônico e também para afastar maus espíritos; assim, gostamos de queimar um pouco de sálvia enquanto fazemos esta cerveja, para purificar a ar e entrar no clima. A sálvia era uma das várias ervas, flores e plantas utilizadas para equilibrar o dulçor nos velhos tempos de fabricação doméstica de cerveja, antes da popularização do uso dos lúpulos.

A castanha (que não deixa de ser uma fruta) é um complemento perfeito para o caráter do malte usado nesta receita de ESB. É um dos alimentos mais antigos do planeta e é mais parecida com batata-doce em textura do que qualquer outra fruta. A natureza doce das castanhas assadas ou fervidas se assemelha com o aroma que você sentirá no mosto. Não é preciso assá-las em fogo aberto (embora seja superautêntico); mas é importante usar castanhas assadas na cerveja, já que castanhas cruas têm uma qualidade tânica indesejável e, assim como as pecãs na brown ale com noz-pecã, acrescentam óleo excessivo ao produto.

FAÇA: SAGE CHESTNUT ESB

Nível de dificuldade: promíscuo
Tipo: mistura parcial
Equipamento especial/extra: assadeira
OG desejada: 1,055
FG desejada: 1,016
IBU: 35
APV desejado: 5,1%
Copo apropriado: pint

LISTA DE COMPRA

Para mais ou menos 2½ galões
1 pacote de levedura Wyeast London ESB Ale 1968
454 g de castanhas secas assadas
680 g de malte pale de duas fileiras, moído
227 g de malte biscuit, moído
170 g de malte caramelo/cristal 40 L, moído
170 g de malte caramelo/cristal 20 L, moído
57 g de malte briess chocolate (duas fileiras), moído
908 mℓ de extrato de malte golden líquido
28 g de lúpulos fuggles peletizados
7 g de lúpulos East Kent Goldins peletizados

NOVEMBRO

28 g de lúpulos fuggles peletizados
4 g de folhas de sálvia frescas (*Artemisia tridentate*), ou sálvia do deserto

PREPARAÇÃO

- *Prepare a levedura (pelo menos 3 horas antes de começar a fazer a cerveja):* quebre o pacote de levedura London ESB e aqueça à temperatura ambiente. Você também pode fazer isso no dia anterior.
- Prepare as castanhas: é quase o mesmo processo descrito na página 168 para as nozes-pecã, mas aqui não é preciso assar tanto, porque as castanhas têm menos óleo. Pré-aqueça o forno a 177 °C. Com uma faca afiada, faça um X na casca de cada castanha para removê-la mais facilmente ao assar. Espalhe as castanhas em uma assadeira e asse por 15 minutos. Esfrie em papel-toalha para absorver o óleo. Tire as castanhas da casca e pique-as em pedaços; asse novamente por mais 15 minutos. Esfrie em papel-toalha ou em um saco de papel para absorver o óleo.

INFUSÃO/BRASSAGEM

- Esquente 3,8 litros de água. Coloque um termômetro e esquente o vasilhame até 71 °C. Desligue o fogo.
- Adicione os grãos (maltes pale de duas fileiras, biscuit, caramelo/cristal 40 L, caramelo/cristal 20 L e briess de duas fileiras) no saco de grãos (amarrando as extremidades) e as castanhas em outro saco de grãos (amarrando as extremidades); coloque tudo no vasilhame. Tampe e deixe descansar por 60 minutos, mantendo a temperatura em 68 °C. Ligue o fogo algumas vezes se necessário.
- Prepare a água para o sparge: em um vasilhame pequeno, separado, esquente 3,8 litros de água até 77 °C.

★ 169 ★

SPARGE

- Depois de 60 minutos, remova os dois sacos do vasilhame. Ponha um coador grande de malha fina sobre o vasilhame. Coloque o saco de grãos no coador, abra-o e despeje devagar a água quente para o sparge, cobrindo todos os grãos. Não esprema o saco de grãos! Despeje um pouco de água sobre o saco de castanhas também. Remova os sacos.
- Adicione ao vasilhame mais 2 galões de água.
- Reaqueça a água no vasilhame até 68 °C; desligue o fogo e adicione o extrato de malte golden líquido. Mexa delicadamente para que o extrato não grude no fundo do vasilhame.

FERVURA

- Leve o vasilhame ao fogo para ferver.
- Assim que a fervura começar, faça a primeira adição de lúpulos, 14 gramas de fuggles, e programe o *timer* para 60 minutos. Os lúpulos dissolverão imediatamente. Mexa de vez em quando, removendo os sólidos grandes com uma colher vazada. Tome cuidado com o tão temido transbordo!
- Aos 45 minutos (ou seja, quando ainda restarem 15 minutos de fervura), faça a segunda adição de lúpulos, os East Kent Goldings.
- Aos 58 minutos (ou seja, faltando 2 minutos de fervura), faça a terceira adição de lúpulos, mais 14 gramas de fuggles.
- Após desligar o fogo ao fim da fervura, adicione a sálvia.

INOCULAÇÃO DA LEVEDURA

- *Prepare o banho de gelo:* na pia ou em um vasilhame, prepare um banho de gelo para mergulhar e esfriar a cerveja.
- *Esfrie o mosto:* tire o vasilhame do fogo e coloque-o no banho de gelo. Coloque um termômetro higienizado no mosto e deixe esfriar até atingir 21 °C ou menos.
- *Limpe tudo:* higienize qualquer coisa que entrará em contato com a cerveja.

- *Transfira o mosto:* despeje o mosto através de um coador higienizado em um fermentador plástico de 3 a 5 galões, ou através do coador higienizado e um funil em um garrafão de vidro de 3 a 5 galões.
- *Inocule a levedura:* agite o tubo de levedura preparada, higienize o lado externo dele, abra-o e jogue todo o conteúdo no mosto resfriado, no fermentador.

FERMENTAÇÃO PRIMÁRIA

- Coloque uma tampa a vácuo equipada com o airlock (cheio de vodca) e o stopper no balde plástico, ou ponha o airlock e o stopper em um garrafão de vidro. Ou use o método do tubo blow-off (ver Capítulo 2).
- Guarde o contêiner em um lugar escuro e relativamente frio (a temperatura ideal para essa cerveja é entre 18 °C e 22 °C) por 7 a 10 dias se pretender usar a fermentação secundária, ou por 12 a 14 dias se não for usá-la.

FERMENTAÇÃO SECUNDÁRIA (OPCIONAL)

- Este é um bom momento para provar a cerveja e ver como estão os sabores. Se quiser mais gosto de sálvia, ferva um pouco dela em um saquinho de grãos pequeno, em pouca água, e adicione ao fermentador secundário.
- Usando um sifão higienizado, transfira a cerveja do fermentador primário para um balde ou garrafão de vidro de 3 a 5 galões. (Certifique-se de que o sedimento ficou para trás.)
- Ponha um airlock no contêiner secundário e deixe a cerveja descansar por pelo menos 14 dias.
- Envase e mantenha engarrafada por 14 dias, conforme descrito no Capítulo 2. Depois, refrigere-a e delicie-se!

QUEBRA DE REGRAS E DICAS

- Você pode comprar castanhas secas em vez de assá-las. Adicione-as aos grãos infundidos.
- Também pode usar sálvia culinária seca em vez de sálvia do deserto; o sabor será um pouco mais fraco.
- Se quiser, use licor de castanha na cerveja em vez de castanhas mesmo (uma ligeira tapeação). Adicione-o durante a fervura. Prove uma gota da cerveja em um copo de amostra para saber quanto de licor deve acrescentar.

CERVEJEIROS PROFISSIONAIS QUE SERVEM DE MODELO

- **Anvil ESB:** AleSmith Brewing Co., San Diego, Califórnia. Uma ESB ao estilo norte-americano, com substanciosos toques torrados de malte e equilíbrio dos lúpulos. APV: 5,5%.
- **Mammoth IPA 395:** Mammoth Brewing Co., Mammoth Lakes, Califórnia. Nomeada em homenagem à Rota 395, essa grande IPA celebra os aromas de lúpulos, sálvia do deserto e junípero das montanhas, próprio da região. APV: 8%.
- **Triple White Sage:** Craftsman Brewing Co., Pasadena, Califórnia. Uma triple ao estilo belga complexa e terrígena, com grandes sabores e aroma de sálvia. Uma das favoritas. APV: 9%.

PARA ACOMPANHAR

Recheio de Sage Chestnut ESB (serve 8 pessoas)

454 g de pão branco, velho ou seco no forno a 93 °C, cortado em cubos de 2,5 cm

1 cebola amarela grande, picada

3 talos de aipo grandes, picados

¼ de xícara de manteiga com sal

1 xícara de Sage Chestnut ESB

NOVEMBRO

1 colher de chá de sálvia seca
1 colher de chá de tomilho
½ colher de chá de pimenta-do-reino recém-moída
½ xícara de castanhas picadas, cozidas
2 ovos grandes
½ xícara de caldo de galinha
1 colher de chá de sal

Pré-aqueça o forno a 191 °C. Unte com manteiga uma assadeira de 23 × 33 cm. Coloque os cubinhos de pão em uma tigela grande.

Em uma frigideira grande, cozinhe a cebola e o aipo em fogo médio-baixo na manteiga, até ficarem quase transparentes. Adicione ½ xícara da cerveja e deixe em banho-maria até metade do líquido cozinhar. Adicione a sálvia, o tomilho, a pimenta e as castanhas; cozinhe até esquentar. Despeje a mistura sobre os cubos de pão, mexendo para combinar.

Em uma tigela média, bata os ovos com a ½ xícara restante da cerveja, o caldo de galinha e sal. Despeje a mistura de ovos sobre a de pão e combine tudo.

Despeje essa mistura na assadeira preparada. Se o recheio parecer seco, adicione mais ½ xícara de caldo ou de cerveja. Cubra com papel-alumínio e asse por 30 minutos. Tire o papel-alumínio e asse por mais 10 minutos ou até a parte de cima começar a corar.

Sirva com um copo de Sage Chestnut ESB ou pale belga com cranberry, ou ambas!

9

 **DEZEMBRO**

Muitos presentes | Potes grandes de biscoitos | Bebibas temperadas em frente à lareira | Alguma coisa quentinha e confortável

Suas cervejas caseiras de dezembro
PORTER TEMPERADA DE INVERNO: notas de chocolate e café, com sabores audazes de pimenta-da-jamaica, alcaçuz, gengibre e casca de laranja.
DUBBEL COM FIGO E CRAVO: notas de fruta escura (figo, ameixa, uva, uva-passa e outras frutas de casca escura) e cravo, com um fim seco.
ALPINE JUNIPER BRAGGOT: uma ale escandinava com hidromel, fermentada com frutinhas de junípero.

Para comer
Chutney com Dubbel com Figo e Cravo.

No hemisfério Sul, corresponde ao mês de junho (inverno). Se quiser saber quais são as bebidas apropriadas para dezembro (verão) no hemisfério Sul, consulte o "Capítulo 3. Junho".

Chegou a nossa temporada favorita de cervejas! Dezembro oferece todas as desculpas para comer demais, beber demais, comprar demais e viver em excesso. Passamos as noites de inverno em *pubs*, onde a resposta inevitável à pergunta "E aí, vai mais uma rodada?" é um retumbante "Claro!". Criamos estas receitas pensando nos substanciosos pratos típicos de dezembro. Adoramos servir essas cervejas em jantares com a família e combiná-las com os pratos. Já chegamos até a abrir uma efervescente dubbel ao estilo belga no lugar de champanhe em uma festa de Ano Novo (claro que bebemos champanhe também). Dezembro é o mês de dar cervejas caseiras de presente. Mostre o seu novo talento e dê um presente feito com amor.

A primeira cerveja de dezembro é a Porter Temperada de Inverno, uma cerveja escura de inverno cheia de notas de chocolate, frutas escuras, café, baunilha, anis e casca de laranja. A segunda cerveja é uma dubbel ao estilo belga redonda e com notas de figo e tempero. Por fim, temos a receita de uma ale de hidromel fácil, chamada braggot. Essa delícia é feita com partes iguais de mel e grãos e remonta às longínquas celebrações do solstício em épocas pagãs. Perfeita para as noites de dezembro e para todos vocês, pagãos espalhados por aí.

CERVEJA CASEIRA DE DEZEMBRO 1

Porter Temperada de Inverno

FAÇA ESTA CERVEJA SE VOCÊ GOSTA DE: bolo de frutas, café com leite e canela, vinho quente, anis estrelado.

COMBINA COM: cookies de chocolate, pudim de figo, bolo de fruta e ganso assado.

COMENTÁRIOS SOBRE ESTILO E FABRICAÇÃO

A porter é uma ale cujo nome vem dos antigos carregadores de Londres, que gostavam muito desse estilo. Ela costuma apresentar características muito próximas das stouts. Na verdade, a palavra "stout" era uma referência a uma porter mais forte, como em Guinness Stout Porter, o nome original da cerveja. Hoje, os dois estilos são quase idênticos.

Você pode fazer uma porter e chamá-la de stout, e ninguém notará a diferença.

As porters usam malte que confere sabores de chocolate e de café torrado, tipicamente secos no fim. A nossa porter leva ingredientes que lhe dão uma personalidade própria dos feriados. Assim como no caso da Controversial Pumpkin Ale (página 147), você deve tomar cuidado para que os temperos da porter ou stout não a dominem; entretanto, o perfil de malte mais escuro destas cervejas suporta temperos mais fortes melhor do que a base de brown ale. As notas de café e de chocolate são grandes e audazes; por isso mesmo, uma mão mais pesada com temperos é bem-vinda. Os sabores dominantes vêm dos grãos torrados, do anis e da pimenta-da-jamaica, mas nós acrescentamos baunilha, casca de laranja e gengibre para enfatizar tons mais doces.

Nada é mais confortante do que enfiar o nariz na fervura dessa receita. Não sabemos o que você está pensando de nós agora, mas... é quentinho, e os toques de casca de laranja e de tempero nos fazem sentir como se estivéssemos de férias. Os lúpulos conferem aquele tom de verde que nos lembra árvores decoradas e noites frias de inverno.

FAÇA: PORTER TEMPERADA DE INVERNO

Nível de dificuldade: secundarista
Tipo: extrato com grãos especiais
Equipamento especial/extra: nenhum
OG desejada: 1,045
FG desejada: 1,013
IBU: 25
APV desejado: 4,5%
Copo apropriado: pint

LISTA DE COMPRA

Para mais ou menos 2½ galões
1 pacote de levedura Wyeast Ringwood Ale 1187
113 g de malte de cevada (barley) torrado, moído
85 g de malte chocolate, moído

113 g de malte caramelo/cristal 60 L, moído
28 g de malte britânico black patent, moído
1,36 *l* de extrato de malte Munich líquido
9 g de lúpulos northdown peletizados
15 g de raiz de gengibre em pedaços, descascada
4 g de anis estrelado (pedaços inteiros, não ralados)
1 feijão de baunilha, partido ao meio
12 g de lúpulos willamette peletizados
9 g de casca de laranja doce
½ colher de chá de pimenta-da-jamaica moída

PREPARAÇÃO

- *Prepare a levedura (pelo menos 3 horas antes de começar a fazer a cerveja):* quebre o pacote de levedura Ringwood Ale e aqueça à temperatura ambiente. Você também pode fazer isso no dia anterior.

INFUSÃO/BRASSAGEM

- Esquente 2,8 litros de água. Coloque um termômetro e esquente o vasilhame até 71 °C. Desligue o fogo.
- Adicione os grãos (cevada torrada; maltes chocolate, caramelo/cristal 60 L; e o malte britânico black patent) no saco de grãos (amarrando as extremidades) e coloque-o no vasilhame. Tampe e deixe descansar por 30 minutos.
- Prepare a água para o sparge: em um vasilhame pequeno, separado, esquente 2,8 litros de água até 77 °C.

SPARGE

- Depois de 30 minutos, remova o saco de grãos do vasilhame. Ponha um coador grande de malha fina sobre o vasilhame. Coloque o saco de grãos no coador, abra-o e despeje devagar a água quente para o sparge, cobrindo todos os grãos. Não esprema o saco de grãos! Remova o saco e jogue-o fora.

★ **178** ★

DEZEMBRO

- Adicione ao vasilhame mais 2 galões de água.
- Reaqueça a água no vasilhame até 68 °C; desligue o fogo e adicione o extrato de malte Munich líquido. Mexa delicadamente para que o extrato não grude no fundo do vasilhame.

FERVURA

- Leve o vasilhame ao fogo para ferver.
- Assim que a fervura começar, faça a primeira adição de lúpulos, os northdown, e programe o *timer* para 60 minutos. Os lúpulos dissolverão imediatamente. Mexa de vez em quando, removendo os sólidos grandes com uma colher vazada. Tome cuidado com o tão temido transbordo!
- Aos 45 minutos (ou seja, quando ainda restarem 15 minutos de fervura), adicione o gengibre, o anis estrelado e metade do feijão de baunilha.
- Aos 50 minutos (ou seja, quando ainda restarem 10 minutos de fervura), faça a segunda adição de lúpulos, os willamette.
- Aos 55 minutos (ou seja, quando ainda restarem 5 minutos de fervura), adicione a casca de laranja, a outra metade do feijão de baunilha e a pimenta-da-jamaica.

INOCULAÇÃO DA LEVEDURA

- *Prepare o banho de gelo:* na pia ou em um vasilhame, prepare um banho de gelo para mergulhar e esfriar a cerveja.
- *Esfrie o mosto:* tire o vasilhame do fogo e coloque-o no banho de gelo. Coloque um termômetro higienizado no mosto e deixe esfriar até atingir 21 °C ou menos.
- *Limpe tudo:* higienize qualquer coisa que entrará em contato com a cerveja.
- *Transfira o mosto:* despeje o mosto através de um coador higienizado em um fermentador plástico de 3 a 5 galões, ou através do coador higienizado e um funil em um garrafão de vidro de 3 a 5 galões.

★ 179 ★

- *Inocule a levedura:* agite o tubo de levedura preparada, higienize o lado externo dele, abra-o e jogue todo o conteúdo no mosto resfriado, no fermentador.

FERMENTAÇÃO PRIMÁRIA

- Coloque uma tampa a vácuo equipada com o airlock (cheio de vodca) e o stopper no balde plástico, ou ponha o airlock e o stopper em um garrafão de vidro. Ou use o método do tubo blow-off (ver Capítulo 2).
- Guarde o contêiner em um lugar escuro e relativamente frio (a temperatura ideal para essa cerveja é entre 18 °C e 23 °C) por 7 a 10 dias se pretender usar a fermentação secundária, ou por 12 a 14 dias se não for usá-la.

FERMENTAÇÃO SECUNDÁRIA (RECOMENDADA)

- Usando um sifão higienizado, transfira a cerveja do fermentador primário para um balde ou garrafão de vidro de 3 a 5 galões. (Certifique-se de que o sedimento ficou para trás.)
- Ponha um airlock no contêiner secundário e deixe a cerveja descansar por pelo menos 14 dias.
- Envase e mantenha engarrafada por 14 dias, conforme descrito no Capítulo 2. Depois, refrigere-a e delicie-se!

QUEBRA DE REGRAS E DICAS

- Se você não quiser usar o feijão de baunilha, adicione 7 mililitros de extrato ou xarope de baunilha ao fermentador na hora de engarrafar. O seu sabor pode ser menos autêntico, mas o extrato é mais fácil de usar.
- Saiba que um pequeno anis estrelado tem muita potência! Se quiser, mergulhe-o em água quente, como se fosse chá, depois sinta o cheiro e o gosto para ver se lhe agradam tanto quanto a nós. Se não gostar, tire-o da receita, ou use metade da quantia sugerida.

- Parece blasfêmia, mas certa vez, durante um inverno na Nova Zelândia, tomamos uma porter que tinha uma pitada de noz-moscada e canela na espuma – e era boa demais. Portanto, se quiser intensificar o tempero ou estiver com preguiça e preferir não fazer as adições de tempero, coloque um pouquinho dele diretamente no copo ao servir a cerveja.

CERVEJEIROS PROFISSIONAIS QUE SERVEM DE MODELO

- **Cocoa Porter Winter Warmer:** Tommyknocker Brewery, Idaho Springs, Colorado. Estilo tradicional de porter feita com puro pó de cacau e mel. Grandes notas de malte e leve dulçor. APV: 5,7%.
- **Anchor Christmas Ale:** Anchor Brewing, San Francisco, Califórnia. Uma ale natalina escura e temperada, cuja receita supersecreta muda a cada ano, assim como a árvore do rótulo. Notas de café, chocolate, gengibre, alcaçuz e noz-moscada. APV: 5,5%.
- **Old Fezziwig Ale:** Samuel Adams/Boston Beer Co., Boston, Massachusetts. Grande caráter doce de malte, com notas de toffee, caramelo e chocolate. Feita com canela, gengibre e casca de laranja. APV: 5,8%.

> **Presenteie com cerveja!**
> Está na hora de reexaminar a lista de ideias para presentes genéricos e deixar de lado aqueles que agradam muito pouco ou até decepcionam seus amigos e familiares. Confie em nós quando dizemos que uma ou duas garrafas de cerveja caseira feita com amor por você serão mais bem-vindas do que cartões, brincos e gravatas. Aqui vão algumas dicas para você dar uma cerveja artesanal sua de presente:
> - Faça um rótulo legal. Há muitas dicas *on-line* de como fazer ótimos rótulos de cerveja. O nosso *site* favorito é: www.myownlabels.com/beer_labels. Você irá parecer um profissional!
>
> Embrulhe a cerveja com papel de seda. Os cervejeiros artesanais italianos sempre embrulham suas cervejas em papel de seda lindamente trabalhado. Encontre um que seja bonito e amarre-o com um laço. Por que a cerveja não pode ser bela?

- Escolha copos apropriados. Presenteie também com o copo certo para o estilo da sua cerveja. Você não quer que a sua obra-prima seja bebida na própria garrafa!
- Prenda na embalagem uma etiqueta com a lista de ingredientes, a descrição do perfil de sabor e algumas sugestões de pratos que combinam.
- Adicione ao presente algum petisco:
  - Brow Ale com Noz-Pecã + Beer Nutz (página 156).
  - Porter Temperada de Inverno + biscoitos em formato de boneco.
  - Dubbel com Figo e Cravo + chutney de Dubbel com Figo e Cravo (página 182).
- E, para os cervejeiros artesanais novatos, compre os ingredientes usados na cerveja que você está dando de presente e incentive-os. Dê a um homem uma cerveja, e ele gostará da bebida; ensine-o a fazer cerveja...

CERVEJA CASEIRA DE DEZEMBRO 2

Dubbel com Figo e Cravo

FAÇA ESTA CERVEJA SE VOCÊ GOSTA DE: fruta escura, temperos fortes, notas terrígenas, cervejas belgas, êxtase religioso.

COMBINA COM: pratos marroquinos, queijo roquefort, figo com brandy, carnes defumadas, presunto glaceado e *samosas* (pastéis indianos).

COMENTÁRIOS SOBRE ESTILO E FABRICAÇÃO

As dubbels são ales belgas que costumam ter notas de fruta escura e de temperos como cravo, canela e alcaçuz. Antigamente, eram feitas por monges que fabricavam cerveja para tomar durante os dias de jejum (sim, eles bebiam cerveja de estômago vazio!). A cerveja produzida pelos monges era saborosa, fácil de beber, mas com baixo teor alcoólico. Já suas cervejas sazonais e especiais eram mais fortes e tinham sabores diferentes; uma delas se tornou a dubbel. Acredita-se que o nome se refere ao fato de ela ter quase o dobro de intensidade em relação à session ale usada para o sustento dos monges. As dubbels não possuem necessariamente o dobro de força do produto pessoal dos monges (embora usem o dobro de malte), mas com certeza apresentam um teor mais alto de álcool do que uma pale ale belga. Às vezes, elas têm notas sutis de açúcar mascavo e rum e um complexo caráter de levedura. Podem ser pouco secas ou nada secas. Entretanto, as dubbels nunca são consideradas amargas, pois a cerveja belga tradicional usa o lúpulo como agente equilibrador, e não como sabor dominante.

O cravo é um broto de flor da sempre-viva, planta da Indonésia. A força de seu sabor define muitos pratos festivos: cookies, torta, chutneys e muitos curries. O cravo tem um caráter picante que afeta o paladar, assim como o gengibre ou a canela. Cravos contêm capsaicina, um ingrediente ativo na pimenta-caiena. Na cerveja, eles oferecem um aroma inicial temperado (picante), comparável ao percebido nas dubbels. Figo é uma fruta romântica que nos faz pensar em pinturas de Adão e Eva e em sabores terrígenos de árvores antigas. Beber uma dubbel sempre nos lembra do sabor complexo que existe em um figo – aquela sensação de uva-passa embebida em rum e rolada na terra. Esta dubbel combina muito bem com os sabores comemorativos da temporada das festas. Também a usamos em nossa receita de chutney (ver página 193), uma boa versão belga de um prato indiano tradicional.

A receita pede um purê de figo. É importante fazer esse purê sem conservantes ou outros ingredientes. É fácil encontrar purê de figo orgânico à venda na internet; às vezes, você também encontra em lojas de produtos agrícolas orgânicos. Ele é colocado no fermentador secundário.

FAÇA: DUBBEL COM FIGO E CRAVO

Nível de dificuldade: promíscuo
Tipo: extrato com grãos especiais
Equipamento especial/extra: tubo blow-off
OG desejada: 1,067
FG desejada: 1,011
IBU: 22
APV desejado: 7,4%
Copo apropriado: tulipa

LISTA DE COMPRA

Para mais ou menos 2½ galões
1 pacote de levedura Wyeast Trappist High Gravity Ale 3787
57 g de malte Special B, moído
57 g de malte belga aromático, moído
85 mℓ de extrato de malte pilsner líquido
340 de extrato de malte âmbar seco
15 g de lúpulos hallertauer peletizados
12 g de lúpulos saaz peletizados
113 g de açúcar belga escuro (ver página 95)
170 g de açúcar granulado
5 cravos inteiros
908 gramas de purê de figo orgânico (ver "Comentários sobre estilo e fabricação" para esta receita)

PREPARAÇÃO

- *Prepare a levedura (pelo menos 3 horas antes de começar a fazer a cerveja):* quebre o pacote de levedura Trappist High Gravity Ale e aqueça à temperatura ambiente. Você também pode fazer isso no dia anterior.

INFUSÃO/BRASSAGEM

- Esquente 1,9 litros de água. Coloque um termômetro e esquente o vasilhame até 71 °C. Desligue o fogo.
- Adicione os grãos (maltes Special B e belga aromático) no saco de grãos (amarrando as extremidades); coloque tudo no vasilhame. Tampe e deixe descansar por 30 minutos.
- Prepare a água para o sparge: em um vasilhame pequeno, separado, esquente 2,8 litros de água até 77 °C.

SPARGE

- Depois de 30 minutos, remova o saco de grãos do vasilhame. Ponha um coador grande de malha fina sobre o vasilhame. Coloque o saco de grãos no coador, abra-o e despeje devagar a água quente para o sparge, cobrindo todos os grãos. Não esprema o saco de grãos! Remova o saco e jogue-o fora.
- Adicione ao vasilhame mais 2 galões de água.
- Reaqueça a água no vasilhame até 68 ºC; desligue o fogo e adicione o extrato de malte pilsner líquido. Mexa delicadamente para que o extrato não grude no fundo do vasilhame. Adicione o extrato de malte âmbar seco. Cuidado para não formar caroço.

FERVURA

- Assim que a fervura começar, faça a primeira adição de lúpulos, os hallertauer, e programe o *timer* para 60 minutos. Os lúpulos dissolverão imediatamente. Mexa de vez em quando, removendo os sólidos grandes com uma colher vazada. Tome cuidado com o tão temido transbordo!
- Aos 50 minutos (ou seja, quando ainda restarem 10 minutos de fervura), faça a segunda adição de lúpulos, os saaz, e adicione também o açúcar belga.
- Aos 55 minutos (ou seja, quando ainda restarem 5 minutos de fervura), adicione o açúcar granulado e os cravos e mexa.

INOCULAÇÃO DA LEVEDURA

- *Prepare o banho de gelo:* na pia ou em um vasilhame, prepare um banho de gelo para mergulhar e esfriar a cerveja.
- *Esfrie o mosto:* tire o vasilhame do fogo e coloque-o no banho de gelo. Coloque um termômetro higienizado no mosto e deixe esfriar até atingir 21 ºC ou menos.
- *Limpe tudo:* higienize qualquer coisa que entrará em contato com a cerveja.

- *Transfira o mosto:* despeje o mosto através de um coador higienizado em um fermentador plástico de 3 a 5 galões, ou através do coador higienizado e um funil em um garrafão de vidro de 3 a 5 galões.
- *Inocule a levedura:* agite o tubo de levedura preparada, higienize o lado externo dele, abra-o e jogue todo o conteúdo no mosto resfriado, no fermentador.

FERMENTAÇÃO PRIMÁRIA

- Para esta cerveja, use o método do tubo blow-off (ver Capítulo 2).
- Guarde o contêiner em um lugar escuro e relativamente frio (a temperatura ideal para essa cerveja é entre 18 °C e 26 °C) por 7 a 10 dias.

FERMENTAÇÃO SECUNDÁRIA E ADIÇÃO DE FIGO

- Coloque o purê de figo em um balde ou galão de vidro de 3 a 5 galões higienizado. Usando um sifão higienizado, transfira a cerveja do fermentador primário para um contêiner secundário. (Certifique-se de que o sedimento ficou para trás.)
- Ponha um airlock no contêiner secundário e deixe a cerveja descansar por 14 dias.
- Ao transferir a cerveja para o balde de engarrafar, passe a cerveja autossifonada pelo coador, para remover o excesso de purê. Tente deixar o sedimento no fundo do fermentador secundário.
- Envase e mantenha engarrafada por 14 dias, conforme descrito no Capítulo 2. Depois, refrigere-a e delicie-se!

QUEBRA DE REGRAS E DICAS

- Se quiser usar algo mais fácil do que figos, adicione de 450 a 900 gramas de uvas-passas orgânicas ao fermentador secundário.

- Se não encontrar purê de figo, use suco de figo orgânico, sem conservantes ou açúcar.

CERVEJEIROS PROFISSIONAIS QUE SERVEM DE MODELO

- **Grimbergen Dubbel:** Brouwerij Alen-Mae, Alken, Bélgica. Perfil maltoso doce e complexo, com notas de cereja, figo e uva-passa. Relativamente suave, picante e seca no fim. APV: 6,5%.
- **He'brew Jewbelation Fifteen:** Shmaltz Brewing Co., San Francisco, Califórnia, e Nova York. Cerveja grande, maltosa, com notas de groselha, figo, tâmara, melado, açúcar mascavo e baunilha. Nota de chocolate amargo no fim. APV: 15%.
- **Monk's Blood:** 21st Amendment Brewery, San Francisco, Califórnia. Cereja preta, tâmara, figo, açúcar mascavo e leves notas de caramelo com um bom caráter de malte. Suave nota de canela e baunilha. Uma sensação leve mas agradável de embriaguez. APV: 8,3%.

CERVEJA CASEIRA DE DEZEMBRO 3

Alpine Juniper Braggot

FAÇA ESTA CERVEJA SE VOCÊ GOSTA DE: Os contos da Cantuária, solstício de inverno, gim, alecrim, *vikings*, feiras renascentistas, mel.

COMBINA COM: almôndegas suecas, carne de veado, *choucroute garnie*, carneiro assado à italiana, galo-silvestre e galinha assada com laranja.

COMENTÁRIOS SOBRE ESTILO E FABRICAÇÃO

Quem nos chamou a atenção pela primeira vez para o estilo braggot foi Mark Jilg, que fez uma maravilhosa Sour Braggot na Craftsman Brewing Co., em Pasadena, Califórnia. É um estilo muito antigo, quase extinto nos Estados Unidos, mas que começa a atrair o interesse de cervejeiros e apreciadores de cerveja artesanal que buscam algo diferente. Na verdade, trata-se de uma combinação entre hidromel (bebida alcoólica feita de mel) e um estilo centenário de ale, com sabor acrescido de temperos e ervas locais.

Mark também nos deu a ideia de usar as frutinhas do junípero. Em uma de nossas visitas à sua cervejaria, ele pegou um balde de frutinhas selecionadas e deliciou-se com a magnífica aromaticidade de pinho e fruta. O junípero é uma espécie de sempre-viva, natural do hemisfério Norte e comum na Escandinávia, onde é usado com frequência na culinária. Remonta aos festivais de inverno da Antiguidade, como o festival pagão de Yule, em que grandes troncos eram queimados e as pessoas comemoravam bebendo hidromel e braggot acrescida de ervas e temperos nativos. Bem ao estilo *O senhor dos anéis*.

Nossa Alpine Juniper Braggot foi criada especificamente com a ideia do solstício, completamente inspirada em Mark Jilg e na Craftsman Brewing Co. Ela é rica e temperada, possui uma adstringência agradável e combina maravilhosamente com pratos escandinavos, aves silvestres e de caça.

FAÇA: ALPINE JUNIPER BRAGGOT

Nível de dificuldade: promíscuo
Tipo: extrato e mel com grãos especiais
Comentário sobre fabricação: levedura champanhe, fermentação longa e longo período de envelhecimento
Equipamento especial/extra: dois potes de vidro
OG desejada: 1,079
FG desejada: 1,003
IBU: 12,6
APV desejado: 10%

LISTA DE COMPRA

Para mais ou menos 2½ galões
2 g de levedura Wyeast Champagne 4021

6 g de levedura seca safale ale
57 g de malte carafa II, moído
900 g de extrato de malte extralight
9 g de lúpulos cascade peletizados
57 g de frutinhas de junípero secas
900 g de mel cravo
½ pastilha Whirlfloc

PREPARAÇÃO

- Prepare a levedura: higienize os dois potes de vidro e coloque a levedura champanhe seca em um e a safale ale seca em outro. Adicione ¼ de xícara de água quente (35 °C a 40 °C) em cada pote. Tampe os potes e deixe descansar por 15 minutos. Depois disso, teste as leveduras: adicione ¼ de colher de chá de extrato de malte extralight seco em cada pote. Tampe novamente e ponha os potes em um lugar morno (fora da luz direta do sol). Após 30 minutos, as leveduras deverão estar espumando, prontas para serem colocadas na cerveja, mais tarde.
- Prepare as frutinhas de junípero: ponha as frutinhas em um saco plástico que possa ser fechado e bata com rolo de macarrão ou martelo para abri-las.

INFUSÃO/BRASSAGEM

- Mergulhe os grãos: esquente 1 xícara de água. Coloque um termômetro e esquente a panela até 68 °C. Desligue o fogo. Adicione o malte carafa II, tampe a panela e deixe descansar por 30 minutos.
- Esquente 3½ galões de água. Coloque um termômetro e esquente até chegar a 71 °C.
- Prepare a água para o sparge: em um vasilhame pequeno, separado, esquente 1 a 1½ xícara de água até 77 °C.

SPARGE

- Depois de 30 minutos, coe o malte carafa II em um coador grande de malha fina sobre o vasilhame, reservando os grãos. Despeje devagar a água quente para o sparge, cobrindo todos os grãos. Tire o coador e jogue fora os grãos.
- Reaqueça a água no vasilhame até 68 °C; desligue o fogo e adicione o extrato de malte extralight seco. Mexa delicadamente para que o extrato não grude no fundo do vasilhame. Cuidado para não formar caroço.

FERVURA

- Leve o vasilhame ao fogo para ferver.
- Assim que a fervura começar, adicione os lúpulos cascade e programe o *timer* para 60 minutos. Os lúpulos dissolverão imediatamente. Mexa de vez em quando, removendo os sólidos grandes com uma colher vazada. Tome cuidado com o tão temido transbordo!
- Aos 30 minutos (ou seja, quando ainda restarem 30 minutos de fervura), esvazie o saco de frutinhas partidas no vasilhame.
- Aos 45 minutos (ou seja, quando ainda restarem 15 minutos de fervura), adicione o mel e mexa até dissolver, tomando cuidado para não queimar o fundo do vasilhame.
- Aos 55 minutos (ou seja, quando ainda restarem 5 minutos de fervura), adicione a ½ pastilha Whirlfloc e mexa até dissolver.

INOCULAÇÃO DA LEVEDURA

- *Prepare o banho de gelo:* na pia ou em um vasilhame, prepare um banho de gelo para mergulhar e esfriar a cerveja.
- *Esfrie o mosto:* tire o vasilhame do fogo e coloque-o no banho de gelo. Coloque um termômetro higienizado no mosto e deixe esfriar até atingir 21 °C ou menos.
- *Limpe tudo:* higienize qualquer coisa que entrará em contato com a cerveja.

DEZEMBRO

- *Transfira o mosto:* despeje o mosto através de um coador higienizado em um fermentador plástico de 3 a 5 galões, ou através do coador higienizado e um funil em um garrafão de vidro de 3 a 5 galões.
- *Inocule a levedura:* Despeje as leveduras reidratadas dos potes de vidro no fermentador.

FERMENTAÇÃO PRIMÁRIA

- Coloque uma tampa a vácuo equipada com o airlock (cheio de vodca) e o stopper no balde plástico, ou ponha o airlock e o stopper em um garrafão de vidro. Ou use o método do tubo blow-off (ver Capítulo 2).
- Guarde o contêiner em um lugar escuro e relativamente frio (a temperatura ideal para essa cerveja é entre 20 °C e 22 °C) por 4 semanas.

FERMENTAÇÃO SECUNDÁRIA

- Usando um sifão higienizado, transfira a cerveja do fermentador primário para um balde ou garrafão de vidro de 3 a 5 galões. (Certifique-se de que o sedimento ficou para trás.)
- Ponha um airlock no contêiner secundário e deixe a cerveja descansar em temperaturas mais baixas (idealmente, entre 10 °C e 13 °C) por 6 a 8 semanas. A braggot estará pronta quando ficar boa e clara a ponto de ser possível ler através do garrafão.
- Envase e matenha engarrafada por 3 meses (glub, glub!), conforme descrito no Capítulo 2, filtrando as frutinhas remanescentes com o coador ao transferir a cerveja para o balde de engarrafar. Depois, refrigere-a e delicie-se!

QUEBRA DE REGRAS E DICAS

- Prove um pouco da cerveja durante a fabricação para ver como ela está se desenvolvendo (nós não resistimos). Perceba a diferença que o envelhecimento faz a este estilo. Veja pelo lado bom: você terá uma Alpine Juniper Braggot perfeitamente envelhecida e pronta para o solstício de inverno do ano seguinte.

> **O hidromel mais simples de todos os tempos**
> Cansado de todo esse processo? Deixe os grãos de fora e faça o hidromel em seis passos simples:
> 1. Aqueça 1 galão de água da fonte até ferver e matar qualquer bactéria.
> 2. Desligue o fogo e adicione 1,36 ℓ de mel.
> 3. Esfrie em um banho de gelo a 21 °C; transfira para um garrafão de vidro de 1 galão e adicione levedura (use uma levedura para hidromel doce ou seca da White Labs ou Wyeast).
> 4. Mexa por 5 minutos.
> 5. Ponha um airlock ou stopper no garrafão e fermente e envelheça o hidromel entre 18 °C e 24 °C por 6 a 12 meses.
> 6. Envase, refrigere e aproveite.

CERVEJEIROS PROFISSIONAIS QUE SERVEM DE MODELO

- **Craftsman Spring Braggot:** Craftsman Brewing Co., Pasadena, Califórnia. Leve doçura do malte, com características remanescentes de fruta com caroço e madressilva. Bem equilibrada e suave, com um dulçor quase imperceptível de mel no fim. APV: 7,5%.
- **Old Danish Braggot:** Ørbæk Bryggeri, Ørbæk, Dinamarca. Feita com base em uma receita do século XVIII e de acordo com as velhas tradições dinamarquesas e da braggot. Doce como mel fresco e com notas de toffee. Gosto de pão e tempero e ligeiramente torrada no fim. APV: 10,1%.
- **Crabtree Braggot:** Crabtree Brewing, Greeley, Colorado. Essa braggot é uma mistura muito interessante de uma imperial stout e uma mild ale inglesa; é feita com lúpulos e muito mel. O resultado é um grande dulçor no começo, seguido de um fim longo de toffee e melado. APV: 7,85%.

DEZEMBRO

PARA ACOMPANHAR

Chutney de Dubbel com Figo e Cravo (para mais ou menos 1 pote, ou 340 gramas)

3 a 4 maçãs azedas, como, por exemplo, a maçã verde, descascadas, sem sementes e cortadas em cubos de 6,3 centímetros
1 cebola vermelha pequena, bem picada
2 dentes de alho, moídos
1 colher de chá de raiz de gengibre moída ou ralada
¾ de xícara de Dubbel com Figo e Cravo
½ xícara de vinagre de cidra (maçã)
½ xícara de açúcar mascavo em pacote
¼ de xícara de figos secos picados
1½ colher de chá de *garam masala*
½ colher de chá de sementes de mostarda-marrom inteiras
½ colher de chá de cúrcuma
¼ de colher de chá de gengibre ralado
¼ de colher de pimenta-malagueta em flocos
¼ de colher de chá de sal

Em uma caçarola, ferva todos os ingredientes. Tampe; passe o fogo para médio-baixo e deixe em banho-maria por 1 hora, mexendo de vez em quando. Esfrie e refrigere em um contêiner fechado.

Sirva em um prato de queijo ou com comida indiana e um copo de Dubbel com Figo e Cravo!

★ 193 ★

10

 **JANEIRO**

Resoluções de Ano Novo | Reflexão | Maçãs assadas | Guisado quente | Experiências novas e diferentes

---

Suas cervejas caseiras de janeiro
WEISSE DE BERLIM: azeda, com um efeito levemente cítrico e refrescante, que imita o clássico estilo berlinense.
ZEE RUSSIAN IMPERIAL STOUT: café expresso, chocolate amargo, álcool caloroso.
SCANDALOUS HARD APPLE CIDER: ligeiramente frisante, seca e complexa, feita com maçãs azedas.

Para acompanhar
Affogato com Zee Russian Imperial Stout.

No hemisfério Sul, corresponde ao mês de julho (inverno). Se quiser saber quais são as bebidas apropriadas para janeiro (verão) no hemisfério Sul, consulte o "Capítulo 4. Julho".

Ufa! Janeiro traz as pressões de um novo ano. O que será diferente, como perderemos os maus hábitos? Seremos melhores cervejeiros artesanais? É tempo de ir fundo e tomar a decisão de melhorar sua técnica de fabricação caseira e o gosto de sua cerveja. Isso é muito melhor que a resolução de comer menos massa. Nossas resoluções são todas relacionadas a cerveja: fabricar mais, produzir uma variedade maior de estilos, participar de alguma competição de cervejeiros artesanais – sempre temos uma meta para o ano.

Neste capítulo, oferecemos duas cervejas muito diferentes, com sabores distintos. Uma, a Weisse de Berlim, tem corpo leve, é azeda e amarga; a outra é cremosa, bem encorpada e escura, com notas de café defumado: uma lasciva imperial stout russa. Também temos algo escandaloso para fabricar em janeiro, e não é cerveja. É uma cidra, uma bebida que detestávamos antes. Nossa receita remonta à Europa e às praias da Normandia, onde a cidra tem uma longa e respeitada tradição. Além disso, ela possui uma complexidade capaz de agradar o paladar dos amantes da cerveja.

CERVEJA CASEIRA DE JANEIRO 1

Weisse de Berlim

FAÇA ESTA CERVEJA SE VOCÊ GOSTA DE: azedume, coquetéis de cerveja, bactérias, ácido láctico.

COMBINA COM: queijo chèvre, frango *piccata*, salada de ervas finas e arenque em picles.

COMENTÁRIOS SOBRE ESTILO E FABRICAÇÃO

Geralmente, a primeira cerveja sour que apresentamos a uma pessoa é uma das mais leves: a weisse de Berlim. Ela é muito conhecida na Alemanha e, claro, em Berlim, mas não tinha grande popularidade no mercado americano até o ressurgimento das cervejas artesanais e, em particular, a tendência *cult* das cervejas sour. Essa é diferente da weisse comum alemã: apresenta toque de limão, corpo superleve e, geralmente, um teor alcoólico por volta de 3% APV – pois é, leve mesmo. Ela também é fermentada com a bactéria láctica chamada lactobacilo, que lhe confere uma acidez láctica superazeda, parecida com a do vinho. Bem, você deve estar pensando a mesma coisa que nós pensamos no começo: "A ideia de fazer fermentação bacteriana em casa não é muito agradável. E esse tal lactobacilo? Não é contagioso?". Não tenha medo. Essa bactéria é encontrada na loja de cervejas artesanais, bem ao lado da levedura. Na verdade, ela é produzida pelas mesmas empresas que fazem levedura e vendida em embalagens semelhantes. Não é preciso usar uma roupa antirradiação para manipulá-la.

Como são decididamente azedas, as weisses de Berlim costumam ser servidas com um destes dois xaropes doces: verde ou vermelho. O verde é waldmeister, feito com uma erva gramínea com caráter de limão, a aspérula. O vermelho se chama himbeer e é de framboesa. Nós fizemos nosso próprio xarope para acompanhar esta cerveja com um lindo suco de romã sazonal que encontramos em um mercado de fazendeiros. Essa Berliner Weisse é rápida (fervura de 15 minutos) e fácil (somente extrato)! Mais do que isso: é deliciosa, principalmente com o xarope de romã. Considere-a um coquetel de cerveja.

FAÇA: WEISSE DE BERLIM

Nível de dificuldade: neófito
Tipo: extrato
Equipamento especial/extra: nenhum
OG desejada: 1,039
FG desejada: 1,012
IBU: 5,8
APV: 3,5%
Copo apropriado: cálice

LISTA DE COMPRA

Para mais ou menos 2½ galões
1 tubo de levedura White Labs European Ale WLP011
1 pacote de Wyeast *Lactobacillus delbrueckii* 4335
630 ml de extrato de malte pilsner líquido

630 ml de extrato de malte de trigo líquido (geralmente, uma mistura de maltes de trigo e pale; verifique os ingredientes antes de comprar)

14 g de lúpulos liberty peletizados

PREPARAÇÃO

- *Prepare a levedura e o lactobacilo (pelo menos 3 horas antes de começar a fazer a cerveja):* abra o pacote de lactobacilo e aqueça à temperatura ambiente. Você também pode fazer isso no dia anterior. Aqueça o tubo de levedura european ale em temperatura ambiente; espere de 3 a 6 horas antes de começar a fazer.

INFUSÃO/BRASSAGEM

- Esquente 3,5 galões de água. Coloque um termômetro e esquente a panela até chegar à temperatura de 68 °C. Desligue o fogo.
- Adicione os extratos de malte pilsner e de trigo ao vasilhame. Mexa constantemente até dissolver. Não deixe que os extratos grudem no fundo.

FERVURA

- Leve o vasilhame ao fogo para ferver.
- Assim que a fervura começar, programe o *timer* para 15 minutos.
- Aos 5 minutos (ou seja, quando ainda restarem 10 minutos de fervura), adicione os lúpulos liberty e mexa até dissolver.

INOCULAÇÃO DA LEVEDURA E O LACTOBACILO

- *Prepare o banho de gelo:* na pia ou em um vasilhame, prepare um banho de gelo para mergulhar e esfriar a cerveja.
- *Esfrie o mosto:* tire o vasilhame do fogo e coloque-o no banho de gelo. Coloque um termômetro higienizado no mosto e deixe esfriar até atingir 21 °C ou menos.

JANEIRO

- *Limpe tudo:* higienize qualquer coisa que entrará em contato com a cerveja.
- *Transfira o mosto:* despeje o mosto através de um coador higienizado em um fermentador plástico de 3 a 5 galões, ou através do coador higienizado e um funil em um garrafão de vidro de 3 a 5 galões.
- *Inocule a levedura:* higienize o exterior do tubo de levedura e do pacote de Lactobacillus delbrueckii. Agite o tubo de levedura, abra-o e jogue todo o conteúdo no mosto resfriado, no fermentador.
- Corte o Lactobacillus delbrueckii para abri-lo e adicione todo o conteúdo do pacote também. Gire um pouco o fermentador para aerar e, assim, melhorar a saúde da levedura.

FERMENTAÇÃO PRIMÁRIA

- Coloque uma tampa a vácuo equipada com o airlock (cheio de vodca) e o stopper no balde plástico, ou ponha o airlock e o stopper em um garrafão de vidro. Ou use o método do tubo blow-off (ver Capítulo 2).
- Guarde o contêiner em um lugar escuro e relativamente frio (a temperatura ideal para essa cerveja é entre 16 °C e 21 °C) por 10 a 14 dias.
- Envase e mantenha engarrafada por 14 dias, como descrito no Capítulo 2. Depois, refrigere e aproveite, sem acompanhamento ou com o xarope de romã (página 200).

QUEBRA DE REGRAS E DICAS

- O maior desafio na hora de fazer uma boa weisse de Berlim é criar uma base leve, limpa, para depois azedá-la rapidamente com bactérias. Você precisa fazer isso com rapidez e em temperaturas relativamente altas, porque a gravidade deste estilo é muito baixa, isto é, não há muito álcool para agir como conservante.

★ 199 ★

Xarope azedo e temperado para weisse de Berlim

Como mencionamos, em Berlim, a weisse costuma ser servida com xarope, geralmente feito de aspérula ou framboesa. Às vezes, porém, ela recebe o sabor de outros xaropes, frutas, vinhos e licores. O mais popular, além do vermelho e do verde, é um xarope chamado kümmel, um licor transparente e adocicado feito de cominho, semente de algaravia e funcho. Essas adições inovadoras à cerveja sempre nos inspiraram; resolvemos, enfim, usar a criatividade e fazer um xarope nosso. Fomos ao mercado de fazendeiros e encontramos um suco integral de romã, recém-feito, e usamos nossas habilidades de *barman* e de cozinheiras. O resultado foi um xarope azedo com um toque de tempero que combina perfeitamente com a Berliner Weisse. Também serve como um ótimo aperitivo de cerveja para uma festa.

Xarope de romã

2 xícaras de suco de romã (100% suco, sem conservantes ou aditivos)
1 xícara de açúcar
2 colheres de chá de sumo de limão espremido na hora
2-3 gotas de molho tabasco

Em uma caçarola, deixe em banho-maria o suco e o açúcar até reduzirem pela metade. Tire a panela do fogo e adicione o sumo de limão e o molho tabasco.
Adicione à weisse em pequenas quantidades até atingir um sabor que lhe agrade. Gostamos do equilíbrio entre a doçura do xarope e o azedume da cerveja. Uma ótima combinação e uma boa variedade da clássica de Berlim.

CERVEJEIROS PROFISSIONAIS QUE SERVEM DE MODELO

- **Hottenroth Berliner Weisse:** The Bruery, Placentia, Califórnia. Muito lactobacilo e uma boa acidez seca, além de leves aromas de celeiro. Por trás de tudo, apenas uma suave nota de ésteres de banana. Uma boa representante deste clássico estilo alemão. APV: 3,1%.

JANEIRO

- **Craftsman Berliner Weisse:** Craftsman Brewing Co. Pasadena, Califórnia. Muito tradicional, levemente encorpada, refrescante, com deliciosas notas de limão. Acidez equilibrada no fim. APV: 3,5%.
- **Berliner Kindl Weisse:** Berliner Kindl Brauerei, Berlim, Alemanha. Três palavras: ácida, azeda, amarga. Um pouco de nota cítrica e um final azedo que faz você sentir mais sede antes de terminar o gole. APV: 3%.

 CERVEJA CASEIRA DE JANEIRO 2

Zee Russian Imperial Stout

FAÇA ESTA CERVEJA SE VOCÊ GOSTA DE: ales fortes, café expresso quentinho, notas de cacau, cervejas amargas, poesia russa, alto APV.

COMBINA COM: trufas, queijos envelhecidos, *gelato*, cereja coberta com chocolate e *brownies*.

COMENTÁRIOS SOBRE ESTILO E FABRICAÇÃO

A história é a seguinte: as populares stouts feitas pelos britânicos eram despachadas para a corte russa, mas estragavam ou se congelavam no caminho. Então, os britânicos aumentaram a quantidade de lúpulos (por conta de sua qualidade preservativa) e o teor de álcool (para a cerveja não congelar), e assim nasceu a russian imperial stout (RIS). A corte russa gostou demais do produto – quem naquelas gélidas noites russas não desejaria uma cerveja com alto octano e notas de café expresso, chocolate amargo para bolo e cevada torrada? Dizem que Catarina, a Grande, amou a cerveja – e nós admiramos uma mulher capaz de aguentar uma bebida formidável. Hoje em dia, é difícil encontrar esse estilo na Rússia, pois a onipresente e leve pilsner, produzida em massa, dominou o mercado. Entretanto, em outros lugares, o amor quase religioso pela RIS a trouxe de volta ao primeiro plano do mundo da cerveja artesanal. O típico APV da russian imperial stout varia de 7% a 10%. Ela ainda costuma ter notas de café expresso amargo com cevada torrada e, às vezes, notas complexas de rum e frutinhas escuras. Geralmente, as RIS são envelhecidas em madeira e se aproveitam do toque de carvalho, bourbon, baunilha, uísque ou qualquer coisa que venha dos tonéis. Elas também ficam gostosas com certos ingredientes especiais como café, feijão de baunilha e chocolate amargo. A RIS ainda possui uma variedade de amargor, com um fim definitivamente seco, mas que pode ser muito amargo. Assim, você tem liberdade para ajustar sua receita até criar o amargor e o impacto que deseja.

A primeira RIS que provamos foi a famosa Old Rasputin Russian Imperial Stout, da North Coast Brewing. Nós a servíamos na torneira quando trabalhávamos na cervejaria, e ela imediatamente se tornou uma de nossas dez favoritas. A combinação de café expresso e chocolate amargo com um toque cremoso na boca, além do APV que faz "relaxar", nos obriga a descrever este estilo com uma única palavra: *sedutor*. Há algo de *sexy* nesta cerveja. Assim como no café expresso com creme ou chantili. Sirva como a última bebida da noite, no lugar do café ou do vinho do Porto, e todo mundo se sentirá "calmo".

FAÇA: ZEE RUSSIAN IMPERIAL STOUT

Nível de dificuldade: secundarista
Tipo: extrato com grãos especiais
Equipamento especial/extra: nenhum
OG desejada: 1,094
FG desejada: 1,021
IBU: 84
APV desejado: 9,7%
Copo apropriado: pint ou lágrima

LISTA DE COMPRA

Para mais ou menos 2½ galões
1 pacote de levedura Wyeast American Ale 1056
113 g de cevada torrada, moída
85 g de malte chocolate, moído
113 g de malte carafa II, moído

57 g de malte caramelo/cristal 30 L, moído
1,81 ℓ de extrato de malte pale líquido
900 g de extrato de malte briess dark seco
28 g de lúpulos cluster peletizados
26 g de lúpulos centennial peletizados
18 g de lúpulos northern brewer peletizados

PREPARAÇÃO

- *Prepare a levedura (pelo menos 3 horas antes de começar a fazer a cerveja):* quebre o pacote de levedura american ale e aqueça em temperatura ambiente. Você também pode fazer isso no dia anterior.

INFUSÃO/BRASSAGEM

- Esquente 2,8 litros de água. Coloque um termômetro e esquente o vasilhame até71 °C. Desligue o fogo.
- Adicione os grãos (cevada torrada e maltes chocolate, carafa II e caramelo/cristal 30 L) no saco de grãos (amarrando as extremidades); coloque tudo no vasilhame. Tampe e deixe descansar por 30 minutos.
- Prepare a água para o sparge: em um vasilhame pequeno, separado, esquente 2,8 litros de água até 77 °C.

SPARGE

- Depois de 30 minutos, remova o saco de grãos do vasilhame. Ponha um coador grande de malha fina sobre o vasilhame. Coloque o saco de grãos no coador, abra-o e despeje devagar a água quente para o sparge, cobrindo todos os grãos. Não esprema o saco de grãos! Remova o saco e jogue-o fora.
- Adicione ao vasilhame mais 2 galões de água.
- Reaqueça a água no vasilhame até 68 °C; desligue o fogo e adicione o extrato de malte pale líquido. Mexa delicadamente para

que o extrato não grude no fundo do vasilhame. Acrescente o extrato de malte briess dark seco. Cuidado para não formar caroço.

FERVURA

- Leve o vasilhame ao fogo para ferver.
- Assim que a fervura começar, faça a primeira adição de lúpulos, os cluster, e programe o *timer* para 60 minutos. Os lúpulos dissolverão imediatamente. Mexa de vez em quando, removendo os sólidos grandes com uma colher vazada. Tome cuidado com o tão temido transbordo!
- Aos 30 minutos (ou seja, quando ainda restarem 30 minutos de fervura), faça a segunda adição de lúpulos, os centennial.
- Aos 45 minutos (ou seja, quando ainda restarem 15 minutos de fervura), faça a terceira adição de lúpulos, os northern brewer.

INOCULAÇÃO DA LEVEDURA

- *Prepare o banho de gelo:* na pia ou em um vasilhame, prepare um banho de gelo para mergulhar e esfriar a cerveja.
- *Esfrie o mosto:* tire o vasilhame do fogo e coloque-o no banho de gelo. Coloque um termômetro higienizado no mosto e deixe esfriar até atingir 21 °C ou menos.
- *Limpe tudo:* higienize qualquer coisa que entrará em contato com a cerveja.
- *Transfira o mosto:* despeje o mosto através de um coador higienizado em um fermentador plástico de 3 a 5 galões, ou através do coador higienizado e um funil em um garrafão de vidro de 3 a 5 galões.
- *Inocule a levedura:* agite o tubo de levedura preparada, higienize o lado externo dele, abra-o e jogue todo o conteúdo no mosto resfriado, no fermentador.

★ 204 ★

JANEIRO

FERMENTAÇÃO PRIMÁRIA

- Coloque uma tampa a vácuo equipada com o airlock (cheio de vodca) e o stopper no balde plástico, ou ponha o airlock e o stopper em um garrafão de vidro. Ou use o método do tubo blow-off (ver Capítulo 2).
- Guarde o contêiner em um lugar escuro e relativamente frio (a temperatura ideal para essa cerveja é entre 16 °C e 22 °C) por 7 a 10 dias se pretender usar a fermentação secundária, ou por 12 a 14 dias se não for usá-la.

FERMENTAÇÃO SECUNDÁRIA (RECOMENDADA)

- Usando um sifão higienizado, transfira a cerveja do fermentador primário para um balde ou garrafão de vidro de 3 a 5 galões. (Certifique-se de que o sedimento ficou para trás.)
- Ponha um airlock no contêiner secundário e deixe a cerveja descansar por mais 14 dias.
- Envase e mantenha engarrafada por 14 dias, conforme descrito no Capítulo 2. Depois, refrigere-a e delicie-se!

QUEBRA DE REGRAS E DICAS

- Se quiser mais álcool, adicione um pouco de açúcar granulado à fervura. Sugerimos 450 gramas.
- Para envelhecer sua russian imperial stout em tonel, adicione algumas lascas de carvalho ao fermentador secundário. Quanto mais tempo você deixar assentar, maiores serão os sabores de baunilha e carvalho.

CERVEJEIROS PROFISSIONAIS QUE SERVEM DE MODELO

- **Old Rasputin Russian Imperial Stout:** North Coast Brewing Company, Fort Bragg, Califórnia. Uma de nossas favoritas; forte café expresso amargo e chocolate amargo. Uma

bebida perfeita para terminar a noite. E fica ótima por cima de um gelato de baunilha. APV: 9%.
- **The Abyss:** Deschuttes Brewery, Bend, Oregon. Uma RIS muito procurada; sazonal e rara. Envelhecida em tonéis de carvalho franceses para bourbon. Notas de melado, alcaçuz e fruta escura. APV: 11%.
- **AleSmith Speedway Stout:** AleSmith Brewing Co., San Diego, Califórnia. Uma stout grande feita com muito café. Notas de chocolate dão um rico gosto de caramelo torrado. Há uma versão envelhecida em tonel, rara, que possui notas de carvalho e bourbon. APV: 12%.

CERVEJA CASEIRA DE JANEIRO 3

Scandalous Hard Apple Cider

FAÇA ESTA CIDRA SE VOCÊ GOSTA DE: bebida que não é cerveja, torta de maçã, um novo desafio, bebidas frutadas.

COMBINA COM: sorvete de baunilha, queijo Wisconsin Cheddar, bacon defumado com lenha da macieira, quiche Lorraine, *crème caramel* e panquecas de trigo-sarraceno.

COMENTÁRIOS SOBRE ESTILO E FABRICAÇÃO

Não, não é cerveja. A cerveja é uma bebida fermentada, feita de grãos maltados. Cidra é fruta fermentada. Que escândalo! Quando entramos no mundo da cerveja artesanal, caçoávamos de quem bebia cidra. Achávamos que era uma bebida ultradoce, uma alternativa fácil para quem dizia: "Não sou fã de cerveja". Para nós, servir cidra era um meio de evitar o desafio de corrigir os conceitos errôneos que as pessoas têm sobre cerveja. Hoje, porém, um pouco mais sábias, sabemos que estávamos enganadas. Com a ascensão da cerveja artesanal, surgiu uma nova geração de fabricantes de cidra artesanal, que produz com muito capricho uma bebida tão complexa e tão cheia de história quanto a cerveja. Na condição de bebida "faça você mesmo", a cidra teve a mesma sorte da cerveja: as pessoas bebiam cidra malfeita, produzida em massa, apenas para encher a cara, em vez de apreciarem-na como uma bebida com caráter e qualidade próprios. E, assim como a cerveja, ela tem uma função alimentar documentada desde os tempos de Júlio César.

Mas por que diabos a cidra consta em um livro sobre cerveja?! Resumindo: nós gostamos de fazer cidra. É divertido, relativamente fácil *e* uma alternativa sem glúten, o que agrada muito os comilões antiglúten. Às vezes, a cidra artesanal é a única opção de cidra brut, pois aquelas vendidas em lojas parecem mais *coolers* com sabor de vinho. A cidra não pode ser apenas doce; também precisa ser azeda, terrígena e, às vezes, seca.

Aqui vão algumas dicas para fazer cidra. Você pode comprar 9 quilos de maçã para cidra e então maturar, fazer suco ou processar, coar e pasteurizar para 1 galão de cidra dura. *Ou* você pode fazer como nós. É muito mais fácil e igualmente delicioso comprar cidra de maçã e fermentá-la com um pouco de levedura champanhe! Mas sempre compre cidra de maçã sem conservantes ou outras substâncias químicas. Mais importante ainda: se ela for pasteurizada (preferimos a não pasteurizada), certifique-se de que tenha sido a frio, processo que elimina quaisquer bactérias presentes mas não muda o gosto, diferentemente da pasteurização quente.

FAÇA: SCANDALOUS HARD APPLE CIDER

Nível de dificuldade: neófito
Tipo: cidra
Equipamento especial/extra: nenhum
OG desejada: 1,054
FG desejada: 0,988
IBU: 0
APV desejado: 8,7%
Copo apropriado: tulipa ou pint

LISTA DE COMPRA

Para mais ou menos 2½ galões
1 pacote de levedura Wyeast Champagne 4021

2½ galões de cidra de maçã orgânica espremida (sem conservantes, 100% maçã, não pasteurizada)
113 g de açúcar mascavo orgânico (pesado, não em pacote)
170 g de mel de flores silvestres

PREPARAÇÃO

- *Prepare a levedura (pelo menos 3 horas antes de começar a fazer a cerveja):* quebre o pacote de levedura Wyeast Champagne e aqueça em temperatura ambiente. Você também pode fazer isso no dia anterior.
- Esquente a cidra: coloque um termômetro e esquente o vasilhame até chegar a 71 °C. Desligue o fogo.
- Adicione o açúcar mascavo e o mel. Mexa até dissolver e certifique-se de que nada ficou grudado no fundo do vasilhame.
- Reaqueça o vasilhame e mantenha a temperatura entre 71 °C e 77 °C por 30 minutos. Não ferva o mosto. A fervura decompõe as pectinas da fruta e cria uma cidra nublada.

INOCULAÇÃO DA LEVEDURA

- *Prepare o banho de gelo:* na pia ou em um vasilhame, prepare um banho de gelo para mergulhar e esfriar a cerveja.
- *Esfrie o mosto:* tire o vasilhame do fogo e coloque-o no banho de gelo. Coloque um termômetro higienizado no mosto e deixe esfriar até atingir 21 °C ou menos.
- *Limpe tudo:* higienize qualquer coisa que entrará em contato com a cerveja.
- *Transfira o mosto:* despeje o mosto através de um coador higienizado em um fermentador plástico de 3 a 5 galões, ou através do coador higienizado e um funil em um garrafão de vidro de 3 a 5 galões. Tente aerar o máximo possível no decorrer do processo.
- *Inocule a levedura:* agite o tubo de levedura preparada, higienize o lado externo dele, abra-o e jogue todo o conteúdo no mosto resfriado, no fermentador.

JANEIRO

FERMENTAÇÃO PRIMÁRIA

- Coloque uma tampa a vácuo equipada com o airlock (cheio de vodca) e o stopper no balde plástico, ou ponha o airlock e o stopper em um garrafão de vidro. Ou use o método do tubo blow-off (ver Capítulo 2).
- Guarde o contêiner em um lugar escuro e relativamente frio (a temperatura ideal é entre 13 °C e 24 °C) por 14 dias.

FERMENTAÇÃO SECUNDÁRIA

- Usando um sifão higienizado, transfira a cidra do fermentador primário para um balde ou garrafão de vidro de 3 a 5 galões. (Certifique-se de que o sedimento ficou para trás.)
- Ponha um airlock no contêiner secundário e deixe a cidra descansar por 4 semanas.
- Envase, conforme descrito no Capítulo 2. Refrigere as garrafas por 7 a 10 dias. Chame os amigos e aproveite sua cidra de maçã feita em casa!

QUEBRA DE REGRA E DICAS

- Experimente fermentar a cidra sem aquecê-la. O aquecimento mata as leveduras naturais que podem existir nela. Nós colocamos no garrafão com o açúcar, agitamos, adicionamos a levedura, colocamos o airlock e observamos o resto do processo! Aliás, se houver leveduras complementares presentes na cidra, o produto final poderá ser bastante complexo. Mas pode dar tudo errado. É um risco; às vezes, é preciso arriscar para ganhar. A escolha é sua. (O risco é menor se fizer 1 galão.)
- Seja criativo com o fermentador secundário. Adicione um palito de canela, casca de limão, cravos, uvas-passas, pimenta-malagueta ou noz-moscada, por exemplo. As possibilidades são infinitas. Faça uma experiência para apenas 1 galão.
- Se quiser fazer apenas 1 galão de cidra dura, compre uma cidra que venha em um pote de vidro de 1 galão, o qual pode

ser usado como garrafão para fermentar. Coloque um stopper de borracha e um airlock no pote, e *voilà*: fermentador instantâneo.

- Se preferir uma cidra mais doce e não tão seca, use a levedura Wyeast Cider 4766.

FABRICANTES PROFISSIONAIS DE CIDRA QUE SERVEM DE MODELO

- **Woodchuck Granny Smith Cider:** Vermont Hard Cider Co., Middlebury, Vermont. Uma cidra de variedade única que só usa deliciosas maçãs verdes. Boa e equilibrada, seca, azeda e pungente. APV: 5%.
- **Julian Hard Cider:** Julian Hard Cider, Julian, Califórnia. Originária dos velhos estilos britânicos, esta cidra de maçã pura, levemente carbonatada, brilha com notas de acidez e azedume. Fim limpo e seco. APV: 7,27%.
- **Weston's Special Reserve Cider:** H. Weston's & Sons Ltd., Much Marcle, Reino Unido. Uma cidra vintage que usa maçãs de um único ano. Envelhecida em barris de carvalho (algumas têm mais de 200 anos). Esta cidra de alto APV é plenamente encorpada, com fim longo e agridoce. APV: 8,2%.

PARA ACOMPANHAR

Affogato com Zee Russian Imperial Stout (serve 1 pessoa)

2 conchas pequenas de sorvete de baunilha (outros sabores que amamos: caramelo salgado, cereja, café)
¼ de xícara de Zee Russian Imperial Stout

Ponha o *gelato* em uma tigela decorativa ou copo de martíni e despeje a stout por cima. Sirva imediatamente com uma colher. Outras coberturas possíveis: cereja marrasquino; um toque de Porto; uma pitada de noz-moscada; raspas de laranja; ou bacon doce.

11

 **FEVEREIRO**

Caixa de chocolates em forma de coração | A glória do amor | Sobremesa para beber | Café em Nova Orleans | Um Sazerac benfeito | Juras de amor

---

Suas cervejas caseiras de fevereiro

STUPID CUPID'S BITTERSWEET CHOCOLATE STOUT: uma stout ao estilo americano, feita com chocolate agridoce.

CRESCENT CITY CAFÉ AU LAIT STOUT: uma milk stout feita com café de chicória e fermentada com centeio sazerac e carvalho francês.

SCOTCH WHISKY WEE HEAVY DO NOIVO: wee heavy ale ao estilo escocês envelhecida em carvalho húngaro, em uísque escocês Highland Park 18 anos.

Para acompanhar
Carne de porco refogada com Crescent City Café Au Lait.

No hemisfério Sul, corresponde ao mês de agosto (inverno). Se quiser saber quais são as bebidas apropriadas para fevereiro (verão) no hemisfério Sul, consulte o "Capítulo 5. Agosto".

Todas as nossas cervejas de fevereiro são comemorativas. Duas são para as celebrações do mês, e uma para o lindíssimo casamento de dois amigos queridos. A primeira cerveja é um elixir agridoce perfeito para o Dia dos Namorados.* Bem, uma de nós detesta esse dia. A outra ama. Mas, por mais que discordemos, concordamos que cerveja é o presente perfeito (para a pessoa amada e para si próprio). E que cerveja seria mais apropriada para o Dia dos Namorados do que uma chocolate stout?

Nossa segunda cerveja deliciosa foi inspirada em uma viagem a Nova Orleans em que gravamos o programa especial *Eat This, Drink That*, para o Cooking Channel. Ficamos apaixonadas pela cultura centrada em comida, mergulhada em história francesa e americana. Fechamos os olhos e fizemos *hummmmm* ao provarmos o famoso café de chicória e não contivemos a alegria no Carousel Bar enquanto saboreávamos o perfeitamente equilibrado e herbáceo Sazerac, o "Coquetel Oficial de Nova Orleans". Que mês melhor do que fevereiro para fazer uma cerveja que homenageia o Mardi Gras?

A última receita nasceu como um presente de casamento. Uma amiga nos encomendou uma cerveja para seu futuro marido. No dia da cerimônia, apresentamos uma scotch ale que representava a cultura e a personalidade dele. Gostamos tanto dessa cerveja, que queremos compartilhá-la com você.

 CERVEJA CASEIRA DE FEVEREIRO 1

Stupid Cupid's Bittersweet Chocolate Stout

FAÇA ESTA CERVEJA SE VOCÊ GOSTA DE: muito chocolate, fazer extratos, beber no Dia dos Namorados, o amargo e o doce da vida.
COMBINA COM: *macaroons*, *pollo con mole*, batatas fritas salgadas e doces, cerejas marrasquino Luxardo.

---

* Nos Estados Unidos, o Dia dos Namorados é em fevereiro. No Brasil, ocorre em 12 de junho. [N. T.]

FEVEREIRO

COMENTÁRIOS SOBRE ESTILO E FABRICAÇÃO

Como mencionamos na receita de porter (página 176), antigamente, o termo geral stout se referia a uma cerveja escura e forte apreciada pelos carregadores londrinos. De tão popular que era, os ingleses começaram a fazer extra-stout porters, que por fim se tornaram apenas stouts. Essas cervejas são black ales que usam cevada profundamente torrada, o que lhes confere o caráter de pão torrado e a coloração escura. As stouts variam muito em teor alcoólico, doçura e amargor; a riqueza da cevada torrada é o elemento comum. Geralmente, as stouts norte-americanas apresentam qualidades de café torrado e chocolate amargo, com baixa presença de lúpulos e corpo médio. Para a Stupid Cupid, complicamos ainda mais: estendemos os sabores naturais de chocolate do malte escuro ao adicionarmos cacau Valrhona amassado – isto é, chocolate – ao fermentador secundário. Também acrescentamos um pouco de aveia em flocos, o que contribui para o corpo. O resultado é uma chocolate stout agridoce, deliciosamente rica e lindamente equilibrada. Assim, esteja você amargo ou doce no Dia dos Namorados, essa ale será a bebida apropriada.

FAÇA: STUPID CUPID'S BITTERSWEET CHOCOLATE

Nível de dificuldade: promíscuo
Tipo: mistura parcial
Equipamento especial/extra: pote de vidro
OG desejada: 1,053
FG desejada: 1,012
IBU: 42
APV desejado: 5,4%
Copo apropriado: pint

LISTA DE COMPRA

Para mais ou menos 2½ galões
1 pacote de levedura Wyeast Denny's Favorite 1450
14 g de aveia em flocos
14 g de malte chocolate americano, moído
14 g de malte caramelo/cristal 80 L, moído
1,59 *l* de extrato de malte Alexanders pale líquido
24 dl g de lúpulos Mt. Hood peletizados
44 g de cacau em pó
28 g de lúpulos fuggle peletizados
½ pastilha Whirlfloc
3 feijões de baunilha inteiros
113 g de cacau valrhona amassado e torrado
113 a 170 m*l* de vodca

PREPARAÇÃO

- *Prepare a levedura (pelo menos 3 horas antes de começar a fazer a cerveja):* quebre o pacote de levedura Denny's Favorite e aqueça em temperatura ambiente. Você também pode fazer isso no dia anterior.

INFUSÃO/BRASSAGEM

- Esquente 3,5 galões de água. Coloque um termômetro e esquente o vasilhame até 71 °C. Desligue o fogo.
- Adicione os grãos (aveia e maltes american chocolate e caramelo/cristal 80 L) no saco de grãos (amarrando as extremidades); coloque tudo no vasilhame. Tampe e deixe descansar por 60 minutos entre 67 °C a 68 °C. Talvez seja preciso ligar e desligar o fogo de vez em quando para manter a temperatura.
- Depois de 60 minutos, tire o saco de grãos do vasilhame. Coloque o saco de grãos no coador e deixe o líquido escoar para o vasilhame. (Esta parte é uma versão reduzida do método

que usa grão integral; ver Capítulo 13). Não esprema o saco de grãos! Remova o saco e jogue-o fora.

- Adicione delicadamente o extrato de Alexanders pale líquido, aerando o líquido. Cuidado para que o extrato não grude no fundo ou nas laterais do vasilhame. Deixe dissolver totalmente.

FERVURA

- Leve o vasilhame ao fogo para ferver.
- Assim que a fervura começar, faça a primeira adição de lúpulos, os Mt. Hood, e programe o *timer* para 60 minutos. Os lúpulos dissolverão imediatamente. Mexa de vez em quando, removendo os sólidos grandes com uma colher vazada. Tome cuidado com o tão temido transbordo!
- Aos 45 minutos (ou seja, quando ainda restarem 15 minutos de fervura), faça a primeira adição de chocolate, o cacau em pó. (Queremos que esta cerveja tenha muito chocolate; daí as duas adições.)
- Aos 50 minutos (ou seja, quando ainda restarem 10 minutos de fervura), faça a segunda adição de lúpulos, os fuggle.
- Aos 55 minutos (ou seja, quando ainda restarem 5 minutos de fervura), acrescente a ½ pastilha Whirlfloc e mexa até dissolver.

INOCULAÇÃO DA LEVEDURA

- *Prepare o banho de gelo:* na pia ou em um vasilhame, prepare um banho de gelo para mergulhar e esfriar a cerveja.
- *Esfrie o mosto:* tire o vasilhame do fogo e coloque-o no banho de gelo. Coloque um termômetro higienizado no mosto e deixe esfriar até atingir 21 °C ou menos.
- *Limpe tudo:* higienize qualquer coisa que entrará em contato com a cerveja.
- *Transfira o mosto:* despeje o mosto através de um coador higienizado em um fermentador plástico de 3 a 5 galões, ou através do coador higienizado e um funil em um garrafão de

vidro de 3 a 5 galões. Tente aerar o máximo possível, no decorrer do processo.

- *Inocule a levedura:* agite o tubo de levedura preparada, higienize o lado externo dele, abra-o e jogue todo o conteúdo no mosto resfriado, no fermentador.

FERMENTAÇÃO PRIMÁRIA

- Coloque uma tampa a vácuo equipada com o airlock (cheio de vodca) e o stopper no balde plástico, ou ponha o airlock e o stopper em um garrafão de vidro. Ou use o método do tubo blow-off (ver Capítulo 2).
- Guarde o contêiner em um lugar escuro e relativamente frio (a temperatura ideal para essa cerveja é entre 16 °C e 21 °C) por 7 a 10 dias.
- Prepare a segunda adição de chocolate (7 a 10 dias antes da fermentação secundária): corte os feijões de baunilha no sentido do comprimento e da largura (ou seja, em quatro pedaços) com uma faca afiada. Ponha os feijões e o cacau Varlrhona em um pote de vidro. Despeje a vodca, aperte bem a tampa e agite o pote para cobrir tudo com a vodca. Deixe o pote em um lugar frio e escuro para a infusão. O conteúdo será adicionado à cerveja no fermentador secundário, proporcionando um sabor rico e agridoce de chocolate duplo!

FERMENTAÇÃO SECUNDÁRIA E SEGUNDA ADIÇÃO DE CHOCOLATE

- Usando um sifão higienizado, transfira a cerveja do fermentador primário para um balde ou garrafão de vidro de 3 a 5 galões. (Certifique-se de que o sedimento ficou para trás.)
- Faça a segunda adição de chocolate: coloque delicadamente os ingredientes do pote de vidro, tentando não aerar demais a cerveja.
- Ponha um airlock no contêiner secundário e deixe a cerveja descansar por pelo menos 2 semanas (achamos que por 4 semanas é melhor).

- Ao transferir a cerveja para o balde de engarrafar, passe a cerveja autossifonada pelo coador para remover os feijões de baunilha e o excesso de cacau Valrhona.
- Envase e mantenha engarrafada por 14 dias, conforme descrito no Capítulo 2. Depois, refrigere-a e delicie-se!

QUEBRA DE REGRAS E DICAS

- Você não precisa fazer a primeira adição de cacau em pó se não quiser. Mesmo assim, terá uma boa nota de chocolate por causa do cacau Valrhona.
- Colocar o pote de vidro com a mistura no freezer ajuda a reter a espuma. Os óleos do cacau flutuarão até o topo, e você poderá retirar um pouco deles. O óleo geralmente destrói a retenção de espuma. Experimente fazer isso se tiver esse tipo de problema.

CERVEJEIROS PROFISSIONAIS QUE SERVEM DE MODELO

- **Bison Chocolate Stout:** Bison Brewing Co., Berkeley, Califórnia. Superpreta e deliciosa, esta stout orgânica, seca e torrada, com um gostoso chocolate agridoce, usa cacau em pó na mistura. APV: 6,1%.
- **Young's Double Chocolate Stout:** Wells & Young's Ltd., Bedford, Reino Unido. Sabores doces, ricos, de milk-shake de chocolate duplo: uma sobremesa impecável e uma cerveja perfeita para o Dia dos Namorados. APV: 5,2%.
- **Rogue Chocolate Stout:** Rouge Ales, Newport, Oregon. Esta cerveja combina os sabores de tal maneira, que você não sabe onde terminam os maltes de chocolate e onde começa o chocolate de verdade! Preta, com boa espuma cremosa e um toque aveludado na boca, próprio dos maltes de aveia. APV: 6%.

CERVEJA CASEIRA DE FEVEREIRO 2

Crescent City Café au Lait Stout

FAÇA ESTA CERVEJA SE VOCÊ GOSTA DE: tardes de *jazz*; uísque de centeio, cultura francesa, bons momentos.

COMBINA COM: salsicha *boudin*, pato defumado, feijão-vermelho com arroz, Banana Foster, jambalaia.

COMENTÁRIOS SOBRE ESTILO E FABRICAÇÃO

Quando voltamos para Los Angeles depois de nossas aventuras em Nova Orleans, resolvemos fazer uma cerveja para comemorar a viagem. No entanto, precisávamos de um estilo que captasse os sabores intensos de Nova Orleans. Após várias tentativas mais ou menos bem-sucedidas com vários estilos de stout, finalmente nos afastamos das versões mais secas e tentamos uma sweet stout, também conhecida como milk stout. O nome do estilo vem do fato de que a cerveja costuma ser adoçada com um pouco de açúcar do leite, ou lactose, açúcar infermentável que proporciona um toque cremoso na boca e um dulçor residual na cerveja. (A lactose não é fermentável na cerveja; portanto, não contribui para o teor de álcool nem para o CO_2.)

Esta cerveja, de amargor mais baixo, plenamente encorpada e ligeiramente torrada, revelou-se a solução perfeita para nossas necessidades. Adicionamos café de chicória torrado para nos lembrar do gosto terrígeno do café do Café du Monde e também alguns cubos de carvalho francês previamente embebidos em uísque de centeio sazerac. O produto final foi uma sweet stout escura, cremosa e defumada, com um fim prolongado e equilibrado, que nos fez lembrar dos tempos passados na cidade do Mardi Gras. É Nova Orleans no copo. Quem duvida?

> **O Sazerac**
> Nosso primeiro coquetel em Nova Orleans – terra natal do coquetel – foi o famoso Sazerac, no giratório Carousel Bar. Trata-se de um coquetel histórico que remonta à década de 1870. É uma

espécie de coquetel do velho mundo, equilibrado e modesto, sem a doçura enjoativa própria de alguns coquetéis de hoje em dia. E é forte, do jeito que gostamos.

Além do centeio sazerac, ele usa Peychaud's Bitters, desenvolvido em meados do século XIX por um boticário de Nova Orleans chamado Antoine Amedie Peychaud. Originalmente, o Sazerac usava absinto (que preferimos), mas, como este fora proibido, outros licores de anis, geralmente o Herbsaint, passaram a ser utilizados. Se você não encontrar centeio sazerac, use outro tipo. Se não encontrar Peychaud's Bitters, use angostura. Na falta de Herbsaint ou absinto, apele para Pernod ou Chartreuse. O Sazerac é um ótimo coquetel para beber enquanto você faz uma cerveja inspirada no Mardi Gras.

1 colher de sopa de Herbsaint (ou absinto Lucid)
44 ml de Sazerac (uísque de centeio, 18 anos)
½ colher de chá de xarope simples
4-5 doses generosas de Peychaud's Bitters
1 casca grossa de limão (sem a parte branca)

Despeje o Herbsaint em um copo old-style ou de uísque e gire para cobrir todo o interior; em seguida, jogue fora o excesso. (É assim que eles fazem.) Agora, encha o mesmo copo com gelo, para esfriar enquanto você faz o resto do coquetel.

Encha uma coqueteleira com mais gelo e adicione o centeio, o xarope e as doses de bitters. Mexa por alguns segundos. Jogue fora o gelo do copo e coe o conteúdo da coqueteleira para dentro dele. Esfregue a borda do copo com a casca de limão, deixa-a flutuar no copo e beba imediatamente. De nada.

FAÇA: CRESCENT CITY CAFE AU LAIT STOUT

Nível de dificuldade: devoto
Tipo: extrato com grãos especiais
Equipamento especial/extra: pote de vidro
OG desejada: 1,049
FG desejada: 1,010
IBU: 32,8

APV: 5,1%
Copo apropriado: pint ou lágrima

LISTA DE COMPRA

Para mais ou menos 2½ galões
1 tubo de levedura White Labs Irish Stout WLP004
57 g de cevada torrada, moída
113 g de malte caramelo/cristal 80 L, moído
113 g de malte chocolate, moído
92 ml de extrato de malte Alexanders pale líquido
14 g de lúpulos northern brewer peletizados
14 g de lúpulos fuggles peletizados
198 g de lactose (açúcar do leite)
½ pastilha Whirlfloc
28 g de cubos de carvalho francês médio, tostados
170 a 227 g de Sazerac (uísque de centeio, 18 anos)
113 g de grãos de café expresso
57 g de raiz de chicória ralada

PREPARAÇÃO

- *Prepare a levedura (pelo menos 3 horas antes de começar a fazer a cerveja):* aqueça o tubo de levedura irish stout em temperatura ambiente.

INFUSÃO/BRASSAGEM

- Esquente 2,8 litros de água. Coloque um termômetro e esquente o vasilhame até 71 °C. Desligue o fogo.
- Adicione os grãos (cevada torrada e maltes caramelo/cristal 80 L e chocolate) no saco de grãos (amarrando as extremidades) e coloque tudo no vasilhame. Tampe e deixe descansar por 30 minutos.
- Prepare a água para o sparge: em um vasilhame pequeno, separado, esquente 2,8 litros de água até 76 °C.

FEVEREIRO

SPARGE

- Depois de 30 minutos, remova o saco de grãos do vasilhame. Ponha um coador grande de malha fina sobre o vasilhame. Coloque o saco de grãos no coador, abra-o e despeje devagar a água quente para o sparge, cobrindo todos os grãos. Não esprema o saco de grãos! Remova o saco e jogue-o fora.
- Adicione ao vasilhame mais 2 galões de água.
- Reaqueça a água no vasilhame até 68 °C; desligue o fogo e adicione o extrato de malte Alexanders Pale líquido. Mexa delicadamente para que o extrato não grude no fundo do vasilhame.

FERVURA

- Leve o vasilhame ao fogo para ferver.
- Assim que a fervura começar, faça a primeira adição de lúpulos, os northern brewer, e programe o *timer* para 60 minutos. Os lúpulos dissolverão imediatamente. Mexa de vez em quando, removendo os sólidos grandes com uma colher vazada. Tome cuidado com o tão temido transbordo!
- Aos 45 minutos (ou seja, quando ainda restarem 15 minutos de fervura), faça a segunda adição de lúpulos, os fuggles, e adicione também a lactose; mexa até dissolver.
- Aos 55 minutos (ou seja, quando ainda restarem 5 minutos de fervura), acrescente ½ pastilha Whirlfloc e mexa até dissolver.

INOCULAÇÃO DA LEVEDURA

- *Prepare o banho de gelo:* na pia ou em um vasilhame, prepare um banho de gelo para mergulhar e esfriar a cerveja.
- *Esfrie o mosto:* tire o vasilhame do fogo e coloque-o no banho de gelo. Coloque um termômetro higienizado no mosto e deixe esfriar até atingir 21 °C ou menos.
- *Limpe tudo:* higienize qualquer coisa que entrará em contato com a cerveja.

★ 221 ★

CERVEJA EM CASA

- *Transfira o mosto:* despeje o mosto através de um coador higienizado em um fermentador plástico de 3 a 5 galões, ou através do coador higienizado e um funil em um garrafão de vidro de 3 a 5 galões.
- *Inocule a levedura:* agite o tubo de levedura preparada, higienize o lado externo dele, abra-o e jogue todo o conteúdo no mosto resfriado, no fermentador.

FERMENTAÇÃO PRIMÁRIA

- Coloque uma tampa a vácuo equipada com o airlock (cheio de vodca) e o stopper no balde plástico, ou ponha o airlock e o stopper em um garrafão de vidro. Ou use o método do tubo blow-off (ver Capítulo 2).
- Guarde o contêiner em um lugar escuro e relativamente frio (a temperatura ideal para essa cerveja é entre 17 °C e 22 °C) por 7 a 10 dias.
- Prepare o tonel de carvalho francês para o uísque de centeio Sazerac (7 a 10 dias antes de transferir para o fermentador secundário): coloque os cubos de carvalho em um pote de vidro, despeje o Sazerac, feche bem a tampa e deixe os cubos mergulhados no centeio em um lugar frio e escuro por 7 a 10 dias, ou enquanto a cerveja estiver na fermentação primária.

FERMENTAÇÃO SECUNDÁRIA E ADIÇÃO DE CARVALHO

- Usando um sifão higienizado, transfira a cerveja do fermentador primário para um balde ou garrafão de vidro de 3 a 5 galões. (Certifique-se de que o sedimento ficou para trás.)
- Coe os cubos de carvalho do centeio e reserve os dois. Coloque os cubos no fermentador secundário, mexendo delicadamente para misturar (tente não aerar demais a cerveja). Despeje o centeio reservado na cerveja, um pouco por vez – mexendo e provando (com uma colher higienizada após cada prova) –, até obter o gosto que deseja. Lembre-se de que o gosto do Sazerac deve ser bastante sutil, não dominante.

FEVEREIRO

- Ponha um airlock no contêiner secundário e deixe a cerveja descansar por 2 a 4 semanas.
- Prepare o café de chicória (2 a 4 horas antes de engarrafar): rale os grãos de café expresso e misture-os à chicória ralada. Use essa mistura para fazer 8 xícaras de um café de chicória bem forte.
- Depois de passar a cerveja delicadamente pelo sifão para o balde de engarrafar, adicione devagar o café de chicória, mexendo com cuidado e provando (com uma colher higienizada após cada prova).
- Envase e mantenha engarrafada por 14 dias, conforme descrito no Capítulo 2. Depois, refrigere-a e aproveite!

CERVEJEIROS PROFISSIONAIS QUE SERVEM DE MODELO

- **Hitachino Nest Sweet Stout:** Kiuchi Brewery, Ibaraki-ken Nakagun, Japão. Essa cerveja é uma explosão de aromas, com chocolate amargo, chocolate ao leite, caramelo e fruta escura. O gosto é uma mistura doce e cremosa de lactose, caramelo e chocolate ao leite. Notas de café torrado no fim. APV: 3,9%.
- **Left Hand Milk Stout:** Left Hand Brewing Co., Longmont, Colorado. Chocolate torrado e café predominam nesta cerveja, seguidos pela doçura leitosa da lactose. Parece mais um cappuccino de cerveja. APV: 6%.
- **Samuel Adams Cream Stout:** Samuel Adams/Boston Beer Co., Boston, Massachusetts. Uma cream stout ao estilo inglês, feita com maltes ingleses, chocolate torrado e malte caramelo. A adição de cevada não maltada deixa a cerveja ainda mais encorpada. Fim torrado e maltoso. APV: 4,9%.

CERVEJA CASEIRA DE FEVEREIRO 3

Scotch Whisky Wee Heavy do Noivo

FAÇA ESTA CERVEJA SE VOCÊ GOSTA DE: casamentos, as Terras Altas da Escócia, suéteres de lã, uísque escocês, produto feito sob encomenda, carvalho húngaro.

COMBINA COM: o crepitar do fogo na lareira, charuto suave, lagosta, costeletas de carneiro, moluscos e batatinhas com peixe.

COMENTÁRIOS SOBRE ESTILO E FABRICAÇÃO

Às vezes, algumas pessoas nos pedem que façamos uma cerveja especial para casamento (radical!) – nossa amiga Mila nos pediu uma para seu noivo, Martin. Adoramos a criatividade que flui quando fazemos uma cerveja sob encomenda para o grande dia. Levamos em conta as circunstâncias e o estilo de cerveja que melhor representaria as pessoas e/ou o lugar, o momento passado e o presente. Martin, o felizardo, é um escocês gregário de Glasgow, que, por acaso – Deus o abençoe –, também é especialista em úisque escocês. Nossa primeira ideia foi: "Vamos fazer um estilo escocês de cerveja!" (admitimos, não foi uma grande demonstração de criatividade). E nossa segunda ideia (também não exatamente original) foi: "Essa cerveja tem que ter úisque!".

Optamos pelo adorável estilo escocês conhecido como Wee Heavy, famoso por seus sabores torrados ricos, maltosos e tipicamente doces. Adicionamos um de nossos maltes favoritos (o carafa, escuro, com caráter de torrada e ligeiramente defumado), mel caramelizado e levedura scottish ale. Para essa nota de úisque, resolvemos embeber alguns cubos tostados de carvalho médio em um dos scotches favoritos de Martin, o Highland Park 18 anos *single malt*, por uma semana e depois adicioná-los ao fermentador secundário, envelhecendo a cerveja por 2 meses até o dia da cerimônia – a perfeita scotch ale envelhecida em "tonéis de úisque" para nosso noivo escocês. Foi um sucesso entre os convidados. Faça esta cerveja para seu ou sua amante da Escócia.

FAÇA: SCOTCH WHISKY WEE HEAVY DO NOIVO

Nível de dificuldade: devoto
Tipo: extrato com grãos especiais
Equipamento especial/extra: pote de vidro
OG desejada: 1,086
FG desejada: 1,020
IBU: 30

FEVEREIRO

APV desejado: 8,8%
Copo apropriado: pint

LISTA DE COMPRA

Para mais ou menos 2½ galões
1 pacote de levedura Wyeast Scottish Ale 1728
227 g de malte caraston, moído
227 g de malte Munich, moído
113 g de malte carafa I, moído
2,27 ℓ de extrato de malte pale líquido
14 g de lúpulos northdown peletizados
7 g de lúpulos willamette peletizados
170 mℓ de mel caramelizado
½ pastilha Whirlfloc
28 g de lascas de carvalho húngaro médio, tostadas
227 mℓ de Highland Park 18 anos *single malt*

PREPARAÇÃO

- *Prepare a levedura (pelo menos 3 horas antes de começar a fazer a cerveja):* aqueça o tubo de levedura Wyeast Scottish Ale em temperatura ambiente. Você também pode fazer isso no dia anterior.

INFUSÃO/BRASSAGEM

- Esquente 2,8 litros de água. Coloque um termômetro e esquente o vasilhame até 71 °C. Desligue o fogo.
- Adicione os grãos (maltes caraston, munich e carafa I) no saco de grãos (amarrando as extremidades) e coloque tudo no vasilhame. Tampe e deixe descansar por 30 minutos.
- Prepare a água para o sparge: em um vasilhame pequeno, separado, esquente 2,8 litros de água até 77 °C.

SPARGE

- Depois de 30 minutos, remova o saco de grãos do vasilhame. Ponha um coador grande de malha fina sobre o vasilhame. Coloque o saco de grãos no coador, abra-o e despeje devagar a água quente para o sparge, cobrindo todos os grãos. Não esprema o saco de grãos! Remova o saco e jogue-o fora.
- Adicione ao vasilhame mais 2 galões de água.
- Reaqueça a água no vasilhame até 68 ºC; desligue o fogo e adicione o extrato de malte Pale líquido. Mexa delicadamente para que o extrato não grude no fundo do vasilhame.

FERVURA

- Leve o vasilhame ao fogo para ferver.
- Assim que a fervura começar, faça a primeira adição de lúpulos, os northdown, e programe o *timer* para 60 minutos. Os lúpulos dissolverão imediatamente. Mexa de vez em quando, removendo os sólidos grandes com uma colher vazada. Tome cuidado com o tão temido transbordo!
- Aos 30 minutos (ou seja, quando ainda restarem 30 minutos de fervura), faça a segunda adição de lúpulos, os willamette.
- Aos 55 minutos (ou seja, quando ainda restarem 5 minutos de fervura), adicione o mel caramelizado. Mexa até dissolver, tomando cuidado para que não grude no fundo do vasilhame. Quando o mel dissolver, adicione a pastilha Whirlfloc e mexa até dissolver.

INOCULAÇÃO DA LEVEDURA

- *Prepare o banho de gelo:* na pia ou em um vasilhame, prepare um banho de gelo para mergulhar e esfriar a cerveja.
- *Esfrie o mosto:* tire o vasilhame do fogo e coloque-o no banho de gelo. Coloque um termômetro higienizado no mosto e deixe esfriar até atingir 21 ºC ou menos.

FEVEREIRO

- *Limpe tudo:* higienize qualquer coisa que entrará em contato com a cerveja.
- *Transfira o mosto:* despeje o mosto através de um coador higienizado em um fermentador plástico de 3 a 5 galões, ou através do coador higienizado e um funil em um garrafão de vidro de 3 a 5 galões.
- *Inocule a levedura:* agite o tubo de levedura preparada, higienize o lado externo dele, abra-o e jogue todo o conteúdo no mosto resfriado, no fermentador.

FERMENTAÇÃO PRIMÁRIA

- Coloque uma tampa a vácuo equipada com o airlock (cheio de vodca) e o stopper no balde plástico, ou ponha o airlock e o stopper em um garrafão de vidro. Ou use o método do tubo blow-off (ver Capítulo 2).
- Guarde o contêiner em um lugar escuro e relativamente frio (a temperatura ideal para essa cerveja é entre 13 °C e 24 °C) por 7 a 10 dias.
- Prepare o "tonel de uísque" (7 a 10 dias antes de transferir para o fermentador secundário): coloque os cubos de carvalho em um pote de vidro, despeje o uísque, feche bem a tampa e deixe os cubos embebidos em um local frio e escuro por 7 a 10 dias, ou enquanto a cerveja estiver na fermentação primária.

FERMENTAÇÃO SECUNDÁRIA E ADIÇÃO DE UÍSQUE

- Usando um sifão higienizado, transfira a cerveja do fermentador primário para um balde ou garrafão de vidro de 3 a 5 galões. (Certifique-se de que o sedimento ficou para trás.)
- Coe os cubos de carvalho do centeio e reserve os dois. Coloque os cubos no fermentador secundário e mexa delicadamente para misturar (tente não aerar demais a cerveja). Despeje o uísque reservado na cerveja, um pouco por vez – mexendo e provando (com uma colher higienizada após cada prova) –, até obter o gosto que deseja. Deve haver um toque de uísque,

★ 227 ★

mas ele não pode dominar a cerveja. (Adicionamos mais ou menos 170 m*l* e bebemos o resto do uísque com água. Viva!)

- Ponha um airlock no contêiner secundário e deixe a cerveja descansar por pelo menos 2 semanas; nós esperamos 4.
- Envase e mantenha engarrafada por 14 dias, conforme descrito no Capítulo 2. Depois, refrigere-a e aproveite! Na cerimônia do casamento de Martin e Mila, brindamos aos dois com uma cerveja totalmente diferente, feita sob encomenda e perfeita para o noivo.

QUEBRADORES DE REGRAS E DICAS

- Se você não é fã de uísque escocês, pode deixá-lo de fora e colocar apenas os cubos de carvalho no fermentador secundário (higienize-os no vapor antes).
- Ou então deixe de fora os cubos de carvalho e o uísque; dessa forma, você terá uma ótima wee heavy, mais parecida com a que os escoceses bebem em sua terra natal.

CERVEJEIROS PROFISSIONAIS QUE SERVEM DE MODELO

- **AleSmith Barrel Aged Wee Heavy:** AleSmith Brewing Co., San Diego, Califórnia. Um ótimo exemplo de uma wee heavy escocesa ao estilo norte-americano. Rica, torrada e maltosa, com uma onda de defumação. A quantidade perfeita de lúpulos proporciona o equilíbrio perfeito com o malte. Uma cerveja grande, envelhecida por 1 ano em tonéis de bourbon. APV: 10%.
- **Founders Backwoods Bastard:** Founders Brewing Co., Grand Rapids, Michigan. Adoráveis sabores primários de scotch single-malt e tonéis de bourbon com toques de baunilha, turfa, caramelo doce e maltes torrados. Esta cerveja bem encorpada tem um fim um pouco temperado e terrígeno de fruta escura do velho mundo. APV: 10,2%.
- **Belhaven Wee Heavy:** Belhaven Brewery Co., East Lothian, Escócia. A quintessência do wee heavy. Toques de caramelo

FEVEREIRO

e toffee com uma pitada de turfa e madeira. Maltosa, doce e equilibrada, com a quantidade exata de lúpulos de amargor. APV: 6,5%.

PARA ACOMPANHAR

Carne de porco refogada com Crescent City Café au Lait Stout (serve 8 a 10 pessoas)

Um assado de 2,3 a 2,7 kg

Tempero
3 colheres de sopa de açúcar mascavo light
2 colheres de chá de sal *kosher*
1 colher de chá de páprica defumada
½ colher de chá de canela em pó
½ colher de chá de gengibre ralado
½ colher de chá de cebola em pó
½ colher de *chile ancho* em pó

Líquido para refogar
2 xícaras de Crescent City Café au Lait Stout
3 colheres de sopa de vinagre de cidra de maçã
2 colheres de sopa de molho Worcestershire
2 colheres de sopa de xarope de bordo
1 colher de sopa de molho quente

Enxágue e seque a carne de porco assada.

Misture todos os ingredientes do tempero e cubra a carne. Ponha a carne em um saco plástico que possa ser fechado e refrigere por pelo menos 2 horas ou até 12 horas; quanto mais tempo, melhor.

Cozinhe a carne em fogo lento e adicione todos os ingredientes do líquido para refogar. Passe para fogo alto e cozinhe por 6 a 8 horas, ou até a carne se despedaçar sob pressão suave. Volte para fogo baixo se o líquido começar a ferver.

Tire a carne e reserve.

Com cuidado, coe todo o líquido do fogo lento para uma caçarola. Retire a gordura e deixe o líquido em banho-maria até se reduzir a um molho grosso (mais ou menos 45 minutos).

Usando dois garfos, corte a carne em tiras. Misture-a com o molho a gosto.

Sirva com um copo de Crescent City Café au Lait Stout!

12

 **MARÇO**

Dia de St. Patrick | Esqui de primavera | Recesso de primavera | Sonhos com piña colada fresca e brisa do Havaí

Suas cervejas caseiras de março
DRY IRISH STOUT: chocolate amargo, café escuro, grãos torrados.
IPA TROPICAL AO ESTILO BELGA: uma indian pale ale ao estilo belga, lupulizada, com grandes notas de abacaxi.
BIÈRE DE MARS: estilo rústico de fazenda, com alguns ésteres suaves e *muito* seca.

Para acompanhar
Cookies de aveia com Dry Irish Stout.

No hemisfério Sul, corresponde ao mês de setembro (primavera). Se quiser saber quais são as bebidas apropriadas para março (outono) no hemisfério Sul, consulte o "Capítulo 6. Setembro".

Março costumava significar *springbreak* (no hemisfério norte), o momento de tentar beijar rapazes irlandeses. Mas isso foi há muito tempo (*para nós*). Hoje em dia, tentamos ao máximo não ir a lugar algum durante o recesso de primavera, pois não queremos ver estudantes universitários vomitando na praia. No Dia de St. Patrick, nós bebemos e cantamos músicas irlandesas, porém educadamente recusamos Irish Car Bombs* e tentamos não beijar desconhecidos.

Quer dizer, estamos ficando mais velhas, porém ainda celebramos o Dia de St. Patrick – só que agora fazemos do jeito certo. Usamos roupa verde, mas não bebemos cerveja com corante verde. Em vez disso, fazemos uma clássica Dry Irish Stout, uma cerveja substanciosa e esbranquiçada, com um equilíbrio de chocolate e café torrado e uma onda de defumação. No dia 17 de março, combinamos essa cerveja com um denso pão irlandês,** *corned beef* com repolho e carneiro à irlandesa e, para finalizar, nossos cookies de aveia com Dry Irish Stout (página 233).

Como as loucuras do *springbreak* já não fazem parte de nossa vida, interpretamos a ideia com uma cerveja que invoca os dias irresponsáveis de *piña colada* e cerveja barata na praia. No lugar disso, porém, fazemos uma cerveja que imita humildemente uma de nossas IPAs belgas favoritas. Em nossa versão, lupulizamos a cerveja com lúpulos amarillo e citra – ambos carregados de um forte toque aromático tropical de abacaxi, que fará você pensar nas praias do Havaí.

Por fim, incluímos um de nossos estilos preferidos, Bière de Mars, que se traduz como "cerveja de março". Criamos a receita porque somos fãs deste estilo terrígeno, rústico e, francamente, esquisito. E também porque ele é relativamente difícil de encontrar. Não encontrou? Faça você mesmo!

---

* Irish Car Bomb: coquetel americano feito com cerveja, creme e uísque irlandeses. [N. T.]

** *Soda bread*, no original. Pão que leva bicarbonato de sódio como um dos ingredientes. [N. T.]

MARÇO

# CERVEJA CASEIRA DE MARÇO 1

Dry Irish Stout

FAÇA ESTA CERVEJA SE VOCÊ GOSTA DE: porters e stouts, café sem açúcar e expresso forte, tradição, cantar em *pubs*.

COMBINA COM: guisado irlandês, torta de carne, ostras, bolo de chocolate sem farinha, queijo *cheddar* irlandês.

COMENTÁRIOS SOBRE ESTILO E FABRICAÇÃO

A primeira cerveja escura que a maioria das pessoas prova é a Guinness. É a stout mais distribuída e, por causa de seu nome irlandês, tornou-se a escolha óbvia do Dia de St. Patrick. Na Irlanda, o chope Guinness tem pouco mais do que 3% APV, enquanto a versão norte-americana possui de 5% a 6%. E quase todo mundo pensa que está bebendo uma cerveja com uns 10% APV. Isso gera um engano que tentamos desfazer em nosso livro *The Naked Pint*: não se pode julgar uma cerveja por sua cor! Como a maioria das stouts irlandesas, a Guinness não é uma cerveja particularmente forte. Não é "uma refeição"; então, por favor, não substitua seu almoço por uma. São os ricos sabores e o fim seco da cerveja black que geram essa confusão.

As dry stouts levam esse nome (*dry* significa "seco") por causa de seu fim seco e da ausência de dulçor. Elas apresentam um forte sabor torrado, geralmente de café amargo, e um toque de cacau. Esta receita é simples, sem ingredientes incomuns (embora fique deliciosa com um pouco de café ou chocolate). Você se fascinará com a profundidade de caráter conferida pelos grãos especiais torrados, que fazem desta cerveja uma verdadeira stout.

FAÇA: DRY IRISH STOUT

Nível de dificuldade: secundarista
Tipo: extrato com grãos especiais
Equipamento especial/extra: nenhum
OG desejada: 1,044
FG desejada: 1,012

IBU: 38
APV desejado: 4,2%
Copo apropriado: pint

LISTA DE COMPRA

Para mais ou menos 2½ galões
1 tubo de levedura White Labs WL004 Irish Stout
142 g de cevada torrada preta, moída
113 g de malte chocolate, moído
113 g de malte black patent, moído
113 g de malte CaraFoam, moído
900 ml de extrato de malte pilsner líquido
340 g de extrato de malte dark seco
28 g de lúpulos fuggles peletizados
14 g de lúpulos east kent goldings peletizados
½ pastilha Whirlfloc

PREPARAÇÃO

- *Prepare a levedura (pelo menos 3 horas antes de começar a fazer a cerveja):* aqueça o tubo de levedura irish ale em temperatura ambiente. Você também pode fazer isso no dia anterior.

INFUSÃO/BRASSAGEM

- Esquente 2,8 litros de água. Coloque um termômetro e esquente o vasilhame até 71 °C. Desligue o fogo.
- Adicione os grãos (cevada torrada e maltes chocolate, black patent e CaraFoam) no saco de grãos (amarrando as extremidades) e coloque tudo no vasilhame. Tampe e deixe descansar por 30 minutos.
- Prepare a água para o sparge: em um vasilhame pequeno, separado, esquente 2,8 litros de água até 77 °C.

MARÇO

SPARGE

- Depois de 30 minutos, remova o saco de grãos do vasilhame. Ponha um coador grande de malha fina sobre o vasilhame. Coloque o saco de grãos no coador, abra-o e despeje devagar a água quente para o sparge, cobrindo todos os grãos. Não esprema o saco de grãos! Remova o saco e jogue-o fora.
- Adicione ao vasilhame mais 2 galões de água.
- Reaqueça a água no vasilhame até 68 °C; desligue o fogo e adicione o extrato de malte Dark seco. Cuidado para não formar caroço.

FERVURA

- Leve o vasilhame ao fogo para ferver.
- Assim que a fervura começar, faça a primeira adição de lúpulos, 14 gramas de fuggles e 14 gramas de east kent goldings, e programe o *timer* para 60 minutos. Os lúpulos dissolverão imediatamente. Mexa de vez em quando, removendo os sólidos grandes com uma colher vazada. Tome cuidado com o tão temido transbordo!
- Aos 55 minutos (ou seja, quando ainda restarem 5 minutos de fervura), faça a segunda adição de lúpulos, 14 gramas de fuggles. Adicione também a pastilha Whirlfloc; mexa até dissolver.

INOCULAÇÃO DA LEVEDURA

- *Prepare o banho de gelo:* na pia ou em um vasilhame, prepare um banho de gelo para mergulhar e esfriar a cerveja.
- *Esfrie o mosto:* tire o vasilhame do fogo e coloque-o no banho de gelo. Coloque um termômetro higienizado no mosto e deixe esfriar até atingir 21 °C ou menos.
- *Limpe tudo:* higienize qualquer coisa que entrará em contato com a cerveja.
- *Transfira o mosto:* despeje o mosto através de um coador higienizado em um fermentador plástico de 3 a 5 galões, ou

através do coador higienizado e um funil em um garrafão de vidro de 3 a 5 galões.

- *Inocule a levedura:* agite o tubo de levedura preparada, higienize o lado externo dele, abra-o e jogue todo o conteúdo no mosto resfriado, no fermentador.

FERMENTAÇÃO PRIMÁRIA

- Coloque uma tampa a vácuo equipada com o airlock (cheio de vodca) e o stopper no balde plástico, ou ponha o airlock e o stopper em um garrafão de vidro. Ou use o método do tubo blow-off (ver Capítulo 2).
- Guarde o contêiner em um lugar escuro e relativamente frio (a temperatura ideal para essa cerveja é entre 18 °C e 20 °C) por 7 a 10 dias se pretender usar a fermentação secundária, ou por 12 a 14 dias se não for usá-la.

FERMENTAÇÃO SECUNDÁRIA (OPCIONAL)

- Usando um sifão higienizado, transfira a cerveja do fermentador primário para um balde ou garrafão de vidro de 3 a 5 galões. (Certifique-se de que o sedimento ficou para trás.)
- Ponha um airlock no contêiner secundário e deixe a cerveja descansar por pelo menos 14 dias.
- Envase e mantenha engarrafada por 14 dias, conforme descrito no Capítulo 2. Depois, refrigere-a e aproveite!

QUEBRA DE REGRAS E DICAS

- Você pode usar levedura White Labs California Ale em vez da irish ale se estiver fermentando em temperaturas muito mais quentes ou mais frias do que a estipulada na receita. Isso ajuda na atenuação do amargor da cerveja.

★ 236 ★

CERVEJEIROS PROFISSIONAIS QUE SERVEM DE MODELO

- **Guinness Extra Stout:** Guinness Ltd., Dublim, Irlanda. Talvez a cerveja mais amada de todos os tempos. Uma clássica irish stout seca. Melhor da Irlanda. APV: 6%.
- **Murphy's Irish Stout:** Murphy's Brewery Ireland Ltd., Cork, Irlanda. Uma stout seca mais leve e mais doce. Sabores de café torrado e chocolate, um pouco azeda perto do fim. Termina limpa e seca, com um leve amargor. APV: 4,3%.
- **Dragoons Dry Irish Stout:** Moylan's Brewery, Novato, Califórnia. Seca, torrada e incrivelmente rica em sabor, esta stout é feita com uma mistura singular de lúpulos importados e cevada maltada do Reino Unido. APV: 8%.

CERVEJA CASEIRA DE MARÇO 2

IPA Tropical ao Estilo Belga

FAÇA ESTA CERVEJA SE VOCÊ GOSTA DE: bebidas tropicais, fusão de culturas, belgas influenciados por cerveja artesanal norte-americana, complexidade e amargor, abacaxi.

COMBINA COM: escalope assado, bolinhos de lagosta à Maine, *tacos* de peixe, *sushi* temperado, *gelato* de coco.

COMENTÁRIOS SOBRE ESTILO E FABRICAÇÃO

Quando provamos nossa primeira IPA belga (Allagash's Hugh Malone), soltamos uns passinhos de dança, pois este estilo realizou um sonho nosso. Ele oferecia o melhor de dois mundos em um único copo. De certa forma, já vínhamos fazendo algo parecido em nossas bebelanças; criávamos "coquetéis de cerveja", por assim dizer, misturando cerveja exageradamente maltada e de alto teor alcoólico com uma bomba de lúpulos, só para criar algo diferente. Em meio a esses experimentos, descobrimos que amamos uma complexa cerveja ao estilo belga, com seu dulçor e seus ésteres de fruta, misturada a uma IPA com uma boa base de lúpulo. Na época, misturar cervejas artesanais não era uma prática bem vista, mas gostávamos da liberdade e da ideia de nos tornarmos misturólogas de cerveja.

Nosso desejo de mesclar estilos não é único; o mundo da cerveja artesanal aproxima culturas, e, com isso, novos estilos de cerveja são constantemente inventados e estilos tradicionais evoluem (alguns mais rapidamente do que outros). A IPA belga foi criada por cervejeiros belgas que gostavam de cervejas norte-americanas lupuladas. Eles também queriam o melhor de cada mundo e, assim, inventaram um novo estilo.

A inspiração para nossa receita veio de uma IPA belga chamada Houblon Chouffe Dobbelen IPA Tripel, uma amálgama, se é que existe. É uma cerveja super-seca e carregada de lúpulos, gramínea e granulosa que tem um gosto de tripel cítrica misturado com saison terrígena e uma IPA da costa oeste. Queríamos um pouco mais de fruta na cerveja; por isso, fizemos a lupulização com os lúpulos aromáticos mais *cult* do momento: amarillo e citra, que oferecem grandes notas tropicais. O resultado é uma cerveja magnificamente lupulada, com características belgas claras e forte aroma de abacaxi no início e no fim. Abacaxi não é a coisa mais fácil de usar na fabricação de cerveja; resolvemos, então, evocar o toque da fruta com esses deliciosos lúpulos aromáticos. O aroma da lupulização o fará sonhar com frutas tropicais e férias na praia.

FAÇA: IPA TROPICAL AO ESTILO BELGA

Nível de dificuldade: devoto
Tipo: extrato
Equipamento especial/extra: espaço na geladeira; bola para chá grande, de aço inoxidável
OG desejada: 1,079
FG desejada: 1,010
IBU: 33
APV desejado: 9,1%
Copo apropriado: lágrima ou tulipa

MARÇO

LISTA DE COMPRA

Para mais ou menos 2½ galões
1 pacote de levedura Wyeast Belgian Ardennes 3522
1,8 *l* de extrato de malte pilsner líquido
510 g de açúcar de cana ou beterraba
18 g de folhas de lúpulos columbus/tomahawk
14 g de folhas de lúpulos saaz tchecos
½ pastilha Whirlfloc
9 g de folhas de lúpulos amarillo, lupulizados
9 g de folhas de lúpulos citra, lupulizados
2 abacaxis, sem casca, sem caroço, cortados em cubos e amassados (opcional)

PREPARAÇÃO

- *Prepare a levedura (pelo menos 3 horas antes de começar a fazer a cerveja):* quebre o pacote de levedura Belgian Ardennes e aqueça em temperatura ambiente. Você também pode fazer isso no dia anterior.

INFUSÃO/BRASSAGEM

- Esquente 3,5 galões de água. Coloque um termômetro e esquente o vasilhame até 68 °C. Desligue o fogo.
- Adicione 450 gramas do extrato de malte pilsner líquido e o açúcar. Mexa até dissolver.

FERVURA

- Leve o vasilhame ao fogo para ferver.
- Assim que a fervura começar, faça a primeira adição de lúpulos, 12 gramas de columbus/tomahawk, e programe o *timer* para 60 minutos. Os lúpulos dissolverão imediatamente. Mexa de vez em quando, removendo os sólidos grandes com

★ 239 ★

uma colher vazada. Tome cuidado com o tão temido transbordo!

- Aos 40 minutos (ou seja, quando ainda restarem 20 minutos de fervura), faça a segunda adição de lúpulos, 6 gramas de columbus/tomahawk.
- Aos 45 minutos (ou seja, quando ainda restarem 15 minutos de fervura), acrescente com cuidado 1,35 ℓ de extrato de malte pilsner líquido e mexa até dissolver; não deixe grudar no fundo do vasilhame. Ferva novamente se a temperatura cair. Caso a temperatura caia a ponto de interromper a fervura, pare o cronômetro até esta recomeçar. Assim que recomeçar, faça a terceira adição de lúpulos, os saaz tchecos.
- Aos 55 minutos (ou seja, quando ainda restarem 5 minutos de fervura), adicione a ½ pastilha Whirlfloc e mexa até dissolver.

INOCULAÇÃO DA LEVEDURA

- *Prepare o banho de gelo:* na pia ou em um vasilhame, prepare um banho de gelo para mergulhar e esfriar a cerveja.
- *Esfrie o mosto:* tire o vasilhame do fogo e coloque-o no banho de gelo. Coloque um termômetro higienizado no mosto e deixe esfriar até atingir 21 °C ou menos.
- *Limpe tudo:* higienize qualquer coisa que entrará em contato com a cerveja.
- *Transfira o mosto:* despeje o mosto através de um coador higienizado em um fermentador plástico de 3 a 5 galões, ou através do coador higienizado e um funil em um garrafão de vidro de 3 a 5 galões.
- *Inocule a levedura:* agite o tubo de levedura preparada, higienize o lado externo dele, abra-o e jogue todo o conteúdo no mosto resfriado, no fermentador.

FERMENTAÇÃO PRIMÁRIA

- Coloque uma tampa a vácuo equipada com o airlock (cheio de vodca) e o stopper no balde plástico, ou ponha o airlock e o stopper em um garrafão de vidro. Ou use o método do tubo blow-off (ver Capítulo 2).

- Guarde o contêiner em um lugar escuro e relativamente frio (a temperatura ideal para essa cerveja é entre 18 °C e 24 °C) por 7 a 10 dias.

FERMENTAÇÃO SECUNDÁRIA E LUPULIZAÇÃO

- Usando um sifão higienizado, transfira a cerveja do fermentador primário para um balde ou garrafão de vidro de 3 a 5 galões. (Certifique-se de que o sedimento ficou para trás.)
- Prepare a lupulização: encha uma bola de aço inoxidável para chá com os lúpulos amarillo e citra. Amarre uma extremidade de um fio dental à bola e a outra ao cabo do fermentador (ou dê uma de MacGyver e use fita adesiva no lado externo do contêiner), assim você poderá remover os lúpulos sem afetar o lacre da tampa. Ponha um airlock no contêiner secundário.
- Ponha o fermentador no refrigerador e faça o lagering da cerveja (temperatura ideal por volta de 2 °C) por 2 semanas. Prove a cerveja de vez em quando e confie em seu gosto para saber quando é hora de tirar os lúpulos.
- Envase e mantenha engarrafada por 14 dias, conforme descrito no Capítulo 2. Filtre os lúpulos com um coador ao transferir a cerveja para o balde de engarrafar. Depois, refrigere-a e aproveite!

QUEBRA DE REGRAS E DICAS

- No hemisfério norte, março é época de abacaxi. Se não encontrar os lúpulos amarillo ou citra – superpopulares e altamente procurados hoje em dia –, ou se quiser aumentar a aura tropical da cerveja, faça a lupulização com um pouco de lúpulos simcoe ou summit e depois coloque dois abacaxis descascados, sem caroço e cortados em cubos no fermentador, durante a fermentação secundária, por 7 a 10 dias.

★ 241 ★

- Um atalho ainda mais fácil para preparar abacaxi fresco é usar 450 gramas de abacaxi amassado em lata (suco integral puro) e adicioná-lo à fermentação secundária por 7 a 10 dias. Retire o abacaxi da cerveja para engarrafar e para o lagering por 2 semanas, no refrigerador.

CERVEJEIROS PROFISSIONAIS QUE SERVEM DE MODELO

- **Houblon Chouffe Dobbelen IPA Tripel:** Brasserie d'Achouffe, Achouffe, Bélgica. Cítrica e com caráter de pão, nota de tempero e uma dose grande de amargor dos lúpulos. APV: 9%.
- **Hugh Malone:** Allagash Brewing Co., Portland, Maine. Uma cerveja complexa, com notas complexas de malte, intenso aroma dos lúpulos, amarga e seca no fim. APV: 7,8%.
- **Le Freak:** Green Flash Brewing Co., Vista, Califórnia. Uma IPA ao estilo belga que mistura IPAs imperiais norte-americanas com trippels belgas. Lupulizada e condicionada em garrafa. Forte amargor e fruta fresca. APV: 9,2%.

CERVEJA CASEIRA DE MARÇO 3

Bière de Mars

FAÇA ESTA CERVEJA SE VOCÊ GOSTA DE: fazendas ao norte da França, primavera, uma maturidade equilibrada, notas suaves de pão, tradição.

COMBINA COM: sopa de cebola francesa, queijo *triple crème*, *croque madame* ou *croque monsieur*.

COMENTÁRIOS SOBRE ESTILO E FABRICAÇÃO

A Bière de Garde é uma das tradições mais antigas da fabricação cervejeira francesa e, segundo o *Oxford Companion to Beer*, de Garrett Oliver, "a única contribuição francesa amplamente reconhecida para a fabricação especial de cerveja". Proveniente da região de Pas-de-Calais, Bière de Garde significa, em tradução literal, "cerveja para guardar". O estilo costumava ser feito no inverno e depois armazenado para abastecer os meses quentes.

A Bière de Garde é terrígena e rústica, com uma complexidade maltosa e adocicada (mas não muito adocicada). Notas herbáceas e de madeira dominam, e o caráter sutil e temperado do lúpulo proporciona equilíbrio no fim. Existem vários subestilos da Bière de Garde, sendo um deles a Bière de Mars (Cerveja de Março), uma cerveja que era oferecida em março, quando o mundo desgelava após um longo e tenebroso inverno. Essas cervejas são, em geral, um pouco mais fortes tanto no malte quanto no lúpulo e costumam ter de 6% a 7% APV.

Nossa Bière de Mars mistura alguns maltes básicos para recriar uma qualidade rústica de fazenda e usa uma levedura francesa para ale do fabricante Wyeast, a qual ajuda a alcançar aquela aura *je ne sai quoi* de ésteres. O resultado é uma cerveja super-seca e elegante, bem equilibrada e levemente temperada.

FAÇA: BIÈRE DE MARS

Nível de dificuldade: devoto
Tipo: mistura parcial
Equipamento especial/extra: nenhum
OG desejada: 1,066
FG desejada: 1,012
IBU: 20
APV desejado: 7,1%
Copo apropriado: tulipa

LISTA DE COMPRA

Para mais ou menos 2½ galões
1 pacote de levedura Wyeast French Saison 3711
1,5 kg de cevada em flocos
160 g de malte de trigo, moído
170 g de malte Special B, moído

2 ℓ de extrato de malte pilsner líquido

14 g de lúpulos alemães hallertauer peletizados

18 g de lúpulos franceses strisselspalt peletizados

85 g) de açúcar de cana ou beterraba ou açúcar belga feito em casa (página 95)

PREPARAÇÃO

- *Prepare a levedura (pelo menos 3 horas antes de começar a fazer a cerveja):* quebre o pacote de levedura French Saison e aqueça em temperatura ambiente. Você também pode fazer isso no dia anterior.

INFUSÃO/BRASSAGEM

- Esquente 1,4 litros de água. Coloque um termômetro e esquente o vasilhame até 71 °C. Desligue o fogo.
- Adicione os grãos (cevada em flocos e maltes de trigo e Special B) no saco de grãos (amarrando as extremidades) e coloque tudo no vasilhame. Tampe e mantenha entre 67 °C e 68 °C. Se necessário, ligue o fogo de vez em quando para manter a temperatura.
- Prepare a água para o sparge: em um vasilhame pequeno, separado, esquente 3,8 litros de água à temperatura de 77 °C.

SPARGE

- Depois de 60 minutos, remova o saco de grãos do vasilhame. Ponha um coador grande de malha fina sobre o vasilhame. Coloque o saco de grãos no coador, abra-o e despeje devagar a água quente para o sparge, cobrindo todos os grãos. Não esprema o saco de grãos! Remova o saco e jogue-o fora.
- Adicione ao vasilhame mais 1,75 galão de água em temperatura ambiente. Reaqueça a água no vasilhame até 68 °C; desligue o fogo e adicione o extrato de malte pilsner líquido. Mexa delicadamente para que o extrato não grude no fundo do vasilhame.

MARÇO

FERVURA

- Leve o vasilhame ao fogo para ferver.
- Assim que a fervura começar, faça a primeira adição de lúpulos, os Hallertauer, e programe o *timer* para 60 minutos. Os lúpulos dissolverão imediatamente. Mexa de vez em quando, removendo os sólidos grandes com uma colher vazada. Tome cuidado com o tão temido transbordo!
- Aos 30 minutos (ou seja, quando ainda restarem 30 minutos de fervura), faça a segunda adição de lúpulos, 9 gramas de strisselspalt.
- Aos 55 minutos (ou seja, quando ainda restarem 5 minutos de fervura), faça a terceira adição de lúpulos, mais 9 gramas de strisselspalt.
- Após desligar o fogo ao fim da fervura, adicione o açúcar. Mexa até dissolver.

INOCULAÇÃO DA LEVEDURA

- *Prepare o banho de gelo:* na pia ou em um vasilhame, prepare um banho de gelo para mergulhar e esfriar a cerveja.
- *Esfrie o mosto:* tire o vasilhame do fogo e coloque-o no banho de gelo. Coloque um termômetro higienizado no mosto e deixe esfriar até atingir 21 °C ou menos.
- *Limpe tudo:* higienize qualquer coisa que entrará em contato com a cerveja.
- *Transfira o mosto:* despeje o mosto através de um coador higienizado em um fermentador plástico de 3 a 5 galões, ou através do coador higienizado e um funil em um garrafão de vidro de 3 a 5 galões.
- *Inocule a levedura:* agite o pacote de levedura preparada, higienize o lado externo do pacote, abra-o e jogue todo o conteúdo no mosto resfriado, no fermentador.

★ 245 ★

FERMENTAÇÃO PRIMÁRIA

- Coloque uma tampa a vácuo equipada com o airlock (cheio de vodca) e o stopper no balde plástico, ou ponha o airlock e o stopper em um garrafão de vidro. Ou use o método do tubo blow-off (ver Capítulo 2).
- Guarde o contêiner em um lugar escuro e relativamente frio (a temperatura ideal para essa cerveja é entre 18 °C e 25 °C) por 2 semanas.

FERMENTAÇÃO SECUNDÁRIA (NECESSÁRIA)

- Esta cerveja bastante leve, envelhecida, precisa ficar em um vasilhame secundário por um tempo! Seus sabores melhoram muito se você tirá-la da levedura e passá-la a um novo fermentador.
- Usando um sifão higienizado, transfira a cerveja do fermentador primário para um balde ou garrafão de vidro de 3 a 5 galões. (Certifique-se de que o sedimento ficou para trás.)
- Ponha um airlock no contêiner secundário e deixe a cerveja descansar por pelo menos 1 mês.
- Envase e mantenha engarrafado por 2 a 3 meses em temperaturas de lagering (ou na geladeira), conforme descrito no Capítulo 2. Depois, refrigere-a e aproveite! Esta cerveja atinge o auge em 6 meses!

QUEBRA DE REGRAS E DICAS

- Você pode pular a fermentação secundária no balde/garrafão, se quiser; apenas faça o priming, transfira e envase a Bière de Mars logo após a fermentação primária. Se fizer isso, guarde as garrafas por mais ou menos 3 meses acondicionadas para maturação em um local morno (23 °C a 25 °C). Esfrie a cerveja até 10 °C para servir.
- Você também pode usar a levedura White Labs French Ale WLP072 ou Wyeast European Ale 1338 se não encontrar a sugerida na receita.

★ 246 ★

CERVEJEIROS PROFISSIONAIS QUE SERVEM DE MODELO

- **LA-31 Bière de Mars:** Bayou Tech Brewery, Arnaudville, Louisiana. Notas de malte biscuit com lúpulos herbáceos e um fim delicado e amargo. APV: 5%.
- **Bière de Mars:** Jolly Pumpkin Artisan Ales, Dexter, Michigan. Doces notas de caramelo, com um efeito azedo. Notas de cereja, ameixa, carvalho e baunilha, com um fim ácido e temperado. APV: 7%.
- **Lips of Faith Bière de Mars:** New Belgium Brewing Co., Ft. Collins, Colorado. Sabores terrígenos com notas de manga e verbena-limão. Feita com cevada, aveia e trigo e condicionada em garrafa. APV: 6,2%.

PARA ACOMPANHAR

Cookies de aveia e Dry Irish Stout (para mais ou menos 24 cookies)

1 garrafa (340 m*l*) de Dry Irish Stout + ½ xícara para passas embebidas
1½ colher de chá de mel
1 xícara de uvas-passas
¼ de xícara de manteiga sem sal, à temperatura ambiente
1 xícara de açúcar
2 ovos
1¾ de xícara de farinha de trigo
1 colher de chá de fermento
1½ colher de chá de sal
1 colher de chá de canela
2 xícaras de grãos esmagados de aveia

Coloque a stout e o mel em uma caçarola pequena e esquente em fogo baixo até reduzir para 6 colheres de sopa (30 a 40 minutos). Pré-aqueça o forno a 204 °C. Forre algumas formas de biscoito com papel-manteiga.

★ 247 ★

Em uma tigela pequena, misture as uvas-passas com ½ xícara de stout. Leve ao micro-ondas por 30 segundos. Reserve para ensopar as passas.

Em uma tigela grande, faça um creme com a manteiga e o açúcar. Adicione a cerveja reduzida. Adicione os ovos, um por vez, batendo até misturar. Em outra tigela, misture farinha, fermento, sal e canela. Devagar, adicione os ingredientes ao creme; misture bem. Escoe as passas e coloque-as na massa, junto com os grãos de aveia esmagados. Faça bolas grandes com a massa, mais ou menos do tamanho de uma colher de sopa, e ponha-as nas formas de biscoito preparadas, separadas mais ou menos em 10 centímetros. Pressione cada bola para achatar um pouco. Asse por 10 a 15 minutos, ou até ficarem levemente coradas.

Esfrie em uma assadeira fria e sirva.

Variação: faça sanduíches de sorvete com seu sabor favorito. Dá para 1 dúzia.

Mergulhe os cookies em um copo de Dry Irish Stout!

13

 **ABRIL**

Flores | Folhas de dente-de-leão | *Morchella* | Coelhinhos de chocolate | Chuvas de abril

> *Suas cervejas caseiras de abril*
> SAISON CLASSIQUE AVEC MIELE: notas de terra, fruta cítrica e pimenta, com uma pitada de mel.
> ROSEMARY LAUREL SAVORY SAISON: notas saborosas, herbáceas, com uma base rústica.
> DARK AND STORMY WITBIER: Dia da Mentira! Uma black white ale que é temperada, maltosa e granulosa, com nota de tangerina.

Para acompanhar
Moluscos cozidos no vapor com Classique Saison avec Miele.

No hemisfério Sul, corresponde ao mês de outubro (primavera). Se quiser saber quais são as bebidas apropriadas para abril (outono) no hemisfério Sul, consulte o "Capítulo 7. Outubro".

Quando chega abril no hemisfério norte, a primavera se encontra em pleno vigor, as margaridas e as calêndulas florescem. Uma verdadeira oportunidade para você descansar enquanto lê um livro e toma uma deliciosa cerveja. O que mais nos anima, porém, é o fato de que, nesse mês, muitas saisons sazonais são lançadas. É uma época de cervejas terrígenas e complexas, frescas e gramíneas. O dia começa a ficar quente, mas as noites ainda são frias, e queremos beber uma cerveja leve, seca, refrescante e, ao mesmo tempo, complexa.

Nossa primeira receita é uma saison clássica como as encontradas na Bélgica, feita de mel de trigo-sarraceno. A segunda também é uma saison, só que com sabor acrescido de ervas da primavera; o alecrim e o laurel dão uma sensação de sabor interessante à cerveja. Por fim, a terceira cerveja do mês é uma espécie de paradoxo: uma black witbier, ou uma black white ale (ou seja, cerveja de trigo preta, ou ale branca e preta); usamos alguns maltes escuros e um pouco de rum escuro em homenagem ao famoso coquetel Dark and Stormy!

CERVEJA CASEIRA DE ABRIL 1

Saison Classique avec Miele

FAÇA ESTA CERVEJA SE VOCÊ GOSTA DE: dormir numa casa de fazenda, limão, pimenta, cenários idílicos, sabores complexos.
COMBINA COM: escalope ao molho de limão, alcaparra e manteiga, salada de rúcula e parmesão, camarões com coentro, alcachofra grelhada.

COMENTÁRIOS SOBRE ESTILO E FABRICAÇÃO

As saisons geralmente são chamadas de ales do campo, por causa de sua herança mística. Os fazendeiros de Wallonia, na parte da Bélgica que fala francês, fazem essa cerveja com qualquer ingrediente de época (*saison* se traduz como "estação" ou "época"); assim, tradicionalmente, as saisons variam muito quanto a suas receitas. Cevada, trigo, aveia, espelta (trigo-vermelho), trigo-sarraceno, mel, açúcar, casca de laranja seca e diversos temperos como pimenta-do-reino e coentro – todos

ABRIL

já foram usados. Os rústicos fazendeiros da Bélgica realmente utilizam qualquer recurso disponível. Porém, o foco desta cerveja é a levedura. A levedura para saison tem um forte toque de pimenta que faz da cerveja uma combinação perfeita para diversas comidas. Essa levedura é considerada prima da levedura do vinho tinto e aguenta uma temperatura bastante alta na fermentação, entre 29 °C e 32 °C.

Classificamos as saisons entre nossos estilos favoritos de cerveja. Geralmente, é aquele que escolhemos quando vamos a um jantar na casa de amigos e não conhecemos o cardápio. Elas possuem uma mistura de nota cítrica e de pimenta e são terrígenas, secas e um pouco azedas no fim. Da mesma forma que limão e pimenta combinam com quase tudo o que é comestível, a saison, por sua secura, vai bem com a maioria dos pratos, sem interferir nos sabores. A primeira que provamos foi a DuPont, que serve de teste para o estilo. A cervejaria belga DuPont produz cervejas profundamente ligadas à história das cervejas de fazenda. Ainda é uma cerveja que usamos em harmonizações com comida e que impressiona aqueles que só bebem vinho. Nossa receita incorpora mel para um toque doce.

FAÇA: SAISON CLASSIQUE AVEC MIELE

Nível de dificuldade: devoto
Tipo: extrato com grãos especiais
Equipamento especial/extra: nenhum
OG desejada: 1,062
FG desejada: 1,010
IBU: 30
APV desejado: 6,9%
Copo apropriado: tulipa

LISTA DE COMPRA

Para mais ou menos 2½ galões
1 pacote de levedura Wyeast Belgian Saison 3724
113 g de malte CaraMunich, moído
225 g de malte caravienne, moído

900 ml de extrato de malte pilsner líquido
450 g de extrato de malte âmbar seco
170 g de extrato de malte de trigo seco
28 g de lúpulos styrian goldings peletizados
7 g de lúpulos east kent goldings peletizados
7 g de sementes de coentro amassadas
½ pastilha Whirlfloc
113 ml de mel (se possível, de trigo-sarraceno)
113 g de açúcar granulado

PREPARAÇÃO

- *Prepare a levedura (pelo menos 3 horas antes de começar a fazer a cerveja):* quebre o pacote de levedura Belgian Saison e aqueça em temperatura ambiente. Você também pode fazer isso no dia anterior.

INFUSÃO/BRASSAGEM

- Esquente 2,8 litros de água. Coloque um termômetro e esquente o vasilhame até 71 °C. Desligue o fogo.
- Adicione os grãos (CaraMunich e caravienne) no saco de grãos (amarrando as extremidades) e coloque tudo no vasilhame. Tampe e deixe descansar por 30 minutos.
- Prepare a água para o sparge: em um vasilhame pequeno, separado, esquente 2,8 litros de água até 77 °C.

SPARGE

- Depois de 30 minutos, remova o saco de grãos do vasilhame. Ponha um coador grande de malha fina sobre o vasilhame. Coloque o saco de grãos no coador, abra-o e despeje devagar a água quente para o sparge, cobrindo todos os grãos. Não esprema o saco de grãos! Remova o saco e jogue fora
- Adicione ao vasilhame mais 2 galões de água em temperatura ambiente.

ABRIL

- Reaqueça a água no vasilhame até 68 °C; desligue o fogo e adicione o extrato de malte pilsner líquido. Mexa delicadamente para que o extrato não grude no fundo do vasilhame. Adicione os extratos de malte âmbar e de trigo secos. Cuidado para não formar caroço.

FERVURA

- Leve o vasilhame ao fogo para ferver.
- Assim que a fervura começar, faça a primeira adição de lúpulos, 21 gramas de styrian goldings, e programe o *timer* para 60 minutos. Os lúpulos dissolverão imediatamente. Mexa de vez em quando, removendo os sólidos grandes com uma colher vazada. Tome cuidado com o tão temido transbordo!
- Aos 45 minutos (ou seja, quando ainda restarem 15 minutos de fervura), faça a segunda adição de lúpulos, os east kent goldings.
- Aos 55 minutos (ou seja, quando ainda restarem 5 minutos de fervura), faça a terceira adição de lúpulos, 7 gramas restantes de styrian goldings. Adicione também as sementes de coentro e a ½ pastilha Whirlfloc; mexa até dissolver.
- Após desligar o fogo ao fim da fervura, adicione o mel e o açúcar; mexa bem para que não grudem no fundo do vasilhame.

INOCULAÇÃO DA LEVEDURA

- *Prepare o banho de gelo:* na pia ou em um vasilhame, prepare um banho de gelo para mergulhar e esfriar a cerveja.
- *Esfrie o mosto:* tire o vasilhame do fogo e coloque-o no banho de gelo. Coloque um termômetro higienizado no mosto e deixe esfriar até atingir 21 °C ou menos.
- *Limpe tudo:* higienize qualquer coisa que entrará em contato com a cerveja.
- *Transfira o mosto:* despeje o mosto através de um coador higienizado em um fermentador plástico de 3 a 5 galões, ou através do coador higienizado e um funil em um garrafão de vidro de 3 a 5 galões.

★ 253 ★

- *Inocule a levedura:* agite o pacote de levedura preparada, higienize o lado externo do pacote, abra-o e jogue todo o conteúdo no mosto resfriado, no fermentador.

FERMENTAÇÃO PRIMÁRIA

- Coloque uma tampa a vácuo equipada com o airlock (cheio de vodca) e o stopper no balde plástico, ou ponha o airlock e o stopper em um garrafão de vidro. Ou use o método do tubo blow-off (ver Capítulo 2).
- Guarde o contêiner em um lugar escuro e relativamente frio (a temperatura ideal para essa cerveja é entre 21 °C e 35 °C) por 7 a 10 dias se pretender usar a fermentação secundária, ou por 12 a 14 dias se não for usá-la. Talvez seja necessário experimentar a fermentação em temperaturas mais altas.

FERMENTAÇÃO SECUNDÁRIA (OPCIONAL)

- Usando um sifão higienizado, transfira a cerveja do fermentador primário para um balde ou garrafão de vidro de 3 a 5 galões. (Certifique-se de que o sedimento ficou para trás.)
- Ponha um airlock no contêiner secundário e deixe a cerveja descansar por pelo menos 14 dias.
- Envase e mantenha engarrafada por 14 dias, conforme descrito no Capítulo 2. Depois, refrigere-a e aproveite!

QUEBRA DE REGRAS E DICAS

- Não é exatamente um quebrador de regra, apenas uma dica: a levedura da saison trabalha melhor em temperaturas altas – de 27 °C a 32 °C. Experimente fermentar esta cerveja em um local quente ou no verão.

ABRIL

CERVEJEIROS PROFISSIONAIS QUE SERVEM DE MODELO

- **Saison DuPont:** Brasserie DuPont, Tourpes-Leuze, Bélgica. A mais famosa saison belga ou ale de fazenda. Seca e apimentada, com nota de azedume terrígeno e fruta cítrica. APV: 6,5%.
- **Hennepin:** Brewery Ommegang, Cooperstown, Nova York. Terrígena, seca, com caráter de nozes e gramínea. Boa presença de lúpulos com notas mais amargas do que doces. APV: 7,5%.
- **Fantôme Saison:** Brasserie Fantôme, Soy, Bélgica. Cerveja saison frutada, complexa, originária da floresta Ardennes, de uma pequena cervejaria de fazenda. Alguns fãs a chamam de "néctar dos deuses". APV: 8%.

CERVEJA CASEIRA DE ABRIL 2

Rosemary Laurel Savory Saison

FAÇA ESTA CERVEJA SE VOCÊ GOSTA DE: variações de um tema, bebidas saborosas, aromaticidade rústica, cervejas complexas.
COMBINA COM: queijo de cabra untado com alecrim, frango assado com ervas, molho cremoso de gorgonzola, pizza.

COMENTÁRIOS SOBRE ESTILO E FABRICAÇÃO

Uma cerveja não precisa ser refrescante ou amarga ou doce; ela pode servir como molho para a comida, um ingrediente no jantar. Alecrim e folhas de louro combinam deliciosamente com pratos grandes e rústicos, e nós quisemos criar uma receita saborosa e aromática. Afinal, as saisons são chamadas de ales de fazenda, e o aroma do alecrim e do louro evoca esse cenário.

O louro é mais conhecido por coroar os competidores olímpicos na Grécia antiga. Hoje, é usado principalmente para dar sabor a caldos. Ah, como decaiu o poderoso louro! Nesta receita, a calda será o mosto – e o louro adicionará um toque amargo, herbáceo. O alecrim é uma planta que floresce quase o ano todo e tem relação com a hortelã; é usado em pratos de carne grandiosos, rústicos. É uma de nossas ervas favoritas, com seu aroma elegante de pinho, seu sabor forte e ligeiramente amargo e sua grande resistência a todo tipo de clima. A Califórnia, com seus problemas de seca, é o lar do alecrim, que necessita de poucos cuidados e pouca água. Certas noites em Los Angeles, o aroma do alecrim o persegue durante um passeio pela cidade.

FAÇA: ROSEMARY LAUREL SAVORY SAISON

Nível de dificuldade: devoto
Tipo: extrato com grãos especiais
Equipamento especial/extra: nenhum
OG desejada: 1,062
FG desejada: 1,010
IBU: 30
APV desejada: 6,9%
Copo apropriado: tulipa

LISTA DE COMPRA

Para mais ou menos 2½ galões
1 pacote de levedura Wyeast Belgian Saison 3724
113 g de malte CaraMunich, moído
226 g de malte caravienne, moído
900 mℓ de extrato de malte pilsner líquido
450 g de extrato de malte âmbar seco
170 g de extrato de malte de trigo seco
28 g de lúpulos styrian goldings peletizados
7 g de lúpulos east kent goldings peletizados
7 g de sementes de coentro, levemente amassadas
½ pastilha Whirlfloc
113 mℓ de mel (se possível, de trigo-sarraceno)
110 g de açúcar granulado
2 folhas de louro secas
10-12 folhas de alecrim secas (mais ou menos um ramo)

ABRIL

PREPARAÇÃO

- *Prepare a levedura (pelo menos 3 horas antes de começar a fazer a cerveja):* quebre o pacote de levedura Belgian Saison e aqueça em temperatura ambiente. Você também pode fazer isso no dia anterior.

INFUSÃO/BRASSAGEM

- Esquente 2,8 litros de água. Coloque um termômetro e esquente o vasilhame até 71 °C. Desligue o fogo.
- Adicione os grãos (CaraMunich e caravienne) no saco de grãos (amarrando as extremidades) e coloque tudo no vasilhame. Tampe e deixe descansar por 30 minutos.
- Prepare a água para o sparge: em um vasilhame pequeno, separado, esquente 2,8 litros de água até 77 °C.

SPARGE

- Depois de 30 minutos, remova o saco de grãos do vasilhame. Ponha um coador grande de malha fina sobre o vasilhame. Coloque o saco de grãos no coador, abra-o e despeje devagar a água quente para o sparge, cobrindo todos os grãos. Não esprema o saco de grãos! Remova o saco e jogue-o fora.
- Adicione ao vasilhame mais 2 galões de água em temperatura ambiente.
- Reaqueça a água no vasilhame até 68 °C; desligue o fogo e adicione o extrato de malte pilsner líquido. Mexa delicadamente para que não grude no fundo do vasilhame. Adicione os extratos de malte âmbar e de trigo secos. Cuidado para não formar caroço.

★ 257 ★

FERVURA

- Leve o vasilhame ao fogo para ferver.
- Assim que a fervura começar, faça a primeira adição de lúpulos, 21 gramas de styrian goldings, e programe o *timer* para 60 minutos. Os lúpulos dissolverão imediatamente. Mexa de vez em quando, removendo os sólidos grandes com uma colher vazada. Tome cuidado com o tão temido transbordo!
- Aos 45 minutos (ou seja, quando ainda restarem 15 minutos de fervura), faça a segunda adição de lúpulos, os east kent goldings.
- Aos 55 minutos (ou seja, quando ainda restarem 5 minutos de fervura), faça a terceira adição de lúpulos, 7 gramas de styrian goldings. Adicione também as sementes de coentro e a ½ pastilha Whirlfloc; mexa até dissolver.
- Após desligar o fogo ao fim da fervura, adicione o mel, o açúcar, o louro e o alecrim; mexa bem para que não grudem no fundo do vasilhame.

INOCULAÇÃO DA LEVEDURA

- *Prepare o banho de gelo:* na pia ou em um vasilhame, prepare um banho de gelo para mergulhar e esfriar a cerveja.
- *Esfrie o mosto:* tire o vasilhame do fogo e coloque-o no banho de gelo. Coloque um termômetro higienizado no mosto e deixe esfriar até atingir 21 °C ou menos.
- *Limpe tudo:* higienize qualquer coisa que entrará em contato com a cerveja.
- *Transfira o mosto:* despeje o mosto através de um coador higienizado em um fermentador plástico de 3 a 5 galões, ou através do coador higienizado e um funil em um garrafão de vidro de 3 a 5 galões.
- *Inocule a levedura:* agite o pacote de levedura preparada, higienize o lado externo do pacote, abra-o e jogue todo o conteúdo no mosto resfriado, no fermentador.

ABRIL

FERMENTAÇÃO PRIMÁRIA

- Coloque uma tampa a vácuo equipada com o airlock (cheio de vodca) e o stopper no balde plástico, ou ponha o airlock e o stopper em um garrafão de vidro. Ou use o método do tubo blow-off (ver Capítulo 2).
- Guarde o contêiner em um lugar escuro e relativamente frio (a temperatura ideal para essa cerveja é entre 21 °C e 35 °C) por 7 a 10 dias se pretender usar a fermentação secundária, ou por 12 a 14 dias se não for usá-la. Talvez seja necessário experimentar a fermentação em temperaturas mais altas.

FERMENTAÇÃO SECUNDÁRIA (RECOMENDADA)

- Usando um sifão higienizado, transfira a cerveja do fermentador primário para um balde ou garrafão de vidro de 3 a 5 galões. (Certifique-se de que o sedimento ficou para trás.)
- Ponha um airlock no contêiner secundário e deixe a cerveja descansar por pelo menos 14 dias.
- Envase e mantenha engarrafada por 14 dias, conforme descrito no Capítulo 2. Depois, refrigere-a e aproveite!

QUEBRA DE REGRAS E DICAS

- Não é exatamente um quebrador de regra, apenas uma dica: a levedura da Saison trabalha melhor em temperaturas quentes – de 27 °C a 32 °C. Experimente fermentar esta cerveja em um local quente ou no verão.
- O alecrim seco não é exatamente igual ao fresco. Se você só tiver alecrim fresco à mão, adicione uma colher de chá após desligar o fogo.
- Faça experimentos com a quantidade de alecrim e de louro até conseguir os tons herbáceos que deseja.

CERVEJEIROS PROFISSIONAIS QUE SERVEM DE MODELO

- **Trip XI:** New Belgium Brewing Co., Fort Collins, Colorado e Elysian Brewing Co., Seattle, Washington. Feita com alecrim e sálvia. Sabores de fruta cítrica e terra, com uma nota leve de fruta e pão. Sálvia e alecrim no fim. APV: 8,5%.
- **Saison Athene:** Saint Somewhere Brewing Co., Tarpon Springs, Flórida. Uma saison condicionada em garrafa com camomila, alecrim fresco e pimenta-do-reino. Supercomplexa, com nota forte de tempero por causa da levedura silvestre. APV: 7,5%.
- **Utah Sage Saison:** Epic Brewing Co., Salt Lake City, Utah. Grandes aromas de alecrim, tomilho e sálvia. Lúpulos terrígenos no fim. APV: 7,6%.

 ## CERVEJA CASEIRA DE ABRIL 3

Dark and Stormy Witbier

FAÇA ESTA CERVEJA SE VOCÊ GOSTA DE: contradição, pegadinhas, a voz de Nina Simone, dias de chuva, rum escuro, bebidas de marinheiros.

COMBINA COM: barriga de porco defumada, charcuteria, macarrão trufado, queijo e robalo *miso-glazed.*

COMENTÁRIOS DE ESTILO E FABRICAÇÃO

Chamamos esta cerveja de black white ale (BWA). Isso significa que ela é uma witbier ao estilo belga feita com maltes escuros. Bem, a BWA não é realmente um estilo. Na verdade, ela foi inspirada em uma cerveja que não encontramos mais. Até pouco tempo atrás, a Bruery, uma de nossas cervejarias favoritas no sul da Califórnia, fazia uma cerveja sublime chamada Black Orchard, que nós considerávamos uma black wit, mas que era descrita como uma cerveja de trigo preta ao estilo belga, não filtrada, feita com camomila, coentro e fruta cítrica. Uau, como era boa! Entretanto, por algum motivo, pararam de fabricá-la. Isso é triste, porém às vezes acontece no mundo da cerveja artesanal. Nada dura para sempre. Mas aí está uma das grandes vantagens da fabricação caseira: se você não pode comprar certa cerveja, faça-a! E nós fizemos. Inventamos esta receita, que é muito diferente da Black Orchard. Não podemos dizer que somos capazes de imitar aquela cerveja, mas a nossa é tão eficaz quanto a bebida da Bruery. Nossa Dark and Stormy Wit tem uma nota defumada proporcionada pelo malte carafa, uma nota de charme rústico por causa da levedura e um gosto cítrico e temperado próprio da tangerina e do coentro. E, em reconhecimento ao famoso coquetel de mesmo nome, adicionamos um pouco de rum escuro ao fermentador secundário. A opção de usá-lo ou não é sua. É possível obter uma Dark and Stormy Witbier deliciosa mesmo sem o rum.

FAÇA: DARK AND STORMY WITBIER

Nível de dificuldade: devoto
Tipo: mistura parcial com grãos especiais
OG desejada: 1,048
FG desejada: 1,010
IBU: 20
APV desejado: 5%
Copo apropriado: lágrima ou tulipa

LISTA DE COMPRA

Para mais ou menos 2½ galões
1 tubo de levedura White Labs Belgian Wit Ale WLP400
113 g de cevada torrada, moída
28 g de malte carafa, moído
57 g de malte carapils, moído
113 g de malte CaraWheat, moído
1,15 ℓ de extrato de malte de trigo líquido (uma mistura de maltes de trigo e pale; verifique os ingredientes antes de comprar)
227 mℓ de extrato de malte pilsner líquido
12 g de lúpulos tettnag peletizados
12 g de lúpulos saaz peletizados

22 g de raspas de tangerina fresca (sem a parte branca da casca)
6 g de sementes de coentro, levemente amassadas
113 m*l* de mel escuro ou caramelizado
57 a 170 g de rum preto (Gosling Black Seal ou Cruzan Black Strap) (opcional)

PREPARAÇÃO

- *Prepare a levedura (pelo menos 3 horas antes de começar a fazer a cerveja):* aqueça o tubo de levedura Belgian Wit Ale em temperatura ambiente.

INFUSÃO/BRASSAGEM

- Esquente 2,8 litros de água. Coloque um termômetro e aqueça o vasilhame até 71 °C. Desligue o fogo.
- Adicione os grãos (cevada torrada, maltes carafa e CaraWheat) no saco de grãos (amarrando as extremidades) e coloque tudo no vasilhame. Tampe e deixe descansar por 30 minutos.
- Prepare a água para o sparge: em um vasilhame pequeno, separado, esquente 2,8 litros de água até 77 °C.

SPARGE

- Depois de 30 minutos, remova o saco de grãos do vasilhame. Ponha um coador grande de malha fina sobre o vasilhame. Coloque o saco de grãos no coador, abra-o e despeje devagar a água quente para o sparge, cobrindo todos os grãos. Não esprema o saco de grãos! Remova o saco e jogue-o fora.
- Adicione ao vasilhame mais 2 galões de água.
- Reaqueça a água no vasilhame até 68 °C; desligue o fogo e adicione o extratos de malte de trigo e pilsner líquidos. Mexa delicadamente para que o extrato não grude no fundo do vasilhame.

ABRIL

FERVURA

- Leve o vasilhame ao fogo para ferver.
- Assim que a fervura começar, faça a primeira adição de lúpulos, os tetnagg e 6 gramas de saaz, e programe o *timer* para 60 minutos. Os lúpulos dissolverão imediatamente. Mexa de vez em quando, removendo os sólidos grandes com uma colher vazada. Tome cuidado com o tão temido transbordo!
- Aos 55 minutos (ou seja, quando ainda restarem 5 minutos de fervura), faça a terceira adição de lúpulos, 6 gramas de saaz. Adicione também as raspas de tangerina e as sementes de coentro.
- Após desligar o fogo ao fim da fervura, adicione o mel. Mexa bem para o mel não grudar no fundo do vasilhame.

INOCULAÇÃO DA LEVEDURA

- *Prepare o banho de gelo:* na pia ou em um vasilhame, prepare um banho de gelo para mergulhar e esfriar a cerveja.
- *Esfrie o mosto:* tire o vasilhame do fogo e coloque-o no banho de gelo. Coloque um termômetro higienizado no mosto e deixe esfriar até atingir 21 °C ou menos.
- *Limpe tudo:* higienize qualquer coisa que entrará em contato com a cerveja.
- *Transfira o mosto:* despeje o mosto através de um coador higienizado em um fermentador plástico de 3 a 5 galões, ou através do coador higienizado e um funil em um garrafão de vidro de 3 a 5 galões.
- *Inocule a levedura:* agite o pacote de levedura preparada, higienize o lado externo do pacote, abra-o e jogue todo o conteúdo no mosto resfriado, no fermentador.

FERMENTAÇÃO PRIMÁRIA

- Coloque uma tampa a vácuo equipada com o airlock (cheio de vodca) e o stopper no balde plástico, ou ponha o airlock e

★ 263 ★

o stopper em um garrafão de vidro. Ou use o método do tubo blow-off (ver Capítulo 2).

- Guarde o contêiner em um lugar escuro e relativamente frio (a temperatura ideal para essa cerveja é entre 19 °C e 23 °C) por 7 a 10 dias.

FERMENTAÇÃO SECUNDÁRIA E ADIÇÃO DE RUM

- Usando um sifão higienizado, transfira a cerveja do fermentador primário para um balde ou garrafão de vidro de 3 a 5 galões. (Certifique-se de que o sedimento ficou para trás.)
- Devagar, adicione o rum ao contêiner secundário: comece com apenas 57 g e continue com adições de 28 gramas – mexendo e provando (com uma colher higienizada após cada prova) – até conseguir o gosto que deseja. A cerveja deve ser o sabor primário desta bebida, enquanto o tom cítrico e o coentro constituirão os sabores secundários; o rum será o terceiro.
- Ponha um airlock no contêiner secundário e deixe a cerveja descansar por pelo menos 14 dias.
- Envase e mantenha engarrafada por 14 dias, conforme descrito no Capítulo 2. Depois, refrigere-a e aproveite!

QUEBRA DE REGRAS E DICAS

- A própria cerveja já é uma quebra de regras.
- Enquanto você espera a fermentação, faça um coquetel Dark and Stormy. Ponha gelo no copo, despeje 57 mililitros de Goslings Dark Rum, esprema sumo de ¼ de 1 gomo de lima e jogue o gomo dentro. Adicione cerveja de gengibre por cima, mexa, guarneça com outra lima e beba. Com isso, a espera pela fermentação da cerveja não fica tão irritante!

ABRIL

CERVEJEIROS PROFISSIONAIS QUE SERVEM DE MODELO

- **Noire de Chambly:** Unibroue, Chambly, Canadá. Aromas de madeira, defumação, café e alcaçuz. Sabores de grãos torrados e temperos como cravo, erva-doce e hortelã. Nota de chocolate no fim. APV: 6,2%.
- **Leffe Brune:** Abbaye de Leffe, Dinant, Bélgica. Doces notas de malte, com um leve toque de açúcar mascavo e fruta escura. Uma levedura picante confere complexidade. APV: 6,5%.
- **Black Velvet Black Witbier:** Upstream Brewing Co., Omaha, Nebraska. Cuidadosamente temperada com laranja doce, casca de limão, coentro, capim-limão e roseira brava. APV: 5,5%.

PARA ACOMPANHAR

Molusco no vapor com Classique Saison avec Miele (serve 4 pessoas)

¼ de manteiga sem sal
4 cebolinhas brancas, bem picadas
1 cebola pequena, picada (1 xícara)
3 dentes de alho, bem picados
1 colher de sopa de tomilho fresco, picado
2 folhas de louro pequenas
pitada generosa de sal
2 xícaras de Classique Saison avec Miele (despeje a cerveja devagar, em posição angular)
908 g de moluscos, raspados e limpos
1 colher de chá de mostarda Dijon
2 colheres de sopa de creme batido
½ xícara de salsa com folha chata, fresca e picada

Em uma panela pesada e grande (5 a 7 litros), esquente a manteiga em fogo médio-alto até a espuma baixar; depois, cozinhe as

★ 265 ★

cebolinhas brancas, a cebola, o alho, o tomilho, as folhas de louro e o sal, mexendo de vez em quando, até tudo ficar mole (mais ou menos 4 minutos).

Adicione a cerveja e ferva tudo. Adicione os moluscos, tampe e cozinhe, mexendo de vez em quando até que os moluscos se abram (4 a 6 minutos). Transfira-os para uma forma de servir funda. (Jogue fora qualquer molusco rebelde que não quis abrir). Tire a panela do fogo. Coloque a mostarda e o creme em uma tigela pequena e mexa; depois, adicione a mistura e a salsa ao caldo quente na panela e bata até misturar tudo. Tire as folhas de louro. Despeje o molho sobre os moluscos e sirva com pão com casca, recém-assado.

Variação: experimente a mesma receita com a Rosemary Laurel Savory Saison.

Sirva com um copo de Saison Classique avec Miele ou Rosemary Laurel Savory Saison!

14

 **MAIO**

Fabricação de cervejeiro crescidinho | Corridas de cavalo | Dia das Mães | Lírios do vale

> ### *Suas cervejas caseiras de maio*
> BRANDIED APRICOT CREAM ALE: cerveja sofisticada, que causa um certo impacto.
> DECADENT DUNKELWEIZEN: pão de nozes com chocolate e banana em um copo. Nota de cravo.
> FRUITY FAUX LAMBIC: atrevida, azeda, ácida. Uma homenagem frutada ao vale do Sena da Bélgica.

Para acompanhar
Pato assado com molho de Sour Cherry Faux Lambic.

No hemisfério Sul, corresponde ao mês de novembro (primavera). Se quiser saber quais são as bebidas apropriadas para maio (outono) no hemisfério Sul, consulte o "Capítulo 8. Novembro".

Chegamos ao último mês de nossa jornada cervejeira. Agora a coisa ficou séria. Neste mês, iremos nos concentrar em fazer cerveja somente de grãos. Não se apavore, não chore. Não é tão difícil. Aliás, é muito fácil agora que você já passou um ano inteiro fabricando cerveja. A cerveja somente grãos é uma progressão natural da cerveja com extrato e com mistura parcial. Na verdade, uma vez atravessada essa fronteira, alguns cervejeiros têm dificuldade em voltar. Alguns puristas (nós, não) dizem que, se você nunca fez cerveja somente grãos, então não é um cervejeiro de verdade. Poder dizer que você é um cervejeiro somente grãos é como afirmar que a casa é sua, e não alugada. Na loja de suprimentos para cerveja artesanal, as pessoas o olham como se dissessem: "Oh... você faz cerveja somente grãos... deve ser sério".

Admitimos que dá certa satisfação fazer cerveja com apenas uma pilha de grãos e alguns lúpulos, água e levedura. É algo que abre a mente para a simplicidade maravilhosa da cerveja. Trabalhar somente com grãos ajuda a entender a cerveja em seus níveis mais fundamentais. Já dissemos que esse é o jeito mais barato de fazer cerveja? Só para você saber...

> **Como a fabricação só com grãos difere da fabricação com extratos?**
>
> Na fermentação só com grãos, não é preciso reidratar o extrato do malte para obter os açúcares fermentáveis. Na verdade, você mesmo faz isso por meio de uma brassagem. Trata-se de uma mistura grossa (com aspecto de aveia) de água e grãos. É o processo de deixar a água e os grãos descansarem em determinada temperatura (geralmente entre 64 °C a 68 °C) por determinado período de tempo (entre 60 e 90 minutos), para que as enzimas que existem naturalmente no grão convertam o amido deste em açúcares fermentáveis. Em seguida, os grãos são coados e enxaguados, deixando para trás aquele líquido que você já conhece dos extratos e da mistura parcial, que é o mosto. Depois disso, você começa a fervura, faz a adição de lúpulos e outros ingredientes, resfria e fermenta exatamente como na fermentação com extratos. Viu? Não é tão difícil.

Brew in a bag (BIAB)

Este é o método mais fácil e barato que encontramos para trabalhar somente com grãos. Trata-se de um fantástico passo inicial dentro do reino dos cervejeiros que usam extratos ou somente grãos. O sparge não é necessário. Em comparação com outros métodos de grãos, aqui os volumes são menores; é o equivalente a cozinhar com uma única panela: só há um vasilhame para fermentar e limpar. Você não tem de comprar equipamentos adicionais; a única coisa de que precisa é um pouco mais de tempo e vigilância, além de certo *know-how*.

O método brew in a bag, utilizado nas receitas deste capítulo, é assim:

1. Encha o vasilhame com 4 galões de água. Coloque-o em fogo alto e esquente até 74 °C. (Em nossas receitas, queremos que a temperatura para a brassagem seja de 66 °C ou 67 °C. A temperatura cai para esses níveis quando adicionamos os grãos.)

2. Encha um saco de grãos de 61 × 61 centímetros com os grãos moídos. Desligue o fogo e, devagar, ponha o saco de grãos na água. Com vários clipes de metal (fáceis de encontrar em qualquer loja de material de escritório), prenda o saco pelas extremidades na borda do vasilhame. Mexa os grãos no saco delicadamente para garantir que fiquem molhados e que não sobre nenhum bolsão seco de malte, o que chamamos de "bolinhas de massa".

3. Tampe o vasilhame e faça a brassagem no tempo necessário (60 a 90 minutos) e na temperatura especificada na receita. Talvez seja preciso realizar certos ajustes – como ligar e desligar o fogo – para manter a temperatura constante. Não deve ser algo tão difícil, uma vez que o vasilhame tampado já faz isso. Não se preocupe: você não vai estragar tudo caso deixe a temperatura cair alguns graus abaixo da ideal por alguns minutos. Apenas fique de olho e a ajuste conforme necessário.

4. Depois do tempo exigido na receita para a brassagem, tire a tampa, remova os clipes do saco de grãos (segurando-o, para que os grãos não fiquem soltos no líquido) e, lentamente, tire-o do mosto. Ponha um coador grande de malha fina sobre o vasilhame e coloque o saco de grãos no coador. Deixe o mosto quente escoar do saco (o que, neste caso, equivale ao processo de lautering,

para os cervejeiros aficionados) por 5 a 10 minutos; jogue fora o saco e os grãos.

5. Agora é hora de ligar o fogo novamente e ferver o mosto. Faça as adições de lúpulos e outras, resfrie a cerveja, fermente-a e envase-a exatamente como na fabricação com extratos.

Parabéns, cervejeiro de grãos!

Dicas

1. Use um termômetro que funcione fora do vasilhame; assim, você não precisará levantar a tampa constantemente para verificar a temperatura.

2. Deixe um balde ou um cesto de lixo por perto para quando terminar a brassagem. Dessa forma, você não precisará correr pela cozinha, pingando mosto para todo lado, para jogar fora o saco de grãos. É melhor não jogar os grãos usados no cesto de lixo comum da cozinha.

 CERVEJA CASEIRA DE MAIO 1

Brandied Apricot Cream Ale

FAÇA ESTA CERVEJA SE VOCÊ GOSTA DE: ausência de lactose, cerveja leve, notas de fruta, milho.

COMBINA COM: ovos Benedict, ostras cruas, salmão grelhado e bolo mandarim.

COMENTÁRIOS SOBRE ESTILO E FABRICAÇÃO

O nome desta ale é enganador. Ela não leva creme. É um estilo que brotou das lagers americanas, levemente encorpadas. Os cervejeiros artesanais queriam fazer uma cerveja dourada de corpo leve/médio com baixo amargor, maltes biscuit complexos e delicada (alguns diriam cremosa) no fim. Ah, também queriam que a cerveja fosse *boa*, e não aquela coisa aguada que crescemos bebendo. É uma bebida perfeita para matar a sede na primavera.

MAIO

Esta receita específica de cream ale é um clone de uma cerveja da Victor Novak of Taps Fish House and Brewery, em Brea, Califórnia. Victor é um cervejeiro premiado; mais do que isso: sua cream ale ganhou a medalha de ouro no Great American Beer Festival (o "Oscar" da cerveja), em 2005 e 2001. Ele gentilmente nos deu sua receita, que adaptamos ao nosso modo de fabricação. Esta cream ale levemente encorpada tem cor amarelo-palha, nota de milho no aroma inicial, boa presença de lúpulos e um dulçor suave no fim. No espírito do cervejeiro artesanal de "Quer saber? Vamos fazer e pronto!", adicionamos também um pouco de licor de damasco antes de engarrafar. Foi uma adição fabulosa! Entretanto, somos obrigadas a mencionar que esta cream ale fica gostosa mesmo sem esse ingrediente. Se você procura uma ale fácil de beber para servir a novatos no mundo da cerveja, acabou de encontrar. Experimente das duas formas e escolha sua preferida.

FAÇA: BRANDIED APRICOT CREAM ALE

Nível de dificuldade: devoto
Tipo: Só grãos, BIAB
Equipamento especial/extra: clipes de metal para papel, pote de vidro
OG desejada: 1,051
FG desejada: 1,008
IBU: 10
APV desejado: 4,8%
Copo apropriado: pint

LISTA DE COMPRA

Para mais ou menos 2½ galões
1 tubo de levedura White Labs California Ale WLP001
4 galões de água da fonte engarrafada (não purificada) ou 2 galões de água destilada
1,70 kg de malte pilsner, moído
283 g de açúcar de milho (dextrose)

4 g de lúpulos perle peletizados
½ pastilha Whirlfloc
7 g de lúpulos fuggles peletizados
57 a 113 m*l* de licor de damasco feito em casa (6 semanas antes de fazer a cerveja; ver página 274)

PREPARAÇÃO

- *Prepare a levedura (pelo menos 3 horas antes de começar a fazer a cerveja):* aqueça o tubo de levedura California Ale em temperatura ambiente.

INFUSÃO/BRASSAGEM

- Esquente 4 galões de água da fonte engarrafada (ou 2 galões de água de torneira misturada com 2 galões de água destilada). Coloque um termômetro e aqueça o vasilhame até 74 °C. Desligue o fogo.
- Coloque os grãos moídos (malte pilsner) no saco grande de grãos. Devagar, ponha o saco na água e, com vários clipes de metal, prenda-o pelas extremidades à borda do vasilhame. Tampe e deixe descansar por 60 minutos a 67 °C. (Talvez seja preciso ligar e desligar o fogo várias vezes para manter a temperatura constante.)
- Depois de 60 minutos, tire a tampa, remova os clipes do saco de grãos (segurando-o, para que os grãos não fiquem soltos no líquido) e, lentamente, tire-o do mosto. Ponha um coador grande de malha fina sobre o vasilhame e coloque o saco de grãos no coador. Deixe o mosto quente escoar do saco por 5 a 10 minutos. Jogue fora o saco e os grãos.

FERVURA

- Leve o vasilhame ao fogo para ferver.
- Assim que a fervura começar, adicione o açúcar de milho; mexa até dissolver. Imediatamente após a adição de açúcar,

faça a primeira adição de lúpulos, os Perle, e programe o *timer* para 60 minutos. Mexa de vez em quando, removendo os sólidos grandes com uma colher vazada. Tome cuidado com o tão temido transbordo!

- Aos 55 minutos (ou seja, quando ainda restarem 5 minutos de fervura), adicione a ½ pastilha Whirlfloc; mexa até dissolver.
- Imediatamente após desligar o fogo ao fim da fervura, faça a segunda adição de lúpulos, o fuggles. Mexa até dissolver e deixe descansar por 5 a 10 minutos.

INOCULAÇÃO DA LEVEDURA

- *Prepare o banho de gelo:* na pia ou em um vasilhame, prepare um banho de gelo para mergulhar e esfriar a cerveja.
- *Esfrie o mosto:* tire o vasilhame do fogo e coloque-o no banho de gelo. Coloque um termômetro higienizado no mosto e deixe esfriar até atingir 21 °C ou menos.
- *Limpe tudo:* higienize qualquer coisa que entrará em contato com a cerveja.
- *Transfira o mosto:* despeje o mosto através de um coador higienizado em um fermentador plástico de 3 a 5 galões, ou através do coador higienizado e um funil em um garrafão de vidro de 3 a 5 galões.
- *Inocule a levedura:* agite o tubo de levedura preparada, higienize o lado externo dele, abra-o e jogue todo o conteúdo no mosto resfriado, no fermentador.

FERMENTAÇÃO PRIMÁRIA

- Coloque uma tampa a vácuo equipada com o airlock (cheio de vodca) e o stopper no balde plástico, ou ponha o airlock e o stopper em um garrafão de vidro. Ou use o método do tubo blow-off (ver Capítulo 2).
- Guarde o contêiner em um lugar escuro e relativamente frio (a temperatura ideal para essa cerveja é 20 °C) por 2 semanas.

- Transfira para um balde de engarrafar e adicione o licor de damasco, mexendo delicadamente para não aerar a cerveja por enquanto. Esta cerveja é muito leve; por isso, uma pequena quantidade de licor de damasco já causa um efeito poderoso. Adicione uma colher de sopa por vez – mexendo e provando (com uma colher higienizada após cada prova) – até obter o gosto que deseja.
- Envase e mantenha engarrafada por 14 dias, conforme descrito no Capítulo 2. Depois (isto é muito importante), condicione as garrafas guardando-as no refrigerador por mais 2 a 4 semanas antes de beber. Chame os amigos e aproveite.

> **Boerenmeisjes: damascos licorados**
>
> Na Dinamarca, *boerenmeisjes* é um modo tradicional de conservar damascos frescos. Os damascos licorados são servidos em panquecas e sorvetes ou com queijo; o licor da conserva é servido por cima como um toque de classe. Você pode fazer tudo isso com essa deliciosa bebida. Ah, também pode adicionar o licor à cerveja que fabricamos neste mês – a Brandied Apricot Cream Ale. Esta é a nossa versão, que usa damasco seco:
>
> 4 xícaras de damascos secos
> 1 xícara de açúcar de cana orgânico
> ⅓ de xícara de Riesling (semidoce ou doce)
> casca de 1 limão (sem a parte branca da casca)
> 1 xícara de brandy (ou conhaque)
>
>
>
> Enxágue os damascos em água corrente. Coloque-os em uma caçarola grande, junto com o açúcar e o vinho. Deixe embeber por 24 horas. No dia seguinte, higienize um pote de vidro (de 4 litros), como faria com o equipamento de fermentação. Adicione a casca de limão à mistura de damasco e ferva tudo na caçarola. Quando a mistura começar a borbulhar, remova imediatamente os damascos e coloque-os no pote de vidro. Reduza o resto do líquido pela metade. Tire a panela do fogo, esfrie um pouco e adicione o brandy. Tire da panela a casca de limão e despeje o líquido por cima dos damascos; agite. Tampe bem o pote e guarde em um lugar frio e escuro por mais ou menos 6 semanas.

MAIO

QUEBRA DE REGRAS E DICAS

- Não é preciso adicionar o licor. Você ainda terá uma cream ale refrescante, suave, levemente encorpada e um pouco frutada! Ou então divida: envase as 12 primeiras garrafas sem adição de licor de damasco; depois, adicione-o a gosto e envase o resto.
- Você encontra licor de damasco em lojas de bebidas se não tiver vontade de fazê-lo.
- É possível usar só extratos: simplesmente substitua o 1,25 quilograma de malte pilsner por generosos 900 mililitros de extrato de malte pilsner líquido.
- Este estilo de cerveja fica muito bom com água muito mole, motivo pelo qual recomendamos o uso de água da fonte ou meia garrafa de água destilada.

CERVEJEIROS PROFISSIONAIS QUE SERVEM DE MODELO

- **Summer Solstice Cerveza Crema:** Anderson Brewing Co., Boonville, Califórnia. Aroma inicial de pão e presença de fruta permanente no fundo. Esta cerveja possui lúpulos temperados discretos, um leve amargor seco e muita carbonatação cremosa. APV: 5,6%.
- **Spotted Cow:** New Glarus Brewing Co., New Glarus, Wisconsin. Uma grande cream ale, bem equilibrada, com fim longo e suave, além de notas de milho doce de Wisconsin com fim seco. APV: 4,8%.
- **Nuptiale Cream Ale:** Ninkasi Brewing Co., Eugene, Oregon. Cor amarelo-palha, toque rico e cremoso na boca, equilibrada, com uma drinkability* de matar a sede. APV: 5,7%.

---

*   *Drinkability*: combinação de sabor e sensação na boca que deixa a cerveja saborosa. [N. T.]

★ 275 ★

CERVEJA CASEIRA DE MAIO 2

Decadent Dunkelzweizen

FAÇA ESTA CERVEJA SE VOCÊ GOSTA DE: pão de banana, café nublado, bananas embebidas em chocolate, chocolate skor.

COMBINA COM: banana-da-terra frita, *cheesecake* de ricotta, Banana Foster, coelho defumado e salsicha de vitela.

COMENTÁRIOS SOBRE ESTILO E FABRICAÇÃO

É escura, é decadente, é a dunkelweizen. *Dunkel* é uma palavra alemã que significa "escuro", e *Weizen* significa "trigo". Nós achamos que esta é uma cerveja totalmente subestimada – e pouco produzida. As dunkelweizens possuem as mesmas notas de banana e cravo que as hefeweizens, porém usam maltes chocolate, caramel e Munich mais escuros, que lhe conferem uma qualidade de café e *toffee*. E, como você já adivinhou, esta cerveja, assim como uma hefeweizen, leva uma quantidade substancial de trigo, que contribui para seu perfil maltoso. O trigo proporciona um caráter de pão que lembra pão de banana ou a sobremesa Banana Foster. Você já pôs *chips* de chocolate em seu pão de banana? Pois bem, é o gosto desta cerveja. Parece bom, não? É assim que você deve descrevê-la a um iniciante no mundo da cerveja que tem medo de beber cervejas mais escuras. Quem não gosta de banana e chocolate?

É uma cerveja fácil de fazer. Sim, a receita utiliza o método somente grãos, mas não é preciso se preocupar com a fermentação secundária, pois claridade não é importante neste caso. As dunkelweizens devem ser nubladas. Nossa versão muito tradicional produz um estilo de cerveja que resplandece com a fermentação somente grãos.

FAÇA: DECADENT DUNKELWEIZEN

Nível de dificuldade: promíscuo
Tipo: Só grãos, BIAB
Equipamento especial/extra: clipes de metal para papel, vasilhame de 7,5 a 8 galões
OG desejada: 1,058

FG desejada: 1,011
IBU: 26
APV desejado: 6,1%
Copo apropriado: pint

LISTA DE COMPRA

Para mais ou menos 2½ galões
1 pacote de levedura Wyeast Weihenstephaner Weizen 3068
230 g de trigo em flocos
680 g de malte Munich, moído
454 g de malte pilsner de duas fileiras, moído
113 g de malte pilsner caramel/cristal 40 l, moído
24 g de malte chocolate, moído
57 g de lúpulos hallertauer hersbrucker peletizados

PREPARAÇÃO

- *Prepare a levedura (pelo menos 3 horas antes de começar a fazer a cerveja):* quebre o pacote de levedura Weihenstephaner Weizen e aqueça em temperatura ambiente. Você também pode fazer isso no dia anterior.

INFUSÃO/BRASSAGEM

- Esquente 4 galões de água. Coloque um termômetro e esquente o vasilhame até 77 °C. Desligue o fogo.
- Coloque os grãos moídos (maltes de trigo em flocos e Munich, pilsner de duas fileiras, caramelo/cristal 40 L e chocolate) no saco grande de grãos. Devagar, ponha o saco na água e, com vários clipes de metal, prenda-o pelas extremidades à borda do vasilhame. Adicione e mexa os grãos delicadamente, molhando todos. Tampe e deixe descansar por 75 minutos a 66 °C. (Talvez seja preciso ligar e desligar o fogo várias vezes para manter a temperatura constante.)

- Depois de 75 minutos, tire a tampa, remova os clipes do saco de grãos (segurando-o, para que os grãos não fiquem soltos no líquido) e, lentamente, tire-o do mosto. Ponha um coador grande de malha fina sobre o vasilhame e coloque o saco de grãos no coador. Deixe o mosto quente escoar do saco por 5 a 10 minutos. Jogue fora o saco e os grãos.

FERVURA

- Leve o vasilhame ao fogo para ferver.
- Assim que a fervura começar, adicione os lúpulos hallertauer hersbrucker, e programe o *timer* para 60 minutos. Eles dissolverão imediatamente. Mexa de vez em quando, removendo os sólidos grandes com uma colher vazada. Tome cuidado com o tão temido transbordo!

INOCULAÇÃO DA LEVEDURA

- *Prepare o banho de gelo:* na pia ou em um vasilhame, prepare um banho de gelo para mergulhar e esfriar a cerveja.
- *Esfrie o mosto:* tire o vasilhame do fogo e coloque-o no banho de gelo. Coloque um termômetro higienizado no mosto e deixe esfriar até atingir 21 °C ou menos.
- *Limpe tudo:* higienize qualquer coisa que entrará em contato com a cerveja.
- *Transfira o mosto:* despeje o mosto através de um coador higienizado em um fermentador plástico de 3 a 5 galões, ou através do coador higienizado e um funil em um garrafão de vidro de 3 a 5 galões.
- *Inocule a levedura:* agite o pacote de levedura preparada, higienize o lado externo do pacote, abra-o e jogue todo o conteúdo no mosto resfriado, no fermentador.

MAIO

FERMENTAÇÃO PRIMÁRIA

- Coloque uma tampa a vácuo equipada com o airlock (cheio de vodca) e o stopper no balde plástico, ou ponha o airlock e o stopper em um garrafão de vidro. Ou use o método do tubo blow-off (ver Capítulo 2).
- Guarde o contêiner em um lugar escuro e relativamente frio (a temperatura ideal para esta cerveja é entre 18 °C e 24 °C) por 10 a 14 dias.
- Envase e mantenha engarrafada por 14 dias, conforme descrito no Capítulo 2. Depois, refrigere-a e aproveite!

QUEBRA DE REGRAS E DICAS

- Você pode fazer esta cerveja com extrato e grãos especiais. Substitua o trigo em flocos por 1,18 litro de extrato de malte dark wheat líquido e os maltes Munich e pilsner por 900 mililitros de extrato de malte Munich líquido. Mergulhe os grãos restantes (chocolate e caramel/cristal) em 2,8 litros de água por 30 minutos e siga o procedimento para os lúpulos na receita.

CERVEJEIROS PROFISSIONAIS QUE SERVEM DE MODELO

- **Dunkel Weiss:** Great Divide Brewing Co., Denver, Colorado. Pão de trigo escuro com notas de cacau, avelãs, banana e cravo. Um toque de azedume próprio da weizen no meio, termina com gosto de cacau e pão. APV: 6,4%.
- **Weihenstephaner Hefeweissbier Dunkel:** Bayerische Staatsbrauerei Weihenstephan, Freising, Alemanha. Uma clássica dunkelweizen de corpo médio e fortes notas de banana. Características secundárias de tempero, cravo e fruta. APV: 5,3%.
- **Franziskaner Hefe-Weissbier Dunkel:** Spaten-Franziskaner-Bräu, Munique, Alemanha. Uma grande e substanciosa dunkelweizen, esta cerveja complexa tem notas de banana

★ 279 ★

e cereja marrasquino, equilibrada por uma leve acidez. APV: 5,5%.

CERVEJA CASEIRA DE MAIO 3

Fruity Faux Lambic

FAÇA ESTA CERVEJA SE VOCÊ GOSTA DE: coisas doidas, ter paciência, iogurte grego, bactérias boas, acidez, ficar na sua.
COMBINA COM: pastrami, pato assado, carneiro refogado, queijo *gruyère*.

COMENTÁRIOS SOBRE ESTILO E FABRICAÇÃO

Sem sombra de dúvida, as lambics são as cervejas mais difíceis de fermentar. Vindas da cidadezinha de Lembee, no vale do Sena, na Bélgica, são tradicionalmente azedas e naturalmente fermentadas por leveduras existentes no ar da região. Elas estão entre as cervejas mais complexas, loucas, estranhas, azedas, ácidas e secas do mundo. Nós ficamos intimidadas quando vimos receitas com processos túrbidos de brassagem e fervuras superlongas em baixa temperatura – procedimentos difíceis mesmo para cervejeiros experientes. E resolvemos beber a cerveja ainda nova em vez de esperar um ano, como fazem muitos cervejeiros profissionais (não conseguimos esperar tanto).

Então, criamos uma espécie de lambic falsa, que celebra as qualidades ácidas e ousadas das lambics, porém usa uma levedura para belgian ale e uma mistura de levedura para lambic que, além da levedura em si, contém culturas de bactérias (como *Lactobacillus, Brettanomyces* e *Pediococcus*), essenciais para a produção das cervejas azedas, fermentadas espontaneamente, próprias da região. Fazemos apenas uma brassagem por 90 minutos a 66 °C, o que nenhum fabricante de lambic consideraria respeitável (o processo original é um pouco mais complicado). Por isso, não chamamos nossa cerveja de lambic, mas de faux lambic, que é um estilo mais leve e mais rápido, digamos assim – uma cerveja azeda para você começar a apreciar as qualidades interessantes dessas cervejas com gosto louco.

MAIO

Embora nossa lambic seja um tanto *faux*, adicionamos fruta a ela, prática muito tradicional com as lambics. Colocamos cereja na fermentação secundária, o que equilibra a qualidade ácida, azeda da cerveja. Nossa lambic, que fica deliciosa com pato assado (página 286), oferece um sabor maravilhoso para fãs de cerveja que preferem perfis frutados.

Envelheça seus lúpulos

O estilo lambic de cerveja é feito com lúpulos envelhecidos. O que significa isso? Exatamente o que diz a palavra. Esses lúpulos são velhos. Eles têm meses ou anos de idade. Os cervejeiros usam lúpulos envelhecidos nas lambics porque querem a qualidade conservante que estes proporcionam, mas não o sabor, o amargor e o aroma dos lúpulos.

Por conta da popularidade da cerveja azeda, hoje em dia é muito comum comprar lúpulos envelhecidos ou encomendar pela internet. Entretanto, eles ainda são um pouco limitados e geralmente se esgotam rápido. Temos duas soluções: uma longa e uma curta. Você pode envelhecer seus lúpulos colocando-os em um saco de papel e guardando este em algum lugar morno e seco por 6 meses a 2 anos (esta é a solução longa). *Ou* pode usar nosso método preferido, que aprendemos com um colega do clube de cervejeiros artesanais. Ele nos ensinou a falsificar o envelhecimento dos lúpulos assando-os no forno. Espalhe-os em uma assadeira para biscoitos e asse-os a 93 °C por mais ou menos 30 minutos. Deixe-os esfriar e então os use na fabricação de sua cerveja, de acordo com a receita. Os falsos lúpulos velhos definitivamente caem muito bem em uma faux lambic!

FAÇA: FRUITY FAUX LAMBIC

Nível: promíscuo
Tipo: Só grãos, BIAB
Equipamento especial/extra: clipes de metal para papel
OG desejada: 1,054
FG desejada: 1,010
IBU: 5,6

★ **281** ★

APV desejado: 5%
Copo apropriado: flute

LISTA DE COMPRA

Para mais ou menos 2½ galões
1 tubo de levedura White Labs Belgian WLP550
1,13 kg de malte pilsner de duas fileiras, moído
900 g de malte de trigo torrificado, moído (ou trigo em flocos)
227 g de malte carapils, moído
14 g de cones de lúpulos hallertauer envelhecidos
1 pacote de levedura Wyeast Belgian Lambic Blend 3278
1,36 kg de cerejas azedas congeladas e descongeladas com caroço (ou outra fruta sazonal)
71 g de açúcar de milho (dextrose)
8 g de levedura seca

PREPARAÇÃO

- Prepare a primeira levedura (pelo menos 3 horas antes de começar a fazer a cerveja): aqueça o tubo de levedura Belgian Ale em temperatura ambiente.

INFUSÃO/BRASSAGEM

- Esquente 4,5 galões de água. Coloque um termômetro e esquente o vasilhame até 77 °C. Desligue o fogo.
- Adicione os grãos (maltes pilsner de duas fileiras, trigo torrificado e carapils) no saco de grãos. Devagar, ponha o saco na água e, com vários clipes de metal, prenda-o pelas extremidades à borda do vasilhame. Adicione e mexa os grãos delicadamente, molhando todos. Tampe e deixe descansar por 90 minutos a 66 °C. (Talvez seja preciso ligar e desligar o fogo várias vezes para manter a temperatura constante.)
- Depois de 90 minutos, tire a tampa, remova os clipes do saco de grãos (segurando-o, para que os grãos não fiquem soltos

no líquido) e lentamente tire-o do mosto. Ponha um coador grande de malha fina sobre o vasilhame e coloque o saco de grãos no coador. Deixe o mosto quente escoar do saco por 5 a 10 minutos. Jogue fora o saco e os grãos.

FERVURA

- Leve o vasilhame ao fogo para ferver.
- Assim que a fervura começar, adicione os lúpulos hallertauer e programe o *timer* para 90 minutos. Mexa de vez em quando, removendo os sólidos grandes com uma colher vazada. Tome cuidado com o tão temido transbordo!

INOCULAÇÃO DA LEVEDURA

- *Prepare o banho de gelo:* na pia ou em um vasilhame, prepare um banho de gelo para mergulhar e esfriar a cerveja.
- *Esfrie o mosto:* tire o vasilhame do fogo e coloque-o no banho de gelo. Coloque um termômetro higienizado no mosto e deixe esfriar até atingir 21 ºC ou menos.
- *Limpe tudo:* higienize qualquer coisa que entrará em contato com a cerveja.
- *Transfira o mosto:* despeje o mosto através de um coador higienizado e um funil em um garrafão de vidro de 3 a 5 galões (use só vidro dessa vez; o plástico é poroso demais para o tempo em que essa cerveja descansará no fermentador).
- *Inocule a levedura:* agite o tubo de levedura belgian ale preparada, abra-o e jogue todo o conteúdo no mosto resfriado, no fermentador.

FERMENTAÇÃO PRIMÁRIA

- Coloque uma tampa a vácuo equipada com o airlock (cheio de vodca) e o stopper no balde plástico, ou ponha o airlock e o stopper em um garrafão de vidro. Ou use o método do tubo blow-off (ver Capítulo 2).

- Guarde o contêiner em um lugar escuro e relativamente frio (a temperatura ideal para esta cerveja é entre 20 °C e 25 °C) por 5 a 7 dias.
- Depois de 5 a 7 dias, prepare a segunda levedura (pelo menos 3 horas antes de colocar a levedura): abra o pacote de levedura Belgian Lambic Blend e aqueça em temperatura ambiente.

INOCULAÇÃO DA SEGUNDA LEVEDURA

- Não se preocupe em transferir esta cerveja para outro contêiner. As regras (ou a falta delas) são um pouco diferentes para as lambics. Apenas coloque a segunda levedura na cerveja e feche novamente o contêiner com o airlock e o stopper. Mantenha-o entre 17 °C e 24 °C por 4 a 6 semanas.

ADICIONAR FRUTA

- Depois de 4 a 6 semanas, adicione as cerejas descongeladas e feche novamente o contêiner com o airlock e o stopper. Mantenha-o em aproximadamente 21 °C por mais 4 a 6 semanas.
- Usando um sifão higienizado, transfira a cerveja do fermentador primário para um balde ou garrafão de vidro de 3 a 5 galões, aerando-a o mínimo possível. (Deixe o sedimento para trás.) Se houver algo flutuando em sua lambic, não se preocupe; trabalhe em volta do sedimento. Isso deveria acontecer mesmo. Envase conforme descrito no Capítulo 2 e adicione o açúcar de milho e a levedura seca ao balde de engarrafar.
- Condicione as garrafas em um armário escuro por 2 a 12 meses, provando em intervalos regulares. É isso mesmo, você leu certo. O que pode ser imbebível em 2 meses talvez se torne uma lambic premiada dali a mais 10.

MAIO

QUEBRA DE REGRAS E DICAS

- Você pode fazer esta cerveja com base de extrato em vez de usar somente grãos. Substitua os grãos por 1,13 litro de extrato de malte de trigo líquido e 1,36 litro de extrato de malte pilsner, também líquido.
- Em vez de fruta congelada, use purê de fruta. Esses purês são 100% fruta, sem a parte branca da casca e sem sementes. Use ½ a 1 lata para cada 2½ galões de cerveja. Há versões de framboesa, cereja, damasco e pêssego. São fáceis de encontrar em lojas de suprimentos para cerveja artesanal e também na internet.
- Deixe a cerveja descansar pelo tempo que for possivel. Experimente fazê-lo por um período superior a 2 meses, como recomendado; o ideal é algo entre 6 meses e 1 ano (ou até mais... cruzes!). Esconda algumas garrafas em algum lugar que você jamais se lembrará de olhar; assim, quando as vir novamente, terá uma surpresa bem agradável!

CERVEJEIROS PROFISSIONAIS QUE SERVEM DE MODELO

- **Cantillon Kriek:** Brasserie Cantillon, Bruxelas, Bélgica. Esta é uma cerveja fantástica, feita por uma cervejaria igualmente fantástica. Cerejas azedas e ácidas são equilibradas por um meio aromático e um fim ácido e refrescante. Uma pancada no paladar. APV: 5%.
- **Wisconsin Belgian Red:** New Glarus Brewing Co., New Glarus, Wisconsin. Uma de nossas lambics favoritas, disponível apenas em Wisconsin. Esta cerveja extraordinária é fermentada com mais de 500 gramas de cerejas Door County em cada garrafa, o que a torna muito interessante. APV: 5,1%.
- **Selin's Grove Phoenix Kriek:** Selin's Grove Brewing Co., Selingsgove, Pensilvânia. Rica, com um equilíbrio de cerejas azedas e doces. Agradavelmente calorosa, possui nota de baunilha. APV: 8%.

★ 285 ★

CERVEJA EM CASA

PARA ACOMPANHAR

Pato assado com molho de Sour Cherry Lambic (serve 4 pessoas)

1 pato (1,8 a 2,2 kg), sem pescoço, miúdos e gordura excessiva, cortado em seis pedaços (peito, asas e coxas)
Sal e pimenta-do-reino a gosto recém-moída

Molho
1½ xícara de Fruity Faux Lambic
⅛ de xícara de cerejas azedas, cortadas pela metade
1½ colher de chá de cebolinha branca picada

Em uma panela grande para caldo, com tampa, ferva 5 centímetros de água. Diminua o fogo para médio-baixo, coloque os pedaços de pato na panela e cozinhe no vapor, com tampa, por 45 minutos; ponha mais água se necessário.

Enquanto isso, faça o molho. Ferva a cerveja, as cerejas e a cebolinha branca em uma caçarola pequena; diminua o fogo para banho-maria e cozinhe, sem tampa, até o líquido reduzir para cerca de ⅓ de xícara (mais ou menos 40 minutos).

Tampe para deixar quente.

Pré-aqueça o forno a 232 °C. Esquente uma frigideira ou panela pesada no forno.

Tempere o pato cozido no vapor com bastante sal e pimenta. Ponha as coxas e as asas com a pele para baixo na panela quente e asse por 15 minutos. Vire os pedaços de pato com a pele para cima e coloque o peito na panela, com a pele para baixo. Asse por mais 10 a 12 minutos, ou até a pele ficar bem corada e crocante.

Despeje o molho quente de faux lambic sobre o pato e sirva.

Dica: reserve a gordura do pato acumulada ao cozinhar a vapor e ao assar. Você pode fazer deliciosos quitutes de legumes assados com umas colheres de sopa dessa gordura.

Sirva com um copo (tipo Flute) de Fruity Faux Lambic!

★ 286 ★

 **APÊNDICE I**

Glossário

Ácidos alfa: compostos presentes nos lúpulos que causam seu amargor característico.

Acoplador: conector que une a torneira ao barril.

Açúcar para priming: açúcar adicionado à cerveja na fase de engarrafamento para incitar a levedura a produzir CO_2.

Adjunto: (1) grão não maltado (como aveia, centeio ou trigo) e outras fontes de açúcar adicionados como suplemento à aveia maltada para a fabricação de cerveja; (2) amido usado na fabricação artesanal de cerveja que não a cevada maltada, às vezes para conferir sabor, às vezes para conferir sensação na boca e às vezes em substituição a determinada quantidade de malte, barateando a fabricação da cerveja.

Airlock e stopper: dispositivos que permitem a saída de dióxido de carbono do fermentador e impedem o influxo de ar e de contaminadores potenciais.

Álcool por peso (APP): alternativa ao APV para medir o teor alcoólico. Cuidado, pois essas duas medidas não são iguais. Para converter de APP a APV, multiplique o APP por 1,25.

Álcool por volume (APV): medida-padrão da quantidade de álcool presente em uma bebida.

Ale: cerveja feita com levedura com alta taxa de fermentação, em temperaturas quentes.

Alt: velho/a. Palavra alemã que se refere a um estilo alemão de cerveja semelhante a uma pale ale.

Amido: carboidrato presente nos grãos que é convertido em açúcar pelas enzimas.

Atenuação: quantidade de fermentação ocorrida e redução da gravidade original. Refere-se ao APV final.

Autossifão: sifão em forma de mangueira que é inserido em uma válvula de direção única para transferir líquido entre dois contêineres.

Bactérias: organismos unicelulares responsáveis por uma vasta diversidade de condições e atividades humanas, como doenças, digestão, medicina, fabricação de queijo, picles e fermentação.

Barril: tonel de madeira usado para fermentar ou maturar cerveja, vinho e outros potáveis potentes.

Bávara: original do estado alemão da Baviera, uma área rica em cervejarias.

Brassagem: processo no qual os grãos amassados são misturados em água quente e as enzimas transformam o amido em açúcar fermentável (às vezes, infermentável) para a levedura comer.

Brassar: colocar a levedura no mosto frio.

Brettanomyces: gênero de levedura frequentemente usado na fabricação de cerveja.

Cerveja umedecida com lúpulos: cerveja feita com adição de lúpulos frescos, não secos.

Choque térmico: refrigeração que força as partículas suspensas a caírem no fundo, resultando em uma cerveja mais clara.

CO_2: dióxido de carbono.

Cold break: sedimento que se assenta no fundo do vasilhame quando o mosto está frio.

Condicionada em garrafa: carbonatada por leveduras vivas na garrafa.

Condicionada no barril: carbonatada por uma segunda fermentação, no tonel.

Decocção: técnica de brassagem pela qual uma parte da mistura é removida e fervida, para depois ser devolvida ao todo e aumentar a temperatura.

Devoto: crente da cerveja. Neste livro: um cervejeiro que se entrega de corpo e alma e está preparado para receitas um pouco mais avançadas.

GLOSSÁRIO

Dextrinas: açúcares não fermentáveis que contribuem para o dulçor e a sensação na boca.

Diacetil: composto volátil produzido durante a fermentação que, em doses muitos baixas, proporciona uma sensação macia na boca e, em doses maiores, sabores amanteigados ou indesejados. Aceitável em alguns estilos de cerveja, incorreto em outros.

Dunkel: palavra alemã que significa "escuro/a".

Esnobe da cerveja: pessoa que usa seu conhecimento sobre cerveja para excluir, alienar e julgar, em vez de compartilhar, guiar e difundir o amor.

Ésteres: compostos responsáveis pela maioria dos aromas frutados na cerveja.

Extrato de malte: líquido concentrado, formado a partir do mosto, que contém os açúcares necessários para a fabricação de cerveja. É o que a maioria dos cervejeiros artesanais usa como alternativa ao método somente grãos.

Fenóis: compostos que produzem certos sabores e aromas, às vezes desejáveis (como as notas de cravo impregnadas por algumas leveduras), às vezes indesejáveis (como o gosto de remédio ou de plástico deixado por contaminadores como o cloro).

Fermentação primária: estágio inicial da fermentação, quando a levedura converte o açúcar presente no mosto em álcool e CO_2.

Fermentação secundária: processo de envelhecimento adicional da cerveja que foi separada do sedimento residual após a fermentação primária.

Fermentação: processo metabólico no qual a levedura converte açúcares em álcool e dióxido de carbono.

Fermentador: vasilhame no qual ocorre a fermentação; geralmente, um balde com tampa ou um garrafão de vidro com airlock.

Floculação: aglutinação de levedura em sedimento quase no fim da fermentação.

Garrafão: contêiner feito de vidro ou plástico, com a boca estreita, geralmente com capacidade para 3 a 5 galões, usado para fermentação primária e também como fermentador secundário.

Glúten: proteína presente em muitos grãos, tais como o trigo e a cevada.

Grão reutilizado: grão que ficou para trás depois de completado o processo de brassagem.

★ **289** ★

CERVEJA EM CASA

Grãos infundidos: usados para acrescentar sabor, nuança e/ou cor pelos cervejeiros que utilizam extrato de malte. Não precisam ser convertidos em açúcar e podem ser infundidos como chá.

Gravidade específica: medida do teor de açúcar e, portanto, do teor de álcool final da cerveja.

Gravidade final: medida da densidade do mosto após a fermentação. Comparando a gravidade original com a final, você pode calcular o APV.

Gravidade original: medida da densidade do mosto líquido antes da fermentação, importante para determinação posterior do APV.

Gravidade: medida da quantidade de açúcar e sólidos dissolvidos na cerveja.

Growler: contêiner portátil para cerveja que permite o transporte de cerveja de *pubs* ou cervejarias para consumo doméstico.

Gruit: mistura medieval de ervas usada para dar sabor à cerveja antes do tão difundido uso dos lúpulos.

Hefe: palavra alemã que significa "levedura".

Helles ou heller: palavras alemãs para *pale* ("clara").

Hidrômetro: dispositivo que mede a densidade de um líquido em contraste com a densidade da água. Você precisa aferir a medida inicial da densidade da cerveja antes e depois da fermentação. Isso ajuda a determinar o APV dela.

Hot break: sedimento que se assenta no fundo do vasilhame enquanto o mosto está quente.

Humulus lupulus: nome científico do lúpulo.

International Bitterness Units (IBU): escala para a medição do amargor da cerveja.

Iodófofo: sanitizante normalmente usado por cervejeiros artesanais.

Kolner Stangen ou Stange: palavras alemãs para "vareta" ou "vara". Referência ao copo em que tradicionalmente se bebe kölsch.

Kraeusen: camada de espuma produzida pela levedura durante a fermentação.

Lactobacilo: bactérias comuns, às vezes usadas para adicionar acidez à cerveja, embora algumas espécies estraguem a bebida.

★ **290** ★

GLOSSÁRIO

Lager: cerveja fermentada com levedura de fundo, em temperaturas frias. O termo "lagering" se refere tradicionalmente a uma maturação prolongada, armazenada a frio.

Lei Seca: uma época ruim.

Levedura: fungo unicelular responsável pelo processo de fermentação.

Lightstruck: termo usado para descrever uma cerveja que tem sabores indesejados causados por exposição à luz.

Lovibond: escala usada para medir graus de cor, como no grão torrado ou na cerveja.

Lupulização: processo de adicionar lúpulos depois da fermentação para obter um caráter lupulado suplementar.

Lúpulos de amargor: usados no início da fervura, amargam a cerveja, porém não conferem aroma.

Lúpulos de aroma: adicionados no fim da fervura, proporcionam aroma, mas não amargor ou sabor.

Lúpulos de sabor: usados mais adiante na fervura para conferir um pouco de aroma e sabor.

Lúpulos nobres: referência coletiva a quatro variedades de lúpulos da Europa central: hallertauer mittelfruh, tetramer, saaz e spalter.

Lúpulos peletizados: lúpulos em bolinhas que se parecem com vitaminas, usados pela maioria dos cervejeiros artesanais no lugar de lúpulos frescos ou secos.

Lúpulos: cones floridos de planta da família das moráceas, usados na fabricação de cerveja por causa de seu aroma e amargor. Eles também possuem uma qualidade conservante.

Malte caramelo/cristal: malte que é aquecido enquanto ainda molhado para deixar o amido caramelizado.

Malte torrado: malte que foi tostado até ficar corado, para produzir cor e sabor na cerveja.

Malte: grão (geralmente cevada) germinado, que foi secado ou assado.

Malte-base: malte usado como principal fonte de açúcar para fermentação.

★ 291 ★

Maltes especiais: pequenas quantidades de malte usadas para conferir sabor e nuança. Podem ser infundidos como chá, em vez de amassados e misturados.

Maltose: açúcar produzido por enzimas do amido de cevada maltada.

Mash tun: vasilhame onde fica a mistura durante a fermentação no método somente grãos.

Meio tonel: vasilhame com capacidade padrão para 15,5 galões de cerveja.

Método padrão de referência ou standard reference method (SRM): medição de cor da cerveja e do malte, semelhante ao método Lovibond.

Mistura parcial: mosto feito em parte de grãos e em parte de extrato de malte.

Mosto: nome que designa o líquido extraído da mistura.

Musgo-irlandês (carragina): variedade de alga vermelha usada como agente clarificante na cerveja.

Neófito: novato no mundo da cerveja. Neste livro: um cervejeiro que é totalmente iniciante na atividade e precisa começar devagar.

Nitro torneira: sistema de torneira que introduz nitrogênio na cerveja enquanto ela é despejada, resultando em uma textura cremosa e uma sensação substanciosa na boca.

Oxidação: degradação da cerveja causada por exposição prolongada ao oxigênio.

Pasteurização: processo que interrompe, por meio do calor, o crescimento de micróbios.

Pastilha Campden: usada para remoção de cloro, leveduras silvestres indesejáveis e bactérias do mosto.

Pastilha Whirlfloc: pastilha composta de musgo-irlandês (carragina) usada para clarear a cerveja.

Priming: adição de açúcar à cerveja já fermentada. Isso é feito enquanto a cerveja é engarrafada, para proporcionar nuanças de sabor e/ou álcool e carbonatação.

Promíscuo: aquele que faz experimentação com cerveja. Neste livro: um cervejeiro capaz de fazer qualquer coisa, preparado para receitas avançadas.

Rack ou racking: processo de mudar a cerveja de lugar em diferentes estágios da fabricação.

Rauch: palavra alemã que significa "fumaça", geralmente uma referência a maltes defumados.

GLOSSÁRIO

Realçadores de sabor: ingredientes extras adicionados à cerveja exclusivamente para dar sabor, tais como frutas, alguns temperos e café.

Saccharomyces cerevisiae: levedura utilizada na fabricação de cerveja. Também conhecida como "levedura do cervejeiro".

Saco de grãos: saco de malha fina onde se colocam grãos durante a fervura ou infusão.

Schwartz: palavra alemã para "preto/a"; geralmente se refere a uma lager muito escura.

Secundarista: o recém-iniciado. Neste livro: um cervejeiro em ascensão no mundo da cerveja artesanal, preparado para receitas um pouco acima do nível do neófito.

Sensação na boca: sensação sentida na boca exclusiva de sabor (textura, corpo e carbonatação).

Session ou sessionable: cerveja com teor de álcool moderado/baixo, própria para beber por períodos prolongados de tempo.

Smack-pack: tipo de embalagem de levedura que se deve apertar para abrir, dentro da qual há um pequeno pacote de nutrientes. Quando a embalagem é apertada, esse pacote se rompe e a levedura é acionada.

Somente grãos ou mistura total: método de fabricação de cerveja que usa somente grãos e cevada maltada crua, em vez de extratos de malte. Exige espaço e tempo e é um método bastante avançado no mundo da cerveja. Costuma ser aquele praticado por cervejeiros profissionais.

Sparge: enxágue de grãos para extrair o mosto restante e os sabores.

Star San: sanitizante comumente usado por cervejeiros artesanais.

Starter: espécie de solução de minimosto de extrato de malte e água, usada para ativar uma colônia grande de leveduras.

Strike water: água adicionada aos grãos maltados na formação do mosto.

Tanino: composto químico amargo ou adstringente.

Tonel: vasilhame cilíndrico feito tradicionalmente de madeira, com capacidade para 31 galões (essa capacidade é própria dos tonéis usados para cerveja). Também pode ser enchido com macacos.

★ 293 ★

Trub (sedimento residual): sedimento que se acumula no fundo do vasilhame usado na fervura e depois no fermentador, composto principalmente de partículas de grãos e lúpulos, levedura e proteína.

Tubo blow-off: tubo grande atrelado ao topo de um garrafão de vidro como alternativa ao airlock; muito útil no caso de transbordos durante a fermentação.

Weisse: palavra alemã que significa "branco/a"; refere-se a uma cerveja de trigo. Ver também *Weizen*.

Weizen: palavra alemã para "trigo"; refere-se a uma cerveja de trigo. Ver também *Weisse*.

Wit: palavra flamenga para "branco/a", geralmente uma referência à cerveja de trigo ao estilo belga.

 # APÊNDICE II

Referências para o cervejeiro artesanal

Todos nós precisamos de muita ajuda quando fazemos cerveja artesanal. Necessitamos de inspiração, comunhão, amor, crítica, contato, sugestões e os bons e velhos números. A seguir, citamos algumas fontes que conhecemos e amamos; elas o ajudarão a extravasar a frustração, encontrar respostas, compartilhar a alegria de fazer cerveja em casa, progredir a receitas mais difíceis e encontrar ingredientes e equipamentos para seu novo *hobby* favorito. Recomendamos seriamente que você faça parte de algum clube de cervejeiros e conheça os cervejeiros de sua comunidade para obter bons conselhos e apoio.

Softwares para fabricação artesanal de cerveja

Esses programas foram indispensáveis para criarmos nossas receitas. Eles podem ser usados *on-line* ou baixados em seu computador. São ferramentas que o ajudam a calcular o APV, a cor, o amargor da cerveja, além de outras coisas, e o incentivam a manter sua cerveja dentro estilo – se esse for seu objetivo!

- Beersmith (www.beersmith.com)
- BeerTools (www.beertools.com)
- Hopville (www.hopville.com)
- ProMash (www.promash.com)

Sites

A internet tem sido fundamental para divulgar conhecimento sobre cerveja. Com fóruns de discussão e informações de especialistas quanto a estilos, nuanças, marcas, processos e parâmetros, estes *sites* foram preciosos para nosso aprendizado:

- American Homebrewers Associacion (www.homebrewersassociation.com)
- Beer Advocate (www.beeradvocate.com)
- Beer Judge Certification Program (BJCP) (www.bjcp.org)
- Brew Your Own (www.byo.com)
- Cicerone Certification Program (www.cicerone.org)
- Homebrew Talk (www.homebrewtalk.com)
- Rate Beer (www.ratebeer.com)

Blogs

Brookston Beer Bulletin (http://brookstonbeerbulletin.com)

Hot Knives (www.urbanhonking.com/hotknives)

The Beer Chicks (www.thebeerchicks.com)

The Mad Fermentationist (www.themadfermentationist.com)

Fontes impressas

CALAGIONE, Sam. *Extreme brewing: an enthusiast's guide to brewing craft beer at home.* Gloucester: Quarry Books, 2006.

DANIELS, Ray. *Designing great beers.* Boulder: Brewers Publications, 1998.

MOSHER, Randy. *Radical brewing.* Boulder: Brewers Publications, 2004.

OLIVER, Garrett. *The Oxford companion to beer.* Nova York: Oxford University Press, 2011.

PALMER, John. *How to brew.* Boulder: Brewers Publications, 2006.

PAPAZIAN, Charlie. *The complete joy of homebrewing.* Nova York: William Morrow, 2003.

PEROZZI, Christina; BEAUNE, Hallie. *The naked pint.* Nova York: Perigee, 2009.

ZAINASHEFF, Jamil; PALMER, John. *Brewing classic styles.* Boulder: Brewers Publications, 2007.

REFERÊNCIAS PARA O CERVEJEIRO ARTESANAL

Revistas

All About Beer

Beer Advocate

Beer West

Brew Your Own: The How-To Homebrew Beer Magazine

Celebrator

DRAFT Magazine

Zymurgy

APÊNDICE III

Tabela de lúpulos

Esta é uma tabela de referência que o ajudará a conhecer as diversas variedades de lúpulos. Os sabores e o teor de ácido alfa afetam grandemente a cerveja. Há tantos tipos diferentes de lúpulos, que você levará até o fim da vida para experimentar todos em suas receitas caseiras. Aqui vão algumas das características dos lúpulos mais usados, incluindo os citados neste livro.

CERVEJA EM CASA

Lúpulo	Ácido alfa (%)	Uso	Sabor/aroma
Amarillo	8 a 11	Aroma, pode ser usado para amargor e sabor	Cítrico, floral
Cascade	4,5 a 7,5	Amargor, aroma	De toranja, cítrico, floral
Centennial	9 a 11,5	Amargor, aroma	Temperado, cítrico
Challenger	6,5 a 8	Amargor, sabor, aroma	Temperado, limpo
Chinnok	11 a 14	Amargor	Ousado, temperado
Cluster	5,5 a 8,5	Amargor, sabor, aroma	Limpo, temperado
Columbus	12 a 16	Amargor, sabor, aroma	Herbáceo
East Kent Golding	4 a 7	Amargor, aroma	Temperado, terrígeno, floral
Fuggles	4 a 5,5	Aroma	Gramíneo, suave
Galena	12 a 14	Amargor	Forte
Hallertauer	3 a 5	Aroma	Terrígeno, temperado, nobre, herbáceo
Liberty	3 a 5	Aroma	Suave, temperado, limpo
Mt. Hood	3 a 8	Aroma	Suave, limpo
Northdown	7 a 9,5	Amargor	Limpo
Northern Brewer	6 a 10	Amargor	Seco
Nugget	12 a 14,5	Amargor, aroma	Herbáceo, temperado
Perle	6 a 9,5	Amargor	Hortelã, temperado
Pioneer	8 a 10	Amargor, aroma	Notas cítricas
Saaz	2 a 5	Aroma	Floral, suave
Simcoe	12 a 14	Amargor, sabor, aroma	Cítrico, de toranja, de fruta tropical
Sorachi Ale	10 a 12	Amargor	De limão, cítrico
Sterling	6 a 9	Amargor, sabor, aroma	Temperado, herbáceo, cítrico
Styrian Golding	4,5 a 6,5	Amargor, aroma	Suave, temperado
Target	8 a 12	Amargor, sabor	Herbáceo
Tettnager	3,5 a 6	Aroma	Temperado
Ultra	2 a 4,5	Aroma	Floral, temperado, suave
Warrior	15 a 17	Amargor	Limpo, amargo
Willamette	3,5 a 7	Aroma	Floral, temperado, gramíneo
Zeus	13 a 17	Aroma	Aromático

APÊNDICE IV

Tabela de maltes

Aqui vão alguns dos tipos mais comuns de malte usados na fabricação de cerveja. Os maltes-base servem justamente como base de muitas cervejas e proporcionam a maior parte dos açúcares para as leveduras, bem como parte do sabor e da cor (no método comente extratos, eles são substituídos pelo extrato de malte). Os maltes especiais podem fornecer açúcares também, mas contribuem predominantemente com sabor e cor.

Maltes-base (usados para brassagem, normalmente não infundidos)	
Americano 2 fileiras	Cevada com duas fileiras no caule; base sólida para a maioria das cervejas, oferece muito açúcar fermentável
English pale	Caráter de noz, pão torrado
Marris otter	Rico e torrado, caráter de noz, um pouco maior que o english pale
Pilsner	Sabor leve, adocicado
Rye	Pode ser acrescido a outros maltes-base; caráter de centeio temperado
Wheat	Pode ser acrescido a outros maltes-base; dá corpo à cerveja

Maltes especiais que passaram pelo processo de kilning e/ou torrefação (podem ser brassados ou infundidos)	
Aromático	Aroma e sabor intensos de malte
Biscuit	Fortes notas de biscoito, pão e crosta de torta
Black barley	Notas de café e chocolate, com um gosto um pouco mais queimado
Black patent	Notas ousadas de café expresso amargo e chocolate, com um sabor acre de cinzas
Brown	Notas de pão torrado e biscoito
Carafa	Notas suaves de café torrado
Caramelo/cristal	Existe em diversos níveis de torra; oferece notas de caramelo doce, *toffee* e mel
CaraMunich	Dulçor rico e torrado, um pouco maior que o caravienne
Carapils	Não usado para sabor, mas proporciona boa retenção de espuma e corpo
Caravienne	Notas de caramelo e *toffee* torrado
Chocolate	Notas de chocolate (obviamente), cacau, baunilha, caramelo
Honey	Grandes notas de mel; leve tom de pão também
Munich	Rico sabor de malte; notas de torrada e *toffee*
Rauch	Malte defumado sobre madeira; tem gosto de fumaça e bacon
Roasted barley	Grandes sabores de café e chocolate
Special B	Oferece grandes notas de figo, uva-passa, ameixa, nozes, caramelo às dubbels belgas
Special roast	Sabor de biscoito e cor de laranja
Victory	Sabor de biscoito e nozes
Vienna	Notas doces torradas (pode ser usado como malte-base)

Extratos de malte: escolhas populares (substituem a brassagem do malte-base nos métodos somente grãos e mistura parcial)	
Extrato de malte âmbar líquido	Mais escuro do que o extrato pale; sabores torrados
Extrato de malte dark	Cor rica e escura; usado como base para cervejas escuras
Extrato de malte âmbar seco	Feito com malte cristal; cor âmbar
Extrato de malte light seco	Ótimo para cervejas de cor clara; ajuda a aumentar os níveis de gravidade
Golden syrup	Bom para retenção de espuma
Extrato de malte light líquido	Cor clara e base maltosa
Extrato de malte Munich líquido	Sabor rico e torrado; feito com maltes Munich e pilsner
Extrato de malte pale líquido	A base da maioria das cervejas de extrato; sabores de malte
Extrato de malte pilsner Light líquido	Superleve; sabores básicos bons e limpos; oferece boa retenção de espuma
Extrato de malte rauch líquido	Muito difícil de encontrar; feito de malte escuro defumado
Extrato de malte wheat líquido	Feito de trigo e cevada; usado em muitos estilos de cerveja de trigo

 # APÊNDICE V

Tabela de leveduras

Esta tabela traz todas as leveduras que usamos neste livro e as receitas em que elas aparecem. Cada levedura apresenta qualidades diferentes e é melhor para uma variedade de estilos.

Levedura	Características	Alternativa	Estilos	Usada em
Wyeast London Ale 1028; 15 °C a 22 °C	Mineral, ousada, refrescante e frutada	White Labs London Ale WLP013	mild, brown ale inglesa, dry stouts, imperial stouts russas, porters, barleywine	Pale Inglesa de Verão (p.62)
Wyeast American Ale 1056; 15 °C a 22 °C	Limpa, refrescante, leve notas frutadas e cítricas; destaca o malte e os lúpulos	White Labs California WLP001; Wyeast American Ale II 1272	pale, amber e brown norte-americanas; red irlandesa; IPAs; imperial stout russa, ale escocesa, barleywine	Hopped-up Pale da Costa Oeste (p. 67), Black Smoke Pale (p. 71), Zee Russian Imperial Stout (p. 201)
Wyeast Weihenstephaner Weizen 3068; 18 °C a 24 °C	Notas de banana e cravo	White Labs Hefeweizen WLP300	hefeweizen alemã, dunkelweizen, weizenbock	Hefeweizen Tradicional Bávara (p. 79), Decadent Dunkelweizen (p. 275)
White Labs Belgian Wit Ale liquid WLP400; 19 °C a 23 °C	Leves notas de fruta azeda	White Labs Belgian Wit II Ale líquido WLP410	witbiers, ales belgas, de trigo alemãs, ales temperadas	Poor Man's Provence Lavender Wit (p. 85), Dark and Stormy Witbier (p. 260)

★ 303 ★

CERVEJA EM CASA

Levedura	Características	Alternativa	Estilos	Usada em
Wyeast Trappist High Gravity 3787; 18 °C a 25 °C	Notas equilibradas de fruta	White Labs Abbey Ale WLP566	dubbel, tripel, golden strong, Bière de Garde	Sisters of Summer Tripel (p. 90), Dubbel com Figo e Cravo (p. 182)
Wyeast Kölsch 2565; 13 °C a 21 °C	Nota de fruta com fim limpo; fermenta bem em temperaturas baixas	White Labs WLP011 European Ale	kölsch, de trigo ou centeio norte-americana, berlinerweiss, cream ale, cervejas frutadas/temperadas	Kölsch de Verão Escaldante (p. 100), Der Nackte Brauer Festbier (p. 138)
Wyeast Northwest Ale 1332; 18 °C a 24 °C	Notas de malte, fruta; boa complexidade	White Labs British Ale WLP005	pale ale, brown, stout e red norte-americanas; IPA, barleywine, blonde ale, ale frutada/temperada	Blonde com Mel e Camomila (p. 106)
Wyeast American Wheat 1010; 14 °C a 23 °C	Fim seco, refrescante, nota de acidez	White Labs American Hefeweizen Ale WLP320	de trigo norte-americana, cream ale, kölsch, altbier	Lemon Verbena Basil Wheat (p. 111)
White Labs California Ale WLP001; 20 °C a 23 °C	Sabores limpos, equilibrada, versátil, acentua os sabores dos lúpulos	Wyeast American Ale 1056	pale ale, amber, cream ale, de trigo e brown norte-americanas; ales herbáceas/temperadas, ales com mel, cervejas defumadas, IPA, barleywine	Just One Hop Simcoe IPA (p. 119), Just One Hop Cascade IPA (p. 123), East India Pale Ale (p. 128), Imperial Blood Red (p. 143), Brandied Apricot Cream Ale (p. 270)
Wyeast Whitbread Ale 1099; 18 °C a 24 °C	Nota de malte e fruta, fim limpo, não muito seco	White Labs Bedford British Ale WLP006	IPA inglesa, blonde ale, southern english brown, special bitter, oatmeal stout	Brown Ale com Noz-Pecã (p. 156), Controversial Pumpkin Ale (p. 147)
Wyeast Belgian Ardennes 3522; 18 °C a 24 °C	Fruta e tempero, equilibrada e versátil	White Labs Belgian Ale WLP550	pale ale belga, dubbel, tripel, strong golden, blonde, brown de Flanders	Pale Belga com Cranberry (p. 162), IPA Tropical ao Estilo Belga (p. 237)

★ 304 ★

TABELA DE LEVEDURAS

Levedura	Características	Alternativa	Estilos	Usada em
Wyeast London ESB Ale 1968; 18 °C a 22 °C	Destaque para as notas de malte, doce no fim, nota de fruta	White Labs English Ale WLP002	todas as bitters britânicas; mild ale; southern english brown; IPA e barleywine ingleses; cerveja envelhecida na madeira, ale temperada/frutada/herbácea, old ale	Sage Chestnut ESB (p. 166)
Wyeast Ringwood Ale 1187; 18 °C a 23 °C	Pronunciadas notas de fruta e malte	White Labs British Ale WLP005	brown ale, IPA e stout norte-americanas; porters; ale suave; stout doce; oatmeal stout	Porter Temperada de Inverno (p. 176)
Wyeast Denny's Favorite 1450: 15 °C a 21 °C	Ótima para muitas cervejas; caramelo, malte, fruta, fim seco, nota forte na boca	White Labs American Ale WLP060	amber ale, brown ale, IPA e pale ale norte-americanas; red ale irlandesa; barleywine; imperial stout russa; cerveja defumada; ale escocesa; cerveja envelhecida na madeira; ale temperada/herbácea, dry stout, cream ale, christmas ale	Stupid Cupid's Bittersweet Chocolate Stout (p. 212)
White Labs Irish Stout WLP004; 18 °C a 20 °C	Fruta leve, refrescante e seca	Wyeast Irish Ale 1084	stout e red irlandesas, porters, brown ales, IPA inglesa, bitters inglesas	Crescent City Café au Lait Stout (p. 218), Dry Irish Stout (p. 232)
Wyeast Scottish Ale 1728; 13 °C a 24 °C	Fim limpo, neutro	White Labs Edinburgh Scottish Ale WLP028	ales escocesas, imperial IPA, imperial stout, barleywine, christmas ale, baltic porter, cerveja envelhecida na madeira, cerveja defumada	Scotch Whisky Wee Heavy do Noivo (p. 223)

★ 305 ★

CERVEJA EM CASA

Levedura	Características	Alternativa	Estilos	Usada em
Wyeast Belgian Abbey Ale 1214; 20 °C a 25 °C	Notas temperadas, boa para as belgas com muito álcool	White Labs Abbey Ale WLP530	dubbel, tripel, witbier, christmas ale, dark strong ale belga	Sisters of Summer Tripel (p. 90)
White Labs Belgian Ale WLP550; 20 °C a 25 °C	Sabores temperados, não demasiadamente frutados	Wyeast Belgian Abbey Ale 1214	saisons, ales e reds belgas, cervejas brancas, tripel	Fruity Faux Lambic (p. 279)
Wyeast French Saison 3711; 18 °C a 25 °C	Nota rica na boca, seca, destaque para as adições de tempero, pimenta; notas temperadas e cítricas	White Labs Belgian Saison I WLP565	saison, Bière de Garde, witbier, blonde e golden belgas, dark strong ales	Bière de Mars (p. 242)
Wyeast Belgian Saison 3724; 21 °C a 35 °C	Complexa, temperada, azeda, seca, frutada, ácida, se dá bem em temperaturas altas	White Labs Belgian Saison I WLP565	saison	Saison Classique avec Miele (p. 250), Rosemary Laurel Savory Saison (p. 255)
White Labs European Ale WLP011; 18 °C a 21 °C	Maltosa, baixo teor de ésteres de fruta, limpa no fim	Wyeast European Ale 1338	altbiers, kölsch, ales inglesas, cervejas frutadas	Weisse de Berlim (p. 196)
Wyeast *Lactobacillus delbrueckii* 4335; 15 °C a 35 °C	Bactérias que criam uma cerveja azeda	White Labs *Lactobacillus* WLP677	lambic, gueuze, berlinerweiss, red ale e brown ale de Flanders, lambic	Weisse de Berlim (p.196)
Wyeast Champagne 4021	Fermentação refrescante e seca, com pequenas bolhas	Nenhuma equivalente	champagne, chardonnay, dry mead, braggot, dry cider	Alpine Juniper Braggot (p. 187), Scandalous Hard Apple Cider (p. 206)
Wyeast Belgian Lambic Blend 3278	Uma combinação de todas as bactérias que fazem da Lambic uma ótima cerveja; *Bretttanomyces, Lactobacillus* e *Pediococcus*	Nenhuma equivalente	lambic, red ale de Flanders, gueuze, lambic	Fruity Faux Lambic (p. 279)

★ **306** ★

ÍNDICE REMISSIVO

Aarti Sequeira, *garam masala* caseiro de 134-35
Abreviações, 47
Abril
  cervejas para, 239-55
  Dark and Stormy Witbier, 137, 249-266
  Moluscos cozidos no vapor com Classique Saison avec Miele, 265-266
  Rosemary Laurel Savory Saison, 255-260
  Saison Classique avec Miele, 250-255
Abyss, The, 206
Acetaldeído, 59
Ácido alfa, 118-9, 299-300
Açúcar belga, 95-6
Aditivos, 42, 75, 200
Adjunto, 55, 287
Aecht Schlenkerla Rauchbier Urbock, 76
Aeração (exposição ao ar), 58-9
Agosto
  cervejas para, 99-116
  Blonde com Mel e Camomila, 106-111
  Crisp Summer Kölsch, 100-05
  Frango marinado com Lemon Verbena Basil Beer, 116
  Lemon Verbena Basil Wheat, 111-16
Água
  na cerveja, 31-2
  higienização com, fervente, 41
  tipo de, 21
Airlock, 18, 43-4, 50, 53
Álcool por volume (APV)
  cálculo do, 49
  definição de, 47-8

Ale. *Ver* Ales específicas
  como categoria de cerveja, 32
  descrição de, 32, 287
Ales de fazenda. *Ver* Saison
"Ales de sessão" (Session Ales), 63
Ales de trigo
  Allagash White, 90
  Blanche De Bruxelles, 90
  Dunkelweizens, 276
  Eagle Rock Manifesto Wit, 90
  Hefeweizens, 80-5
  Lemon Verbena Basil Wheat, 111-6
  Organic Honey Basil, 115
  Poor Man's Provence Lavender Wit, 85-90
  Sorachi Ace Saison, 115
  Trade Winds Tripel, 115
AleSmith Barrel Aged Wee Heavy, 228
AleSmith Speedway Stout, 206
Allagash Tripel Ale, 95
Allagash White, 90
Alpine Juniper Braggot
  cervejeiros profissionais que servem de exemplo, 192
  estilo de 175, 187-88
  ingredientes e instruções para, 188-192
  quebra de regras e dicas para, 192
Amargor
  lúpulos relacionados a, 281
  IBU, 17, 48, 290
Anchor Christmas Ale, 181
Anvil ESB, 172
APA. *Ver* Pale ale ao estilo da costa Oeste norte-americana

★ 307 ★

APV. *Ver* Álcool por volume

Aromaticidade

  dos lúpulos, 21, 27, 33, 281, 291

  estilo relacionado a, 23, 26, 29, 300

Atenuação, 55, 236, 288

Autólise, 59

Autossifão, 53, 288

Baby Arugula Summer Salad (salada de rúcula) com peras fatiadas e queijo de cabra em vinagre com mel e hefeweinzen, 96-7

Balança digital, 53

Beer Nutz, 157-8

Belhaven Wee Heavy, 228-29

BIAB. *Ver* Brew in a bag (fazer cerveja em um saco)

Bière de Mars

  Bière de Mars (Jolly Pumpkin Artisan Ales), 247

  cervejeiros profissionais que servem de modelo, 247

  estilo de, 242-43

  ingredientes e instruções para, 243-46

  quebra de regras e dicas para, 246

Bikini Blonde, 111

Bison Chocolate Stout, 217

Black pale ales. *Ver* India Black Ale (IBA)

Black smoke pale

  cervejeiros profissionais que servem de modelo, 76

  estilo de, 72

  ingredientes e instruções para, 72-5

  quebra de regras e dicas para, 75-6

  sopa de ervilha e presunto com black smoke pale, 76-7

Black Velvet Black Witbier, 265

Black white ale, 260-65

Blanche de Bruxelles, 90

Blondes

  Bikini Blonde, 111

  Blonde com Mel e Camomila, 106-111

  Lips of Faith Dandelion American Blond Ale, 111

  Summer Love American Blonde Ale, 110

Blonde com Mel e Camomila

  cervejeiros profissionais que servem de modelo, 110-1

  estilo de, 106-7

  ingredientes e instruções para, 107-110

  quebra de regras e dicas para, 110

Blow-off, tubo, 43-4

Boerenmeisjes, 274

Braggot

  Alpine Juniper Braggot, 175-192

  Crabtree Braggot, 192

  Craftsman Spring Braggot, 192

  descrição de, 187-88

  Old Danish Braggot, 192

Brandied Apricot Cream Ale

  cervejeiros profissionais que servem de modelo, 275

  estilo de, 270-71

  ingredientes e instruções para, 271-74

  quebra de regras e dicas, 275

Brandied Apricots, 267

Brassagem, 38, 55, 288

Brew in a bag (BIAB), 57, 269

Brown ale

  Brown Ale com Noz-Pecã, 156-162

  Hazelnut Brown Nectar, 162

  Pecan Harvest Ale, 162

  Southern Pecan Nut Brown Ale, 162

Brown Ale de Noz-Pecã

  cervejeiros profissionais que servem de modelo, 162

  estilo de, 156-8

  ingredientes e instruções para, 158-61

  quebra de regras e dicas para, 161

Campden, pastilhas, 42

Camomila, Blonde com Mel e, 106-111

Cantillon Kriek, 285

Carne de porco refogada com Crescent City Café au Lait Stout, 229-30

Cascadian Dark Ale. *Ver* India Black Ale

Caseiro, açúcar belga, 95-6

Cerejas, Pato assado com molho de Sour Cherry Lambic, 286

Cerveja. *Ver também* Receitas, cerveja; *cerveja específica*

  abreviações relacionadas a, 47

  água na, 31

  categorias de, 32

  de presente, 176, 181, 212

★ **308** ★

ÍNDICE REMISSIVO

estilos de, 32-3

ingredientes na, 21-2

levedura relacionada a, 28-31

lúpulos relacionados a, 25-8

na comida, 18

para abril, 137, 249-66

para agosto, 99-116

para dezembro, 61, 175-93

para fevereiro, 99, 211-30

para janeiro, 79, 195-210

para julho, 79-87, 195

para junho, 61-77, 175

para maio, 155, 267-86

para março, 117, 231-48

para novembro, 155-73, 267

para outubro, 137-54, 249

para setembro, 117-36, 231

Chai Tea Porter, 13-15

Cheesecake, Controversial Pumpkin Cheesecake com crosta de grão reutilizado, 153-54

Chocolate. *Ver* Stout

Chutney com Dubbel com Figo e Cravo, 193

Cidra

descrição, 207

Julian Hard Cider, 210

Scandalous Hard Apple Cider, 206-10

Weston's Special Reserve Cider, 210

Woodchuck Granny Smith Cider, 210

CO₂. *Ver* Dióxido de carbono

Coadores, 52

Colheres, 51

Colocar menos levedura (que o necessário), 58

Comida, 18. *Ver também* Receitas, comida

Cones frescos, 27

Contêineres/vasilhames, 51

Coquetel, The Sazerac, 218-19

Cocoa Porter Winter Warmer, 181

Conservantes, 21, 39

Controversial Pumpkin Ale

cervejeiros profissionais que servem de modelo, 153

estilo de, 148

ingredientes e instruções para, 149-52

quebra de regras e dicas para, 152

Controversial Pumpkin Cheesecake com crosta de grão reutilizado, 153-54

Cookies de aveia e Dry Irish Stout, 247-48

Cozinhar. *Ver* Receitas, comida

Crabtree Braggot, 192

Craftsman Berliner Weisse, 192

Craftsman Spring Braggot, 201

Cravos

Chutney com Dubbel com Figo e Cravo, 193

descrição de, 183

Dubbel com Figo e Cravo, 182-87

Cream Ales

Brandied Apricot Cream Ale, 270-75

Nuptiale Cream Ale, 275

Spotted Cow, 275

Summer Solstice Cerveza Crema, 275

Crescent City Café au Lait Stout

cervejeiros profissionais que servem de modelo, 223

estilo, 218-19

ingredientes e instruções para, 219-223

Crisp Summer Kölsch

cervejeiros profissionais que servem de modelo, 105

estilo de, 100-01

ingredientes e descrição de, 101-04

quebra de regras e dicas para, 104-05

Curry de legumes com East India Pale, 135-36

Dale's Pale Ale, 71

Damascos

ao *brandy*, 274

Brandied Apricot Cream Ale, 270-4

Dancing Man Wheat, 85

Dark and Stormy Witbier

cervejeiros profissionais que servem de modelo, 265

estilo de, 260-61

ingredientes e instruções para, 261-64

quebra de regras e dicas para, 264

Dark Pale Ale. *Ver* India Black Ale (IBA)

Decadent Dunkelweizen

cervejeiros profissionais que servem de modelo, 279

estilo de, 276

ingredientes e instruções para, 276-79

quebradores de regras e dicas para, 79

Der Nackte Brauer Festbier

cervejeiros profissionais que servem de modelo, 142-43

★ **309** ★

estilo de, 139
ingredientes e instruções para, 139-42
quebra de regras e dicas para, 142
Dezembro
Alpine Juniper Braggot, 61, 175-192
cervejas para, 165-82
Porter Temperada de Inverno, 176-81
Dubbel com Figo e Cravo, 182-87
Chutney com Dubbel com Figo e Cravo, 193
Diacetil, 58, 289
Dimetilsulfeto (DMS), 58
Dióxido de carbono (CO_2)
tubo airlock para, 43-4, 287
tubo blow-off para, 43-4
malte relacionado a, 21, 23
DMS. *Ver* Dimetilsulfeto
Dragoons Dry Irish Stout, 237
Dry Irish Stout
cervejeiros profissionais que servem de modelo, 237
estilo de, 233
ingredientes e instruções para, 233-36
quebra de regras e dicas para, 236
Dubbel com Figo e Cravo
cervejeiros profissionais que servem de modelo, 187
estilo de, 182-3
ingredientes e instruções para, 183-6
quebra de regras e dicas para, 186
Dulçor, 23
Dunkelweizen
Decadent Dunkelweizen, 276-79
Dunkel Weiss, 279
Franziskaner Hefe-Weissbier Dunkel, 279
Weihenstephaner Hefeweissbier Dunkel, 279

Eagle Rock Manifesto Wit, 90
East India Pale Ale
cervejeiros profissionais que servem de modelo, 133
curry de legumes com East India Pale Ale, 135-36
estilo de, 128-29
ingredientes e instruções para, 129-33
quebra de regras e dicas para, 133
8th Street Ale, 67

Embarrilamento, 44. *Ver também* Engarrafar
Engarrafar
tampinhas para, 53
em garrafas claras ou verdes, 59
equipamento para, 45
higienizar para, 45
pouca quantidade, 46
procedimentos para, 45-7
Equipamento
autossifão, 53, 288
balança digital, 53
coadores, 52
colheres, 51
fermentador primário, 51
fermentador secundário, 51
funil, 53
hidrômetros, 51
kit com suprimentos para cerveja feita em casa, 50-2
lista de desejos, 53-5
para cerveja feita em casa, 50-2
para engarrafar, 45
queimador de propano portátil, 54-5
refratômetro, 54
resfriador de imersão para o mosto, 55
saco de grãos, 51, 56, 293
tampinhas, 53
termômetros, 51, 54
tubo airlock, 18, 43-4, 50, 53
tubo blow-off 43-4
vasilhames/contêineres, 51
Ervilha, Sopa de ervilha e presunto com Black Smoke Pale, 76-7
Espera pela fermentação secundária, 37, 44
Estilo
aromaticidade relacionada a, 33
de cerveja, 32-3
características visuais de, 33
levedura relacionada a, 29
Estilo alemão
Der Nackte Brauer Festbier, 139-43
Dunkelweizens, 276
Hefeweizens, 80, 276
Kölsch, 100
Late Harvest, 143
Munsterfest, 143
Trocken Hopfen Marzen, 142

ÍNDICE REMISSIVO

Weisse de Berlim, 196-201
Estilo belga
Black Velvet Black Witbier, 265
Dark and Stormy Witbier, 260-5
Dubbel com Figo e Cravo, 175, 182-7
Grimbergen Dubbel, 187
He'brew Jewbelation Fifteen, 187
Houblon Chouffe Dobbelen IPA, 238, 242
Hugh Malone, 237, 242
IPA Tropical ao estilo belga, 231, 237-42
Leffe Brune, 265
Le Freak, 242
Monk's Blood, 187
Noire de Chambly, 265
Pale belga de Cranberry, 155, 162-6
Poor Man's Provence Lavender Wit, 79, 85-90
Saison Classique avec Miele, 249-55
Sisters of Summer Tripel, 79, 90-5
Tripel, 80
Estilo escocês
AleSmith Barrel Aged Wee Heavy, 228
Belhaven Wee Heavy, 228
Founders Backwoods Bastard, 228-9
Scotch Whisky Wee Heavy do Noivo, 223-8
Estilo francês
Bière de Mars, 242-7
Bière de Mars (Jolly Pumpkin Artisan Ales), 247
LA-31 Bière de Mars, 247
Lips of Faith Bière de Mars, 247
Estilo inglês
Brown ales, 156-57
8th Street Ale, 67
Firestone Double Barrel Ale, 67
Fuller's London Pride, 67
Pale inglesa de verão, 62-7
Estilo irlandês
Dragoons Dry Irish Stout, 237
Dry Irish Stout, 233-7
Guinness Extra Stout, 237
Murphy's Irish Stout, 237
ESB. *Ver* Extra Special Bitter
Evil Dead Red, 147
Extra Special Bitter (ESB)
Anvil ESB, 172
Sage Chestnut ESB, 167-72
Triple White Sage, 172

Fabricação de cerveja com extratos, 268
Fabricação de cerveja com método somente grãos
BIAB, 57, 269
método com extrato em comparação a, 39, 56, 268
Fabricação de cerveja em casa (cerveja artesanal)
abreviações relacionadas a, 47-9
aditivos na, 45
conselhos para, 15-6
como começar, 16
cozinhar em comparação com a, 16
equipamento para, 50-2
fornecedores de *kits*, 50
levedura, 21, 28-31
lúpulos, 21, 25-8
malte na, 21-5
objetivo da, 17
os "nãos", 57-60
parte mais difícil da, 12
pequenas quantidades, 36-7
vocabulário, 55-7
Fabricação de cerveja em quantidades pequenas
vantagens de, 36-7
procedimentos básicos, 37-8
engarrafar, 46
fermentação, esperar pela, 37, 44
lúpulos na, 39
higienização na, 37-8, 40
infusão/brassagem, 38
mosto na, ferver o, 38-9
mosto na, resfriar (esfriar), 39-40
levedura, colocar a, 42-3
Fantôme Saison, 255
Fermentação
fermentador primário, 51
fermentador secundário, 51
temperatura, 29-30
esperar pela, 37, 44
Fervura
com tampa, 58
água, higienizar com, 41
do mosto, 38-9
Fevereiro
Carne de porco refogada com Crescent City

CERVEJA EM CASA

Café au Lait Stout, 229-30
cervejas para, 99, 202-230
Crescent City Café au Lait Stout, 218-23
Scotch Whisky Wee Heavy do Noivo, 223-28
Stupid Cupid's Bittersweet Chocolate Stout, 212-17
FG. *Ver* Gravidade final
Firestone Double Barrel Ale, 67
Floculação, 56
Founders Backwoods Bastard, 228
Frango marinado com Lemon Verbena Basil, 116
Franziskaner Hefe-Weissbier Dunkel, 279
Fruity Faux Lambic
   cervejeiros profissionais que servem de modelo, 286
   estilo de, 280-82
   ingredientes e instruções para, 282-84
   quebra de regras e dicas para, 285
   Frutos do mar, Moluscos cozidos no vapor com Classique Saison avec Miele, 265-6
Fuller's London Pride, 67
Funil, 53
Fúsel, 59

Garam masala caseiro de Aarti Sequeira, 134-35
Gelato, Affogato com Zee Russian Imperial Stout, 210-11
Grãos
   fazer cerveja somente grãos, 268
   BIAB, 48, 57, 269
   fazer cerveja com extrato, 268
   uso errôneo de, 57-8
   especiais, extrato com, 24
   infusão/brassagem, 38
   reutilização de, 105-06
Great Pumpkin, The, 153
Garrafas claras, 59
Garrafas verdes, 59
Gravidade final (FG), 56, 290
Gravidade original (OG), 56, 290
Grimbergen Dubbel, 187
Grist, 56
Guinness Extra Stout, 237

Harpoon IPA, 128

Hazelnut Brown Nectar, 162
He'brew Jewbelation Fift een, 187
Hefeweizen
   Dancing Man Wheat, 85
   descrição de, 80
   Hefeweizen Tradicional Bávara, 80-5
   levedura para, 81
   Paulaner Hefe-Weizen, 85
   vinagrete com mel e Hefeweizen, 96-7
   Weihenstephaner Hefeweissbier, 85
Hefeweizen Tradicional Bávara
   cervejeiros profissionais que servem de modelo, 85
   estilo de, 80-1
   ingredientes e instruções para, 81-4
   quebra de regras para, 84-5
Hennepin, 255
Hidromel, 192
Hidrômetro, 51, 290
Higienização
   com água fervente, 41
   para engarrafar, 45
   importância da, 40-1
   como iodóforo, 40-1
   em quantidades pequenas fabricadas, 37-8
   com Star San, 41
Hitachino Nest Sweet Stout, 223
Hop Henge IPA, 128
Hop in the Dark, 76
Hopped-Up Pale da Costa Oeste
   cervejeiros profissionais que servem de modelo, 71
   estilo de, 67-8
   ingredientes e instruções, 68-71
   quebra de regra e dicas para, 71
Hottenroth Berliner Weisse, 200
Houblon Chouff e Dobbelen IPA Tripel, 242
Hugh Malone, 242

IBA. *Ver* India Black Ale
IBU. *Ver* International Bitterness Units
Imperial Blood Red
   cervejeiros profissionais que servem de modelo, 147
   estilo de, 143-44
   ingredientes e instruções para, 144-47
   quebra de regras e dicas para, 147

★ 312 ★

ÍNDICE REMISSIVO

India Black Ale (IBA)
  Aecht Schlenkerla Rauchbier Urbock, 76
  Alaskan Smoked Porter, 76
  Black Smoke Pale, 71-6
  descrição de, 72
  Hop in the Dark, 76
India Pale Ales (IPAs)
  East India Pale Ale, 128-33
  Harpoon IPA, 128
  Hop Henge IPA, 128
  Houblon Chouff e Dobbelen IPA Tripel, 242
  Hugh Malone, 242
  IPA tropical ao estilo belga, 237-42
  Jai Alai Mango IPA, 133
  Just One Hop Cascade IPA, 124-28
  Just One Hop Simcoe IPA, 119-23
  Knuckle Sandwich, 123
  Le Freak, 242
  Mammoth IPA, 172
  Rotator IPA Series Spiced IPA, 133
  Sculpin IPA, 123
  Simcoe Single Hop IPA, 123
  Single Hop Cascade IPA, 128
  Überhoppy, 133
Infusão/brassagem, 38
Ingredientes, cerveja, 21-31
Inoculação
  definição de, 37, 42-3, 56
  colocar menos, 58-9
  levedura em quantidades menores de cerveja, 58-9
International Bitterness Units (IBU), 39, 48
Iodóforo, 40
IPAs. *Ver* India Pale Ales
IPA Tropical ao estilo belga
  cervejeiros profissionais que servem de modelo, 242
  estilo de, 237-8
  ingredientes e instruções para, 238-41
  quebra de regras para, 241-2

Jai Alai Mango IPA, 133
Janeiro
  cerveja para, 79, 195-210
  Scandalous Hard Apple Cider, 206-10
  Weisse de Berlim, 196-201

Zee Russian Imperial Stout, 201-06

Julho
  Baby Arugula Summer Salad (salada de rúcula) com peras fatiadas e queijo de cabra em vinagre com mel e Hefeweizen, 96-7
  cervejas para, 79-87, 195
  Hefeweizen Tradicional Bávara, 80-5
  Poor Man's Provence Lavender Wit, 85-90
  Sisters of Summer Tripel, 90-95
  Julian Hard Cider, 210
Junho
  Black Smoke Pale, 71-76
  cervejas para, 61-77, 195
  Hopped-Up Pale da Costa Oeste, 62-7
  Pale inglesa de verão, 62-7
  Sopa de ervilha e presunto com Black Smoke Pale Split Pea, 76-7
Just One Hop Cascade IPA
  cervejeiros profissionais que servem de modelo, 128
  estilo de, 124
  ingredientes e instruções para, 124-7
  quebra de regras e dicas para, 127
Just One Hop Simcoe IPA
  cervejeiros profissionais que servem de modelo, 123
  estilo de, 119-20
  ingredientes e instruções para, 120-3
  quebra de regras e dicas para, 123

Karnival Kölsch, 105
Knuckle Sandwich, 123
Kölsch
  Crisp Summer Kölsch, 90-100-05
  descrição de, 100
  Karnival Kölsch, 105
  Reissdorf Kölsch, 105
  Yellowtail Pale Ale, 105

L. *Ver* Lovibond
LA-31 Bière de Mars, 241
Lager
  Der Nackte Brauer Festbier, 138-43
  descrição de, 32, 291
Lagering, 104
Lagunitas Lucky 147

★ 313 ★

Lambic
Cantillon Kriek, 285
descrição de, 280
Fruity Faux Lambic, 280-86
Pato assado com molho de Sour Cherry Lambic Sauce, 286
Selin's Grove Phoenix Kriek, 285
Wisconsin Belgian Red, 285
Late Harvest, 143
Lavanda, Poor Man's Provence Lavender Wit, 85-90
Leffe Brune, 265
Le Freak, 242
Left Hand Milk Stout, 223
Lemon Verbena Basil Beer, Frango marinado em, 116
Lemon Verbena Basil Wheat
cervejeiros profissionais que servem de modelo, 115-6
estilo de, 111-2
ingredientes e instruções para, 112-5
quebra de regras para, 115
Levedura
autólise, 59
brassar, 42, 288
cerveja relacionada a, 28-9, 32
colocar menos (que o necessário), 58
descrição de, 28
estilo relacionado a, 29
floculação, 56
na fabricação caseira da cerveja, 42-3
pacotes de levedura da marca Wyeast, 29-30
para Hefeweizen, 80-1
retirar da, 59
seca, 30
sensação na boca relacionado a, 29
starter, 30
temperatura da fermentação relacionada a, 30-1
teor alcoólico relacionado a, 23
tubos da marca White Labs, 43
Lips of Faith Bière de Mars, 247
Lips of Faith Dandelion American Blonde Ale, 111
Lovibond (L), 49, 291
Lúpulos
adição de, 39-40

envelhecidos, 27-8, 281
ácido alfa, 118-9
aromaticidade dos, 26
cerveja relacionada a, 26-7
amargor relacionado a, 25
descrição de, 25-6
lupulização, 130
secura relacionada a, 26
sabores relacionados a, 26
cones frescos, 27
na fabricação de cerveja artesanal, 21, 25-8
peletizados, 27
plugs, 27
como conservantes, 26
na fabricação de pequenas quantidades de cerveja, 39

Malte
base, 57
CO_2 relacionado a, 23
cor do, 22-3
descrição de, 22
doçura relacionada a, 23
especial, 57
extratos, 57
extrato com grãos especiais, 24
mistura parcial, 24
na fabricação da cerveja em casa (artesanal), 23-5
sabores do, 23
somente extrato, 24
somente grãos, 24
teor alcoólico relacionado a, 23
Mammoth IPA, 172
Mango, Jai Alai Mango IPA, 133
Manjericão
Frango marinado com Lemon Verbena Basil Beer, 116
Lemon Verbena Basil Wheat, 111-6
Organic Honey Basil, 115-6
Março
Bière de Mars, 242-7
cervejas para, 117, 231-48
Cookies de aveia e Dry Irish Stout, 247-8
Dry Irish Stout, 233-7
IPA tropical ao estilo belga, 237-42
Maio

★ 314 ★

ÍNDICE REMISSIVO

Brandied Apricot Cream Ale, 270-5
cervejas para, 155, 267-86
Decadent Dunkelweizen, 276-9
Fruity Faux Lambic, 280-6
Pato assado com molho de Sour Cherry Lambic Sauce, 286
Mash tun, 57, 292
Medida/medição
balança digital para, 53
truque da vareta, 52
Mel
Baby Arugula Summer Salada (salada de rúcula) com peras fatiadas e queijo de cabra em vinagre com mel e Hefeweizen, 96-7
Organic Honey Basil, 115-6
Mistura parcial, 24
Moluscos cozidos no vapor com Classique Saison avec Miele, 265-6
Monk's Blood, 1187
Moranga, Controversial Pumpkin Cheesecake com crosta de grão reutilizado, 153-4
Mosto
fervura do, 38-9
resfriamento do, 39-40
descrição de, 23
resfriador de imersão para o, 55
Munsterfest, 143
Murphy's Irish Stout, 237

Noire de Chambly, 265
Novembro
Brown Ale de Noz-Pecã, 156-62
cervejas para, 155-73, 267
Pale belga de Cranberry, 162-7
Recheio de Sage Chestnut ESB, 172-3
Sage Chestnut ESB, 167-72
Nuptiale Cream Ale, 275
Nozes, frutas natalinas, Beer Nutz, 157-8

Outubro
cervejas para, 137-54, 249
Controversial Pumpkin Ale, 148-53
Controversial Pumpkin Cheesecake com crosta de grão reutilizado, 153-4
Der Nackte Brauer Festbier, 18-43
Imperial Blood Red, 143-7
OG. *Ver* Gravidade original

Old Danish Braggot, 192
Old Fezziwig Ale, 181
Old Rasputin Russian Imperial Stout, 205-6
Organic Honey Basil, 115-6

Pacotes de levedura da marca Wyeast, 29-30
Pale ale ao estilo da costa Oeste norte-americana
Dale's Pale Ale, 71
descrição de, 67-8
Sierra Nevada Pale Ale, 71
Stone Pale Ale, 71
Pale Belga de Cranberry
estilo de, 162-3
ingredientes e instruções para, 163-6
quebra de regras e dicas para, 166
Pale Inglesa de Verão
cervejeiros profissionais que servem de modelo, 67
estilo de, 62-3
ingredientes e instruções para, 63-6
quebra de regras para, 66
Pastilhas Campden, 42
Pastilhas Whirlfloc, 41-2
Pato assado com molho de Sour Cherry Lambic, 286
Paulaner Hefe-Weizen, 85
Peras, Baby Arugula Summer Salad (salada de rúcula) com peras fatiadas e queijo de cabra em vinagre com mel e Hefeweizen, 96-7
Pecan Harvest Ale, 162
Pellets/lúpulos peletizados, 27
Plugs, 18
Poor Man's Provence Lavender Wit
cervejeiros profissionais que servem de modelo, 90
estilo de, 85-6
ingredientes e instruções para, 87-9
quebra de regras e dicas para, 90
Porter
Alaskan Smoked Porter, 76
Anchor Christmas Ale, 181
Chai Tea Porter, 13-5
Cocoa Porter Winter Warmer, 181
descrição de, 176-7
Old Fezziwig Ale, 181
Porter Temperada de Inverno

★ 315 ★

CERVEJA EM CASA

ingredientes e instruções para, 177-80

cervejeiros profissionais que servem de modelo, 181

quebra de regras e dicas para, 180-1

estilo, 176-7

Presunto, Sopa de ervilha e presunto com Black Smoke Pale, 76-7

Priming, 44, 57, 292

Pumpkin Ale

Controversial Pumpkin Ale, 148-53

Great Pumpkin, The, 153

Pumpkin Ale (Kern River Brewing Co.), 152

Punkin Ale, 152-3

Queijo de cabra, Baby Arugula Summer Salad (salada de rúcula) com peras fatiadas e queijo de cabra em vinagre com mel e Hefeweizen, 96-7

Queimador de propano, 54-5

Rack, 59-60

Ranço/rançosa, 52

Receitas, cerveja

Alpine Juniper Braggot, 187-92

Bière de Mars, 242-7

Black Smoke Pale, 72-7

Blonde de Mel e Camomila, 106-11

Brandied Apricot Cream Ale, 270-5

Brown Ale de Noz-Pecã, 156-62

Controversial Pumpkin Ale, 148-53

Crescent City Café au Lait Stout, 218-23

Crisp Summer Kölsch, 100-5

Dark and Stormy Witbier, 260-5

Decadent Dunkelweizen, 276-9

Der Nackte Brauer Festbier, 138-43

Dry Irish Stout, 233-7

Dubbel com Figo e Cravo, 183-7

East India Pale Ale, 128-33

Fruity Faux Lambic, 280-6

Hefeweizen Tradicional Bávara, 80-5

Hidromel, 192

Hopped-Up Pale da Costa Oeste, 67-71

Imperial Blood Red, 143-7

IPA Tropical ao estilo belga, 237-42

Just One Hop Cascade IPA, 124-8

Just One Hop Simcoe IPA, 119-23

Lemon Verbena Basil Wheat, 111-16

Pale belga de Cranberry, 162-7

Pale inglesa de Verão, 62-7

Poor Man's Provence Lavender Wit, 85-90

Porter Temperada de Inverno, 176-81

Rosemary Laurel Savory Saison, 255-60

Sage Chestnut ESB, 167-72

Saison Classique avec Miele, 250-5

Scandalous Hard Apple Cider, 206-10

Scotch Whisky Wee Heavy do Noivo, 223-8

Sisters of Summer Tripel, 90-5

Stupid Cupid's Bittersweet Chocolate, 212-7

Weisse de Berlim , 196-201

Zee Russian Imperial Stout, 201-6

Receitas, comida

Açúcar belga caseiro, 95-6

Affogato com Zee Russian Imperial Stout, 210-1

Baby Arugula Summer Salad (salada de rúcula) com peras fatiadas e queijo de cabra em vinagrecom mel e Hefeweizen, 96-7

Beer Nutz, 157-8

Carne de porco refogada com Crescent City Café au Lait Stout, 229-30

Controversial Pumpkin Cheesecake com crosta de grão reutilizado, 153-4

Cookies de aveia com Dry Irish Stout, 247-8

Chutney com Dubbel com Figo e Cravo, 193

Curry de legumes com East India Pale Ale, 135-6

Damascos ao *brandy*, 270-4

Frango marinado com Lemon Verbena Basil, 116

Garam masala caseiro de Aarti Sequeira, 134-5

Moluscos cozidos no vapor com Classique Saison avec Miele, 265-6

Pato assado com molho de Sour Cherry Lambic Sauce, 286

Recheio de Sage Chestnut ESB, 172-3

Sopa de ervilha e presunto com Black Smoke Pale, 76-7

Xarope azedo e temperado para Weisse de Berlim, 200

Xarope de romã, 200

Red Ale

Evil Dead Red, 147

Imperial Blood Red, 143-7

★ 316 ★

ÍNDICE REMISSIVO

Lagunitas Lucky, 147
Red Rocket Ale, 147
Refratômetro, 454
Reissdorf Kölsch, 105
Resfriar (esfriar) o mosto, 39-40, 55
Resfriador de imersão para o mosto, 55
Recheio de Sage Chestnut ESB, 172-3
Reutilização, 105-6
RIS. *Ver* Russian Imperial Stout
Rogue Chocolate Stout, 217
Rosemary Laurel Savory Saison
    cervejeiros profissionais que servem de modelo, 260
    estilo de, 255-6
    ingredientes e instruções para, 256-9
    quebra de regras e dicas para, 259
Rotator IPA Series Spiced IPA, 133
Rúcula, Baby Arugula Summer Salad (salada de rúcula) com peras fatiadas e queijo de cabra em vinagre com mel e Hefeweizen, 96-7
Russian Imperial Stout (RIS)
    Abyss, The, 206
    AleSmith Speedway Stout, 206
    descrição de, 201-2
    Old Rasputin Russian Imperial Stout, 205-6
    Zee Russian Imperial Stout, 201-6

Sabores
    lúpulos relacionados a, 27, 57, 291
    do malte, 23
Sacos de grãos, 51, 56, 293
Sage
    Recheio de Sage Chestnut ESB, 172-3
    Triple White Sage, 172
    Utah Sage Saison, 260
Sage Chestnut ESB
    cervejeiros profissionais que servem de modelo, 171
    estilo de, 167-8
    ingredientes e instruções para, 168-71
    quebra de regras e dicas para, 171
Saison
    descrição de, 250-1
    Fantôme Saison, 255
    Hennepin, 255
    Rosemary Laurel Savory Saison, 255-60
    Saison Athene, 260

Saison Classique avec Miele, 250-5
Saison DuPont, 255
Trip XI, 269
Utah Sage Saison, 260
Saison Classique avec Miele
    cervejeiros profissionais que servem de modelo, 255
    estilo de, 250-1
    ingredientes e instruções para, 251-4
    quebra de regras e dicas para, 254
Salada, Baby Arugula Summer Salad (salada de rúcula) com peras fatiadas e queijo de cabra em vinagre com mel e Hefeweizen, 96-7
Samuel Adams Cream Stout, 223
Sazerac, The, 218-9
Scandalous Hard Apple Cider
    cervejeiros profissionais que servem de modelo, 210
    estilo de, 206-7
    ingredientes e instruções para, 207-9
    quebra de regras e dicas para, 209-10
Scotch Whisky Wee Heavy do Noivo
    cervejeiros profissionais que servem de modelo, 228
    estilo de, 223-4
    ingredientes e instruções para, 224-8
    quebra de regras e dicas para, 228
Sculpin IPA, 123
Secura, 26
Selin's Grove Phoenix Kriek, 285
Sensação na boca, 23, 293
Setembro
    cerveja para, 117-36, 231
    East India Pale Ale, 128-33
    Curry de legumes com East India Pale Ale, 135
    Just One Hop Cascade IPA, 124-8
    Just One Hop Simcoe IPA, 119-23
Session Ales ("ales de sessão"), 63
Sierra Nevada Pale Ale, 71
Simcoe Single Hop IPA, 123
Single Hop Cascade IPA, 128
Sisters of Summer Tripel
    cervejeiros profissionais que servem de modelo, 95
    estilo de, 90-1
    ingredientes e instruções para, 91-4
    quebra de regras e dicas para, 94-5

★ 317 ★

CERVEJA EM CASA

Sorachi Ace Saison, 115
Sopa de ervilha e presunto com Black Smoke
   Pale, 76-7
Southern Pecan Nut Brown Ale, 162
Sparge/sparging, 38, 57
Spotted Cow, 275
Standard reference method (SRM), 49, 292
Star San, 41
Stone Pale Ale, 71
Stout
   Bison Chocolate Stout, 217
   Crescent City Café au Lait Stout, 218-23
   descrição de, 213
   Dragoons Dry Irish Stout, 237
   Dry Irish Stout, 233-7
   Guinness-Extra Stout, 237
   Hitachino Nest Sweet Stout, 223
   Left Hand Milk Stout, 223
   Murphy's Irish Stout, 237
   RIS, 201-2
   Rogue Chocolate Stout, 217
   Samuel Adams Cream Stout, 223
   Stupid Cupid's Bittersweet Chocolate Stout,
      212-7
   Young's Double Chocolate Stout, 217
Stupid Cupid's Bittersweet Chocolate Stout
   cervejeiros profissionais que servem de mo-
      delo, 217
   estilo de, 213
   ingredientes e instruções para, 213-7
   quebra de regras para, 217
Summer Love American Blonde Ale, 110-1
Summer Solstice Cerveza Crema, 275

Tampinhas, 54
Temperatura, 30-1
Teor de álcool (teor alcoólico)
   malte em relação a, 23
   levedura em relação a, 49
Termômetros, 51, 54
Trade Winds Tripel, 115
Tripel
   Allagash Tripel Ale, 95
   descrição de, 80
   Houblon Chouff e Dobbelen IPA Tripel, 242
   Sisters of Summer Tripel, 90-5
   Trade Winds Tripel, 115

Tripel Karmeliet, 95
   Westmalle Trappist Tripel, 95
Triple White Sage, 172
Trip XI, 260
Trocken Hopfen Marzen, 142
Truque da vareta, 52
Tubo airlock, 18, 43-4, 50, 53
Tubo blow-off, 43-4
Tubos da marca White Labs,, 43

Überhoppy, 133
Uísque
   Sazerac, The, 218-9
   Scotch Whisky Wee Heavy do Noivo, 223-8
Utah Sage Saison, 260

Vasilhames/contêineres, 51
Vinagre, Baby Arugula Summer Salad (salada
   de rúcula) com peras fatiadas e queijo de cabra em vinagre com mel e hefeweizen, 96-7
visuais, Características, 33
Vocabulário, 55-7

Wee Heavy
   AleSmith Barrel Aged Wee Heavy, 228
   Belhaven Wee Heavy, 228
   Founders Backwoods Bastard, 228-9
   Scotch Whisky Wee Heavy do Noivo, 223-8
Weihenstephaner Hefeweissbier, 85
Weihenstephaner Hefeweissbier Dunkel, 279
Weisse de Berlim
   Berliner Kindl Weisse, 201
   cervejeiros profissionais que servem de mo-
      delo, 200-1
   Craftsman Berliner Weisse, 201
   estilo de, 196-7
   Hottenroth Berliner Weisse, 200
   ingredientes e instruções para, 197-9
   quebradores de regras e dicas para, 199-200
   Xarope azedo e temperado para Weisse de
      Berlim, 200
Westmalle Trappist Tripel, 95
Weston's Special Reserve Cider, 210
Whirlfloc, pastilhas, 41-2
White Labs, tubos da marca, 43
Wisconsin Belgian Red, 285
Witbiers

★ 318 ★

ÍNDICE REMISSIVO

Allagash White, 90
Black Velvet Black Witbier, 265
Blanche de Bruxelles, 90
Dark and Stormy Witbier, 260-5
descrição, 86
Eagle Rock Manifesto Wit, 90
Poor Man's Provence Lavender Wit, 85-90
Woodchuck Granny Smith Cider, 210
Wyeast, pacotes de levedura da marca, 29-30

Xarope
Xarope azedo e temperado para Weisse de

Berlim, 200
Xarope de romã, 200

Yellowtail Pale Ale, 105
Young's Double Chocolate Stout, 217

Zee Russian Imperial Stout
Affogato com Zee Russian Imperial Stout, 201-2
cervejeiros profissionais que servem de modelo, 205
estilo de, 201-2
ingredientes e instruções para, 202-5
quebra de regras e dicas para, 205-6